贾志刚著

说春秋

之二

秦晋恩怨

GUANGXI NORMAL UNIVERSITY PRESS
广西师范大学·出版社
·桂林·

图书在版编目（CIP）数据

贾志刚说春秋. 秦晋恩怨 / 贾志刚著. —桂林：广西师范大学出版社，2009.9
ISBN 978-7-5633-8326-9

Ⅰ. 贾… Ⅱ. 贾… Ⅲ. 中国—古代史—春秋时代—通俗读物 Ⅳ. K225.09

中国版本图书馆 CIP 数据核字（2009）第 133155 号

广西师范大学出版社出版发行

（广西桂林市中华路 22 号　邮政编码：541001）
（网址：http://www.bbtpress.com）

出版人：何林夏
全国新华书店经销
北京东海印刷有限公司印刷
（北京市大兴区黄村镇芦城工业区创新路 3 号　邮政编码：100071）
开本：720 mm × 960 mm　1/16
印张：20　　字数：260 千字
2009 年 9 月第 1 版　　2009 年 9 月第 1 次印刷
定价：28.00 元

如发现印装质量问题，影响阅读，请与印刷厂联系调换。

春秋世系表

晋

晋文侯姬仇——晋昭侯姬伯（文侯子）（封文侯弟姬成师为曲沃桓叔）——晋孝侯姬平（昭侯子）（曲沃桓叔子姬单为曲沃庄伯）——晋鄂侯姬郗（孝侯子）——晋哀侯姬光（鄂侯子）（曲沃庄伯子姬称为曲沃武公）——晋小子侯（哀侯子姬小子）——晋侯缗姬缗（哀侯弟）——晋武公姬称（曲沃武公灭晋侯缗）——晋献公姬诡诸（晋武公子）——晋惠公姬夷吾（献公子）——晋怀公姬圉（惠公子）——晋文公姬重耳（惠公兄）——晋襄公姬欢（文公子）——晋灵公夷皋（襄公子）——晋成公姬黑臀（襄公弟）——晋景公姬据（成公子）——晋厉公姬寿曼（景公子）——晋悼公姬周（襄公少子姬捷之孙）——晋平公姬彪（悼公子）——晋昭公姬夷（平公子）——晋顷公姬去疾（平公子）——晋定公姬午（顷公子）——晋出公姬凿（定公子）——晋哀公姬骄（昭公曾孙）——晋幽公姬柳（哀公子）——晋烈公姬止（幽公子）——晋孝公姬颀（烈公子）——晋静公姬俱酒（孝公子）——三家分晋

秦

秦襄公——秦文公（襄公子）——秦宁公（文公孙）——秦武公（宁公子）——秦德公（武公弟）——秦宣公（德公子）——秦成公（宣公弟）——秦穆公嬴任好（成公

1

弟）——秦康公嬴罃（穆公子）——秦共公（康公子）——秦桓公（共公子）——秦景公（桓公子）——秦哀公（景公子）——秦惠公（哀公孙）——秦悼公（惠公子）——秦厉共公（悼公子）——秦躁公（厉共公子）

宋

宋戴公——宋武公子司空（戴公子）——宋宣公子力（武公子）——宋穆公子和（宣公弟）——宋殇公子与夷（宣公子）——宋庄公子冯（穆公子）——宋愍公子捷（庄公子）——宋桓公子御说（愍公弟）——宋襄公子兹甫（桓公子）——宋成公子王臣（襄公子）——宋昭公子杵臼（成公子）——宋文公鲍革（昭公弟）——宋共公子瑕（文公子）——宋平公子成（共公子）——宋元公子佐（平公子）——宋景公头曼（元公子）

春秋出世的祖师爷（二）

豆腐渣工程的祖师爷：

士芴

狗仔队祖师爷：

周成王的史官

导演祖师爷：

优施

因喝酒喝死而算作因公殉职的祖师爷：

晋献公小内侍

因吃肉吃死而算作因公殉职的祖师爷：

晋献公的阿黄

大内高手的祖师爷：

勃鞮

书呆子的祖师爷：

杜原款

被套股民祖师爷：

介子推（割股割肉）

目录

1	>	第 四 十 一 章	发财捷径一：出卖国家
8	>	第 四 十 二 章	发财捷径二：出卖朋友
15	>	第 四 十 三 章	齐桓公有野心了
23	>	第 四 十 四 章	神秘晋国客人
31	>	第 四 十 五 章	桐叶封唐
38	>	第 四 十 六 章	无间道
46	>	第 四 十 七 章	潜规则
54	>	第 四 十 八 章	治大国如演小戏
62	>	第 四 十 九 章	阴阳服和奥运金牌
70	>	第 五 十 章	我是一只傻傻鸟
78	>	第 五 十 一 章	杀人是一门艺术
86	>	第 五 十 二 章	假途伐虢
93	>	第 五 十 三 章	秦故事一：两个大馍
100	>	第 五 十 四 章	秦故事二：五张羊皮
107	>	第 五 十 五 章	干革命要跟对人
115	>	第 五 十 六 章	武林第一高手
123	>	第 五 十 七 章	公子重耳

131	>	第五十八章	公子夷吾
139	>	第五十九章	小小鸟之死
147	>	第六十章	机关算尽一场空
154	>	第六十一章	连环计
162	>	第六十二章	忽悠秦国
170	>	第六十三章	继续忽悠秦国
178	>	第六十四章	秦晋大战
186	>	第六十五章	忽悠晋国人民
193	>	第六十六章	刺客又来了
200	>	第六十七章	介子推割肉
208	>	第六十八章	齐桓公惨死
216	>	第六十九章	仁义无敌
224	>	第七十章	宋襄公争霸
231	>	第七十一章	自投罗网
240	>	第七十二章	蠢猪式的仁义
248	>	第七十三章	偷窥和走光
256	>	第七十四章	晋国人在楚国
264	>	第七十五章	晋国人在秦国
273	>	第七十六章	这就是晋文公
281	>	第七十七章	污点证人
289	>	第七十八章	清明节的来历
297	>	第七十九章	晋国争霸第一步
305	>	第八十章	南征,目标又是楚国

第四十一章　发财捷径一：出卖国家

战争,通常是为了女人。

如果不是为了女人,往往就是因为女人。

如果不是因为女人,也要把它说成是因为女人。

战争让女人走开吗?错。没有女人的战争就不是一场完整的战争。

破坏盟主婚姻,拐卖良家妇女,公开勾结楚国。

基本上,以上就是蔡穆公的罪名了,也就是齐国讨伐蔡国的理由。

这个罪名是站得住脚的,当初齐桓公赶回蔡姬,并没有写下休书,《史记》上的说法是"归蔡女而不绝也",也就是说,送回娘家,但是没有离婚。这就对了,既然没有离婚,那就还是齐桓公的老婆,你把人家齐桓公的老婆给了楚成王做老婆,以上三条罪名还不同时成立?

蔡姬,一个女人,一个无足轻重的女人,却在无意中成了一场战争的导火索。

听说是打蔡国,中原各国都踊跃响应号召参加联合国军,这样一盘小菜,谁不想去锦上添花?

八国联军

各国均是国君亲自带兵,他们是盟主齐桓公,鲁僖公、宋桓公、陈宣公、曹昭公、卫文公、许穆公,就连郑文公也带兵加盟。联合国军队合共八国,简称八国联军。此外、燕国、邾国、徐国等国家也都申请加入,出于路程太远、

1

实力太差等原因，管仲婉言谢绝了他们。

齐军作为主力，出战车三百乘，带甲战士两万人，由管仲担任主帅。其余七国均出战车一百乘，加上齐军，合计一千乘战车。其中，卫国的战车和战士都是齐国支援的，不过来凑个数。

齐国此时的总兵力为战车八百乘，带甲战士六万人。由于西面还要防着北戎，再加上打一个小小的蔡国如果出动太多兵力，必然引起楚国怀疑，打草惊蛇。因此，齐国只出三百乘战车，但是，都是精锐部队。

第一次南北战争拉开了序幕，参战双方是以齐国为首的北方联合国军队和以楚国为核心的南方的南联盟。这将是春秋以来最大规模的一场战争。

齐桓公三十年(前 656 年)春天，齐国军队誓师南征，同时约好各国在蔡国取齐。

竖貂请求出任先锋，管仲给了他这个面子。管仲难道不知道这个宦官不会打仗吗？当然知道。管仲之所以同意，一来根本就没有准备拿下蔡国；二来让竖貂当先锋，也显得齐军南征没什么大的志向，可以麻痹楚国人。

"记住，只许挑战，不许攻城。"管仲给竖貂下了命令。

可是，管仲没有想到的是，这一次，他错了。

管仲犯错的时候不多，算上当初没有射死公子小白，这应该是第二次。

竖貂的算盘

这是竖貂第一次担任这样的独立指挥官，他耀武扬威地率领战车一百乘出发了，直抵蔡国都城上蔡。

为什么竖貂请求担任前锋？第一，蔡国就是白菜，这一仗没什么风险；第二，嘿嘿，到了就知道了。

齐国军队抵达城下，扎好营盘，城上看见，急忙关上城门，全城动员防御。

竖貂并不攻城，而是派心腹手下进城，说是齐国来使。

竖貂派人去干什么？

"齐国大军随后就到，到时候攻破城门，玉石俱焚，识相的，出点血，我家先锋给你们求求情。"竖貂派去的人就这样对蔡穆公直接点出来。蔡穆公吓得个半死，一听有这个门路，急急忙忙从国库里收拾了一车金银财宝给送去，表示愿意投降，同时表示愿意把另一个妹妹嫁给齐桓公，算是给补一个。

竖貂一看，高兴坏了，这仗还没打，就又发财又立功，这个差事真好。

收了一车金银财宝，竖貂派人向齐桓公汇报，说是蔡穆公看见齐军如此威武，直接就要投降，请指示。

齐桓公一想,管仲不是总说能不动手就不动手吗,那就准他们投降吧。可是,他没想到,管仲这一回不同意了。

"不接受投降,蔡侯罪大恶极,不可饶恕。"管仲当场否决。

"为什么?"

"如果不打楚国,就准他们投降,大军就不用去了。如今要打楚国,如果蔡国投降了,我们就没有理由在蔡国集结重兵了,那么一旦八国联军在蔡国集结,楚国人一定会发现我们要打他们。到时候他们提前防御,我们就难办了。"管仲分析得头头是道。

于是,桓公传令,不接受投降,一定要打下蔡国。

竖貂有点傻眼,拿人钱财,为人消灾啊。人家的金银财宝已经收了,可是上面不准蔡穆公投降,这可怎么办?吃进来的还能吐出去?那绝对不干。

竖貂又派了心腹进到城里,把齐桓公拒绝投降的事情通报了蔡穆公。

"这,这怎么可能?这不是老齐的风格啊。"蔡穆公有些惊讶,还有点怀疑,怀疑竖貂根本没给使劲。

到了这个时候,竖貂的心腹只能说实话了。

"蔡侯啊,实话跟你说吧。不是我家貂爷拿钱不出力,也不是我家貂爷在齐侯面前没面子,这个事情有内情。"竖貂的心腹说。这人来之前,竖貂就这么交代的,说实在不行就说实话。

"什么内情?"

"你说你一个小小蔡国,齐侯派我家貂爷率领一百乘战车来就解决了,为什么这么大动干戈?实话告诉你吧,你别跟别人说。齐侯此次攻打蔡国是幌子,真实的目的是借这个幌子偷袭楚国。你说,要是准你投降了,联合国大军还有什么理由在这里集结?那不是等于告诉楚国我们要打他们吗?"为了那一车财宝,什么实话都说了。

蔡穆公听得目瞪口呆,仔细想想,自己这只小鸡确实够不上联合国军这把牛刀的。

"那,那我该怎么办?"蔡穆公没了主意,哪里还有心思去想把那车金银财宝要回来的事情。

"我要是你,今天晚上就跑了,傻瓜才在这里等死。"

当天晚上,蔡侯收拾了宫里的金银财宝,带上老婆孩子,连夜出逃,投奔楚国去了。

竖貂高兴了,这下放心了,他就担心蔡穆公被齐国抓住之后,会把自己索贿受贿的事情捅出来,所以才出主意让他跑。如今蔡穆公跑了,谁知道自己收了他的金银财宝?

军机泄漏

蔡穆公逃跑,蔡国都城上蔡陷入混乱,卿大夫们想要投降,又听说齐桓公不接受投降,怎么办?没办法,有的逃出城去,到乡下躲避,有的就住在城里,赌管仲不会乱杀人。守城军士听说最高领导跑了,其他领导躲了,谁还傻卖命?

"回家喽。"士兵们一哄而散,什么都不要了,各自跑回家陪老婆孩子去了。

城门大开,你不让投降,我们非要投降,生米煮成熟饭,看你们接不接受。

竖貂不敢进城,一来怕中埋伏,二来上面说了不接受投降,你进城了,等于事实上接受了投降,那是违抗最高指示啊。

三天之后,齐国大军来到,其余七国诸侯也都前来会师,八国联军就在上蔡城外扎营。

竖貂把情况作了汇报,齐桓公气得哭笑不得。

"隰朋,你辛苦一趟。蔡国的卿大夫你最熟,进城去把那没跑的找出来,让他们出来维持城里的秩序。告诉他们,我们大军秋毫无犯,不进城了。"管仲派隰朋去办这个事,隰朋去了。

齐桓公在齐军大营设宴,款待七路诸侯。

七个诸侯中,许穆公是抱病前来,宴席上又喝高了,当晚竟然死在营中。也算是为了联合国事业因公殉职。

管仲下令八国联军哀悼三天,随后令许国军队护送许穆公灵柩回国。

现在,八国联军变成了七国联军。

七国联军在哀悼结束之后,挺进楚国。

七国联军浩浩荡荡,向楚国进发。眼看就要离开蔡国,进入楚国地界。

这个时候,意外出现了。

在楚国境内,一辆豪华马车停在路边,豪华马车的旁边,站着一个人。

那辆车十分扎眼,因为实在是太豪华了。

"老弟,你看那是什么人?"管仲问季友。季友此次随鲁僖公出征,他和管仲一见如故,因此两人在一辆车上边行边聊。

"管兄,我看事情有些不妙。你看那辆车,那是鲁国产的鲁庄公二十五型,专供各国公族使用,我记得楚国曾经派人来采购,专供楚国王室使用。你再看那个人,大夫打扮,拱手而立,但是不卑不亢,并无惧怕。依我看,这个人是楚王的特使,在这里专门等待我们。如果我猜得不错,我们的计划已经被楚国识破了。"季友的一番分析,滴水不漏。管仲原本也这样想,听季友这样说,点点头,更加肯定。

大军前哨越过边界,进入楚国。

"齐军的弟兄们,远道而来辛苦了,麻烦各位给齐侯传个话,就说楚国使臣屈完在这里恭候多时,请求觐见。"路边的那人高声说道,果然是楚国使者。

管仲的脸色变得很难看。

看来,军机泄漏了。怎么泄漏的?管仲不知道,他万万没有想到泄漏军机的就是那个当前锋的宦官竖貂。

原来,蔡穆公带着一家老小到了楚国,直接投奔楚成王去了。

"哎哟,来探亲怎么不先通知一下,我们也好布置欢迎啊。"楚成王看见蔡穆公的时候,还开个玩笑呢。联合国军讨伐蔡国的事情他早就知道了,楚国驻齐国的地下办事处随时监控着齐国军队的动向,一有动静,立即派人通报。

对于联合国军讨伐蔡国,楚成王的态度就是假装不知道。他也知道齐国现在很强大,再加上手中还有个联合国,最好不要跟齐国直接对抗。所以,楚成王没有派兵去救蔡国的想法,甚至根本没有通报蔡国。

"大王啊,我可不是探亲,是以齐国为首的八国联军讨伐我,我这才逃跑了来投奔大王。"蔡穆公不知道楚成王是在跟他开玩笑,还以为楚成王不知道怎么回事呢。

"嗨,那你为什么不投降啊?"楚成王笑道。

"不瞒大王,我是准备投降,可是人家不准我投降。"蔡穆公倒说了大实话。

"不对啊,我知道管仲从来不拒绝别人投降的,为什么拒绝你?"楚成王有些奇怪了,他怀疑蔡穆公是不是在骗他。

"大王啊,我这来投奔你,也是来给你通风报信来的。他们不准我投降,是因为打我是幌子,真正的目的是要在蔡国集结,偷袭楚国。大王啊,看来,你还蒙在鼓里呢。"

楚成王愣了,他笑不出来了。他是个聪明人,不用再问"真的吗"这样的问题。

"子文?怎么办?"楚成王已经没有心思再开玩笑了,他赶忙问子文。

"大王,如今之计,紧急调集四百乘战车,准备迎敌,一面派人招斗廉兄弟火速归来,保卫国家。此外,派人去边境迎候齐国军队,代表大王与齐国进行和平谈判,谈得来则谈,谈不来也等于告诉齐国我们有准备了,让他们不敢轻易进攻。"子文比楚成王沉着,当下分派了任务,楚成王这才安心一些。

原来,楚国共有战车一千两百乘,比齐国还要多三百乘,但是,楚国地大,除了前往攻打郑国的四百乘战车之外,一时也就能征召到四百乘。

至于派去迎候齐国军队的使臣,子文派了大夫屈完。为什么派屈完?

一来,屈完是公族,有资格代表成王说话;二来,屈完此前多年在齐国担任地下办事处负责人,能言善辩,精通齐国话。

风马牛不相及

就在路边,联军总指挥管仲和楚国使者屈完进行了一段著名的对话,原话十分精彩,照录一遍,然后翻译。

楚子使与师言曰:"君处北海,寡人处南海,唯是风马牛不相及也。不虞君之涉吾地也,何故?"管仲对曰:"昔召康公命我先君大公曰:'五侯九伯,女实征之,以夹辅周室。'赐我先君履:东至于海,西至于河,南至于穆陵,北至于无棣。尔贡包茅不入,王祭不共,无以缩酒,寡人是征;昭王南征而不复,寡人是问。"对曰:"贡之不入,寡君之罪也,敢不共给?昭王不复,君其问诸水滨。"

屈完问:"你们住在北方,我们住在南方,因此牛马发情追逐也到不了双方的疆土。没想到你们进入了我们的国土,为啥?"管仲回答说:"从前召康公授权我们先君太公说:'五等诸侯和九州长官,你都有权征讨他们,从而共同辅佐周王室。'召康公还给了我们先君征讨的范围:东到海边,西到黄河,南到穆陵,北到无棣。你们应当进贡的包茅没有交纳,周王室的祭祀供不上,没有用来渗滤酒渣的东西,我家主公特来征收贡物;还有,当年周昭王南巡没有返回,我家主公特来查问这件事。"屈完回答说:"贡品没有交纳,是我们国君的过错,我们怎么敢不供给呢?周昭王南巡没有返回,还是请您到水边去问一问吧!"

风马牛不相及,这个成语出自这里。

为什么楚成王和齐桓公都自称寡人呢?寡人是什么意思?寡妇?错;寡妇的老公?大错;光棍?还是错。

顺便介绍一下,秦朝之前,国君都是很谦虚的,因此自称寡人和孤。寡人的意思就是缺德之人,说我这人很差劲,希望大家监督批评;孤的意思是很无助,说我这人没什么朋友,恳请大家帮帮忙。楚国还有一个专用的君主自称叫做"不谷",意思是不善良,也有说是没能力,总之是说我这人不配当君主,希望大家海涵。所以说,秦以前的君主通常很谦虚,也很容易沟通,因为他们的自我定位还是比较准确的。到了秦,秦始皇开始自称朕,这个"朕"字原本就是我的意思,被秦始皇独占之后,老百姓就不能用了。为什么用这个"朕"字?一来念起来有力,二来与"镇"和"震"同音,牛啊。所以,秦朝以后,君主的定位就出了问题,君主就不再是缺德无助没能力了,而是伟大光荣正确、无所不能无所不会、救万民于水火、没有他全中国人民就不会过日子的万岁万万岁了。

周昭王的事情，交代一下。当初楚国在南面疯狂扩张，周昭王实在看不过去，因此亲自出兵讨伐，结果船漏了，死在汉江里。管仲把这笔账就记在了楚国身上，说起来，昭王是穆王的父亲，管仲是穆王的子孙，管仲也是顺便替祖先讨个公道。不过人家屈完回答得也不差：那不赖我们，他自己掉下去的。

基本上，第一次会谈就是这样的，大家站着，连座谈也算不上。

这算什么？算是两个文明人吵了一架。

屈完的任务完成了，他的任务就是来告诉联合国：我们早就有准备了。

屈完走了，管仲下令大军继续前进，进入楚国国境，直抵陉山，在汉水北岸扎下大营。

汉水南岸，楚成王亲率楚国大军，也扎下大营。除了楚国本国的四百乘战车，又从南联盟国家紧急征调两百乘战车，共计六百乘战车，扼守南岸。与此同时，斗廉兄弟正率领四百乘战车火速赶来增援，很快，南联盟就将在战车数量上处于优势。

南北战争，箭在弦上，一触即发。

齐桓公和管仲，楚成王和子文，同一个时期最出色的两对搭档。

齐桓公是准备南渡的，他坚信齐国率领的联合国军所向无敌。南面，楚成王有同样的想法，他认为八百乘战车的楚军不会有对手，对面的齐军虽然生猛，但是算上卫国的战车，齐军只有四百乘战车，其余五个诸侯国的战力不敢恭维，只有郑国军队和鲁国军队还算马马虎虎过得去。

就在两国君主准备开战的同时，两国总理却不这么想。

对于管仲来说，偷袭失败实际上就意味着战争结束，现在要做的是如何体面收场。对于从来没有交过手的齐军和楚军来说，谁胜谁负难以预料。楚国地大人多，地形复杂，即使联合国军取胜，也无法消灭楚军；相反，如果战败了，齐国辛辛苦苦建立起来的联合国就会立即崩溃。权衡利弊，管仲决定不冒这个险。

对于子文来说，齐国是个强大的对手，齐国也远比楚国富庶。如果开战，楚国就算胜了，但是从此结怨齐国，今后必然征战不断，楚国的国力将无法支撑。如果输了呢？联合国军长驱直入，楚国就有亡国的危险。权衡利弊，子文也决定不能打。

就这样，联合国军和南联盟在汉水两岸僵持一个多月，从春天到了夏天。

"秋天之前一定要结束。"管仲和子文都这样想，看看天气凉起来，士兵们要回家收麦子了。

第四十二章　发财捷径二：出卖朋友

"大王，我们还是跟齐国讲和吧。如果齐国不同意，其余各国一定不满，联合国军的士气就会受挫，那时我们再与他们决一死战不迟。"子文向楚成王建议。

"那好，尽快吧。"楚成王早就在这地方待腻了。

子文再次派出屈完，这次给了充分授权：向周王室进贡的事情你可以答应齐国。但是，割让土地没门，寸土不让。

就这样，屈完坐上小船，去了对岸。

五项基本原则

谈判非常顺利，齐桓公让易牙弄了一桌大餐款待屈完，大家边吃边谈，这大概就是最早的在酒桌上谈生意了。

屈完转达了楚成王和子文总理对齐桓公和管仲总理的问候，随后提出楚国的和平共处五项基本原则：第一，楚国认错，愿意向周王室进贡茅草十车，以示楚国是周朝不可分割的一个部分；第二，南联盟愿意与联合国签署互不侵犯条约，永保和平大业，楚国愿意成为联合国观察员；第三，希望联合国军队后退三十里，表达诚意；第四，在楚国交验茅草贡品之后，联合国军队撤军；第五，楚国停止侵略郑国并归还郑国被俘人员，齐国也撤出蔡国，蔡国国君认错后回到本国。

为什么进贡茅草？因为在楚国最早建国的时候，周王室祭祀祖先酿酒用的茅草都是楚国提供的。

齐桓公看了管仲一眼，管仲点点头，齐桓公于是一拍桌子："成，就这样了。"

屈完吃完了红烧狮子头,又大赞一番易牙的手艺,坐着小船过去对岸了。

"仲父啊,就这么爽快答应他们的条件,太便宜他们了吧?"齐桓公虽说同意了五项基本原则,心里还是不大愿意,大老远跑来,一支箭也没放就回去了,太没面子。

"主公,楚国和山戎不同。当初北伐,就是要灭了山戎,所以穷追到沙漠。而讨伐楚国,不是要灭了他们,而只是要他们臣服,承认一个中国原则,向王室进贡。如今他们也认错了,也要进贡了,也就等于承认我们联合国盟主的地位了,我们的目的已经达到了,难道非要打仗吗?"管仲这么说,前因后果,说得清清楚楚。

齐桓公听着有理,于是下令联合国军拔寨都起,后撤三十里下寨。

"什么?这么爽快就同意了?"楚成王有些诧异,他以为怎么着齐国也该提点类似以女人换和平之类的要求呢。这下倒好,连讨价还价都免了。

楚成王有点后悔,早知道这么简单,根本就不派人去谈判了。

"子文,看这样子,齐国人是害怕我们,我们不跟他们签和平协议,立马渡江,与他们决战,你看如何?"条约还没签,楚成王就准备撕毁。

"大王,不妥吧?咱也是泱泱大国,不能说了不算吧?"屈完当场反对,楚成王这样做,自己今后还怎么在江湖上混?

楚成王没理他,等子文的意见。

"大王,屈大夫说得有理。第一,齐国以讲信用著称,也因此让诸侯信服。如今他们是七个国君在这里,我们去了一个大夫,人家七个国君没有欺骗我们一个大夫,我们却要欺骗人家。虽说我们是南蛮子,这点信用还是应该讲的。第二,管仲是什么人?那是圣人哪,等我们渡江的时候,他们来个半渡而击,那我们不是自找没趣?我看,这个协议就这么签了,咱们也不损失什么,无非是十车草而已。"子文的分析很有道理,楚成王听了,点头称是。

既然想通了,楚成王索性表现得更大度一些。

"屈大夫,还是你去一趟,带着一车进贡的茅草给他们验,再带上七车金银财宝,给对面的七个国君一人一车,就说是大家辛苦来一趟,我不能做东,只好赠送车马费。"楚成王够大方,要让联合国军队看看自己的实力。

屈完又到了北岸。

上岸之后,屈完驱车向北,十里处见到一座军营,数一数,一百乘齐军战车,战士都是最精猛的。屈完明白,这些齐军一定就是防备楚军渡河的。看来,子文真是料事如神。

来到联合国军大营,屈完觐见齐桓公,呈上国书,交割了珠宝和进贡用的茅草。

齐桓公大喜，当场将茅草验明，发还屈完，让他们自己送去周朝王室。七车珠宝中，将六车珠宝分送六路诸侯，剩下一车，令人单独送往许国，齐国分文不取。

屈完看了，暗中佩服。

"大夫辛苦啊，稍后请品尝我们做的红烧海参。趁现在空闲，来看看我们的军队。"齐桓公邀请屈完阅兵，要让他看看联合国的军威。

"荣幸荣幸。"屈完也想看看。

于是，齐桓公带着屈完来到中军点将台上。一旁，管仲指挥七国军队演练阵形。一时，鼓声大震，号角齐鸣，七国军队喊声阵阵，进退有序，十分威武。屈完注意到，齐国军队始终在南方，他知道，这是要随时提防楚军。

"我有这样的军队，什么地方不能攻克？什么对手不能战胜？"齐桓公故意这样对屈完说。

"在下不敢苟同，"屈完是楚国著名的利嘴，当然不会吃亏，他很沉着，"主公代替周王室号令天下，若是以德服人，谁敢违抗？若是想靠武力的话，楚国虽然是偏僻小国，但是以方城山为城墙，以汉水为护城河，就算贵国有百万雄师，有什么用武之地呢？"

齐桓公一听，这小子嘴挺硬。不过再想想，还真是这么回事。

"老屈，你真是个人才啊。"齐桓公夸奖屈完，也算给自己一个台阶。

"主公，承蒙您宽宏大量，原谅了楚国的过失，让我们也有幸加入联合国，我想我们是不是可以签约了？"屈完给了齐桓公一个下不来台，现在赶紧拍拍马屁。

齐桓公果然又高兴了。

签约仪式也就是歃血为盟的仪式，联合国都是君主出席，楚国则是屈完代表楚成王。从内容来说，楚国处于下风，因为内容就是楚国承认齐国的领导地位，承认楚国是周朝不可分割的一部分；但是从形式来说，楚国又占了上风，因为人家都是国君，楚国则连总理都没有来。

好在大家心照不宣。

第一次南北战争，浩浩荡荡，双方纠集了两千乘战车，十余万士兵，从春天对峙到夏天，最终未动一刀一枪，和平收场。

总体来看，以齐国为首的联合国军以微弱优势得分。从那之后，到管仲去世，楚国没有侵犯中原诸侯，中原各国获得了长达十三年的和平时期。

楚国如约向周王室进贡祭祀用茅草十车，并且称臣，周王室回赠祭祀用猪肉一块，再次任命楚国为南联盟盟主，主管南方。

忽悠齐桓公

和平协议签署了,联合国军队的任务也就完成了。

大吃一顿,各自回家。

七国当中,齐、鲁、卫三国军队同行。按最近的路线,就要穿过陈国。这个时候,陈国总理辕涛涂打起小算盘了。说起辕涛涂,那是陈国公族,也是袁姓的得姓始祖。

辕总理想,你三个国家一共五百乘战车,人数四万多人,从我陈国经过,那得多少粮草才够啊? 你们走一趟,我那一车珠宝就算花得差不多了,不行,我要想办法。

所以,林子大了,什么鸟都有。国家多了,打小算盘的就多了。

怎么办? 辕总理跟郑国总理申侯关系很好,于是来找他讨教。两人关系好,也不用拐弯抹角,直截了当就把事情说了。

"好办,你去找齐侯,就说中原一带都是联合国的地盘,三国军队不如绕道走沿海,顺便在那些小国那里宣示联合国的力量,也算劳而有功,来回都不浪费。"申侯出了个主意,看来他也考虑过这个问题。

辕总理一听,好主意啊,谢过了申侯,去忽悠齐桓公。

别说,申侯的主意真不错,辕总理把申侯的话对齐桓公一说,还即兴发挥一把,把齐军绕道的意义说得跟奥运圣火在全世界传递一样伟大,把齐桓公忽悠得二五二五的,好像恍然大悟一般。

"好啊,这个主意真好,你太有才了。"齐桓公很高兴,连管仲也觉得这个主意出得好。

辕总理高高兴兴走了,齐军大营之外,一个人看着他的背影远去,嘿嘿一笑,去找齐桓公了。这个人是谁? 申侯。

鸟大了,什么林子都有。

申侯找齐桓公干什么? 举报。

"盟主,吃了吗? 刚才辕涛涂找您了吧?"申侯说话,带着一脸媚笑。

"申总理,刚才辕总理是来过。"

"他是不是建议您走沿海?"

"对啊,你怎么知道?"齐桓公有些奇怪。

"盟主啊,您千万不能听他的,他是在忽悠您啊,听他的就麻烦了。昨天晚上他找我商量,说是怕齐军经过陈国要消耗他们的粮草,因此要诱骗您走沿海。您想想,这沿海道路不是泥泞不堪就是山峦不断,两个月也走不回去

啊。我当时就说这个主意太缺德,告诫他不要这样干。谁知,唉,真是知人知面不知心,想不到这个辕涛涂竟然是这样的龌龊小人。"申侯把辕涛涂一通臭骂,分明是自己出的坏主意,都推到辕涛涂身上。

"我靠。"齐桓公这才如梦方醒,这才知道辕涛涂貌似忠诚,实际上没安好心。

齐桓公很恼火,管仲也很恼火。山戎灭了,楚国服了,想不到差一点被陈国的辕涛涂给忽悠了。

辕涛涂被捕了,罪名是忽悠盟主。齐桓公下令,砍了。

陈宣公一看,这高高兴兴跟着齐国来打仗,一路上都挺好,怎么这回凯旋了,自己总理倒要被砍了,这太没面子了吧?当时也顾不得什么了,赶紧去求情。齐桓公气得够呛,还不给面子,最后还是管仲给了个台阶:死罪免过,活罪不饶,押回齐国当三个月义工再说,具体工作就是去国家大妓院扫大街。

没办法,别人高高兴兴回去了,辕涛涂去齐国当义工了。

揭发坏人的申侯受到齐桓公的表扬,并且当场要求郑文公把虎牢城封给申侯。

这一趟下来,有两个人是发了财的,一个是竖貂,挣了蔡国的银子;另一个是申侯,弄了一座城。

看来,自古以来,发财的捷径有两条:要么出卖国家,要么出卖朋友。

干涉王室家务

联合国大军凯旋,各自回国。

齐桓公派隰朋前往洛邑,向周惠王报捷。

就在隰朋来之前,屈完刚走,周惠王的心情正好。

隰朋把联合国军南征的过程汇报了一遍,又把齐桓公和管仲好好吹捧了一遍,最后提出一个要求:想见见太子王子郑。

周惠王有些不高兴,心说你齐国仗着自己实力强,到这里来充大了。凭什么你就要见太子?虽然想是这么想,不能这么说,这么多年以来,还就是人家齐国给你面子。

周惠王把王子郑叫出来,顺道还叫了小儿子王子带。两个王子跟隰朋互致问候,算是认识了,之后的情节倒有些尴尬,周惠王父子三人似乎都不想说话。

隰朋是个什么人物?职业外交家。一看这情形,心里什么都明白了。

回到齐国,隰朋向齐桓公和管仲报告了这一行的过程,之后说:"主公,现在有个机会,能保齐国一直称霸下去。"

"什么机会?"齐桓公问。

"我打听到的消息,现在的太子是王子郑,可是周王更喜欢王子带,那天三个人见我,看上去都很尴尬,王子郑还有些惶恐的样子,看这样子太子的位置是悬了。"

"这是什么机会?人家那是王室自己的家务事啊。"齐桓公没弄明白。

"不然,如果我们能够帮助王子郑保住太子位置,他岂不是要对我们感恩戴德,今后他登基做了周王,不是要对我们言听计从?"隰朋看得够远。

什么是职业外交官?不是会两三门外语那么简单,像隰朋这样的才算。

说是这么说,可是怎么样帮王子郑,隰朋就没有主意了。这个时候,还要看管仲的。

"这样,我们在明年夏天召开联合国大会,就请王子郑出席,这样,就等于向天下宣告王子郑是太子,也等于我们表态力挺王子郑,周王也就没有办法改变主意了。"管仲果然有主意。

第二年春天,齐桓公遍发英雄帖,在卫国的首止(今河南省睢县东南)召开联合国大会。同时,派隰朋去洛邑,邀请王子郑代表周王前往主持。

齐桓公三十一年(前655年)夏天,齐、鲁、宋、郑、卫、陈、许、曹等八国诸侯到齐,王子郑也代表王室出席。

王子郑也不是傻瓜,好不容易来到这里,正好是公关的好机会,放下王子的架子,四处拜访到会诸侯,让大家都感觉这个人很不错。

按理说,大家天也聊过了,酒也喝过了,沙龙也开过了,该干的都干完了,就该歃血为盟,然后各自回家,该干什么干什么了。可是,事情不是这样。

"王子啊,你看,你来这一趟也不容易,大家都喜欢你。再说,我家主公也答应了帮你保住太子的位置,也就别急着回去了,再住一段时间,等秋天凉快了再回去。"管仲出这么个主意,意思是给周惠王看看,看看王子郑跟联合国的关系有多硬。

王子郑当然愿意,诸侯们尽管不愿意,也不敢说。就这么着,八个诸侯就在这里住下来了,歃血为盟的事情暂时不提,每天就是喝酒聊天胡吃海塞。

周王妙计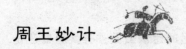

管仲这么做,有两个人是很不满的。谁?

一个是郑文公，他的国家紧挨着楚国，他怕啊，万一楚国打过来怎么办？虽然不满，他不敢说。

另一个不满的是周惠王，当初隰朋来请王子郑，他就觉得这里有问题。从前联合国签约的时候，都是派个大夫去就行了，如今怎么指名道姓要王子郑？等到王子郑迟迟不回，周惠王就更明白了：你齐国这是做样子给我看，力挺王子郑啊。你当了盟主了，就要管我的家务事了？

周惠王很恼火，换了谁都会很恼火。周惠王一恼火，憋出一条妙计来，他把总理宰孔叫来了。

"你看看齐国，自从南征回来，那真是不可一世了，如今这样，那是明摆着做样子给我看，粗暴干涉我们家的内政。你说他们要是真的立了多大功，那我也认了。可是他们南征根本就没动人家楚国一根汗毛啊，算什么本事？你看楚国的屈完过来，恭敬有礼，让人看出楚国的诚意来了，你再看看隰朋，挺着个肚子，牛得不知道自己姓什么，还指手画脚。我看啊，你辛苦一趟，去找郑侯，让他联络楚国，从此咱们重点扶植楚国，不尿他齐国这一壶了。"周惠王这个主意想得真绝，就好像雷锋帮你抓了小偷，然后你跟小偷合起来对付雷锋。

所以，好人难做。你真是帮他，他不感激；你稍稍不如他意，他就恨你。

宰孔一听，什么？他以为自己的耳朵有问题。等弄明白不是听错了的时候，宰孔当即回绝了："大王，这样缺德的事别让我干，我干不出来。"

周惠王一看，更不高兴了，心说"这个王八蛋八成收了齐国的好处了"。

没办法，周惠王自己派人去了首止，给郑文公带了一封鸡毛信。

"叔父，齐侯自以为功高，不可一世，竟然要骑在我的头上拉屎，是可忍，孰不可忍！如今我觉得楚国很好，希望叔叔能够摆脱齐国，与楚国建立联系，共同扶助王室，切切，保密。"郑文公念道，这是周惠王给他的信。

郑文公正不想在这里待着呢，想找借口走又找不到，如今看到这封信，算是给自己找了个借口。

"看见没有，王室的密令，咱们走吧。"郑文公对随从前来的总理申侯和外交部长孔叔说。

孔叔一看，心说："周王是个糊涂蛋，怎么你也跟着糊涂啊。"

"主公，做人不能这样，人家齐国为了咱们攻打楚国，如今咱们却背弃齐国投靠楚国，太不道义了吧？"孔叔反对。

"嗨，这年头，还讲什么道义啊？况且，看这样子，齐国比楚国还难伺候，修好楚国，我看行。"申侯支持郑文公。

一个支持，一个反对，郑文公决定按照自己的想法去做："齐侯重要还是周王重要？咱们听周王的难道不对？"

14　　　　就这样，郑国君臣当天半夜偷偷跑了。

第四十三章　齐桓公有野心了

　　郑文公跑了,齐桓公气得几乎跳起来。上一次就是这样,为了宋桓公开的第一次联合国大会,结果宋桓公跑了;这一次呢,刚刚救了郑国,郑文公又跑了。

　　"奶奶的,来人,把郑国君臣给我追回来。"齐桓公很久没有这么骂过人了,就要派人去捉郑文公。

　　"主公,算了,捉回来也不好处置。咱们这里已经有七个国家,再加上王子郑,足够了。等签了新盟约之后,再找时间去讨伐郑国。"管仲阻止了齐桓公,他想得周详些。

　　第二天,与会各国举行了结盟大会,共推齐桓公为盟主,大家歃血为盟。王子郑代表王室见证了盟会,正式任命齐桓公为盟主。

忽悠和反忽悠

　　郑文公君臣从首止回到郑国,总算松了一口气。

　　"老申,你走一趟吧。"郑文公派申侯去楚国建立友好关系。为什么派申侯?

　　申侯原本就在楚国混过,伶牙俐齿,会讲黄段子还会看眼色,能吹会拍又会来事,是很会讨好主子的那一类,把楚文王忽悠得十分舒爽,成了楚文王最宠爱的人,令大家都很嫉妒。

　　楚文王鞠躬尽瘁之前,专门把申侯叫来,帮他谋条出路。

　　"老申啊,我快不行了,我知道你的人缘很糟糕,因为你很贪,不仅贪,而

且贪得无厌。我死之后，你肯定混不下去。所以，你趁现在走吧。"别说，楚文王挺够义气，不仅给申侯出主意，还给了他不少银子。

就这样，申侯从楚国到了郑国。来到郑国，凭着那张嘴皮子，七扯八扯跟郑侯扯成了亲戚，然后发挥自己的特长，没用多久，又成了郑侯最喜欢的下属了。七混八混，竟然混到了总理的位子上。

所以，到了这个时候，郑侯自然要派他去楚国，熟门熟路的，熟人也多。

这样的美差，申侯自然要去。当时申请了一车珍宝就上路了，走到半路上，让手下分了半车下来，运回自己家里去了。

到了楚国，楚成王一看，郑国自己来投诚了，当然高兴，收了礼物，又回赠了一车，让申侯转达楚国欢迎郑国加入南联盟的口信。申侯又去会了老情人，这才赶回郑国。

到了郑国，又是先分了一半楚国的珠宝回自己家里，剩下的再给郑文公，郑文公一高兴，又赏给他不少银子。这一趟下来，申侯算是发了一笔大财。

基本上，申侯就该算是贪官的祖师爷了。

从楚国回来，一个老朋友来探访了。谁？辕涛涂。

"哎哟，老辕，你怎么来了？稀客稀客。"申侯很热情，似乎根本没有发生过告密事件。

"老申啊，我特地来感谢你啊。"辕涛涂认真地说。申侯一听，什么？来感谢我？说反话吧。再看辕涛涂的样子，不像在讽刺自己。何况，这是自己的地盘，不怕他来惹事。

"感谢我什么？"申侯依旧笑呵呵地说。

辕涛涂开始解释，原来，他被齐桓公带回齐国之后，就被安排去了国家大妓院当清洁工。没干几天，恰好遇上齐桓公来光顾，两人就聊起来了。聊得很开心，最后齐桓公说了："老辕啊，按理说，你忽悠我是不对的，但是你的出发点是为了自己的国家，这证明你是个忠于国家的人。就凭这个，我佩服你。从今天起，你也别扫大街了，可是我也不能让你出去，这样吧，你就住在国家大妓院，每天愿意嫖谁就嫖谁，国家给你买单。"

就这样，原本做义工的辕涛涂成了公费嫖客，这三个月过得那叫一个充实，尝遍了天下美色。过了三个月还不想走，最后还是管仲劝他爱惜身体，这才把他劝回来。

"我这辈子算是没白活了，你说我是不是要谢谢你？"辕涛涂把自己说成了因祸得福，因此来感谢申侯的举报之恩。

"真的？国家大妓院公费嫖娼？"申侯把眼瞪圆了，早知如此，还不如举报自己呢。

总之,两个人现在还是朋友。不仅是朋友,而且是更好的朋友。

申侯邀请辕涛涂参观了齐桓公命令郑文公赏给自己的虎牢城,这可是一座大城。能弄到这座城,除了举报有功之外,与申侯一路上不间断地向齐桓公拍马屁套近乎密不可分。

辕涛涂一边参观,一边称赞,很是羡慕。

"老申啊,这座城没得说,别说郑国,就是整个大周也找不到几座。不过呢,恕我直言,城池有点旧了,你看,那个地方应该加固,那边应该粉刷一下,还有那边,怎么弄个亭子装饰一下就协调了。"辕涛涂提建议。申侯不停点头,觉得有道理。

住了两天,辕涛涂告辞回陈国,临走之前两人约好过三个月再见。

"再来的时候,希望看到你这里焕然一新啊,哈哈哈哈。"辕涛涂高高兴兴,驱车走了。

辕涛涂走之后,申侯开始按照辕涛涂的建议修整城墙。

有人会问:这么说来,辕涛涂不是成了公费嫖娼的祖师爷。错,辕涛涂那是在骗申侯呢。

实际上,辕涛涂在齐国的义工生涯十分凄惨,打扫垃圾、洗床单、洗衣服、淘粪池什么都得干,看别人嫖自己干着急。那三个月,真是地狱般的煎熬。

辕涛涂发誓要报仇,在冥思苦想之后,他想出了这个办法,他要以其人之道还治其人之身,他要忽悠申侯,然后出卖他,最后要他的命。

申侯之死

转眼之间第二年夏天到了。

该来的终究是要来的。

齐桓公三十二年(前654年),以齐国为首的联合国军队讨伐郑国。

郑文侯一面死守,一面派申侯前往楚国求救。

申侯去了楚国,而另一个人偷偷去找郑文公了。谁?辕涛涂。

辕涛涂来干什么?举报。

"主公,你要当心申侯啊,你看他又是修城,又是跑楚国跑这么勤快,他对主公您有很多怨言,说虎牢是齐侯赏给他的,他的功劳那么大,您却一点赏赐也没有。您当心吧,我听说他想借着楚国的力量强占郑国呢。"辕涛涂就这么说,也不管郑文公信不信。他知道,这样的话,郑文公就算不全信,也会信一部分。

郑文公嘴上不信,心里很是怀疑。

那一边，申侯到了楚国求救。

楚国君臣一商量，子文出了个主意，什么主意？攻打许国。这样，联合国军队必然救许国，郑国之围也就解了。

楚国军队立马出发，攻打许国。联合国军队果然去救，于是楚国撤军，联合国军队也不再攻打郑国。

照理说，申侯算是立了一功，回到郑国，满指望弄点奖赏。谁知郑文公没给什么好脸，说了句辛苦了就算完事。申侯大失所望，不免有些怨言。

又过一年，又是夏天，齐国军队又来了。

这一次，齐桓公没有调动联合国军。正因为没有调动联合国军队，郑文公害怕了。通常，联合国军队名义上人多势众，战斗力很一般，主要是用来吓人的。相反，如果是齐国自己出动，那战斗力没得说，目标就是消灭你。

齐国来狠的了，而楚国很可能不敢与齐国公开对抗。怎么办？郑文公愁死了。

这个时候，一封鸡毛信寄到了孔叔的手里。信中写道："蹿唆郑国背叛齐国的是申侯，帮助郑国与楚国往来的是申侯，窃取虎牢准备造反的还是申侯，而齐国最恨的还是申侯。这样的人为郑国带来了连年战争，为什么不杀了他向齐国谢罪呢？"

谁写的信？辕涛涂。

孔叔一向很讨厌申侯，当即把这封信送给了郑文公。郑文公一看，就是这么回事啊，这鸟人自己发财，害大家受苦。于是当即召申侯来见，申侯以为又是派自己去楚国求救，又能发一笔小财了。

"申侯，你让我们投靠楚国，如今齐国又来了，楚国怎么不来救？没办法，借你的狗头一用。"郑文公说完，连辩解的机会都不给申侯，直接叫人将他拖下去砍了。

可怜申侯，算计了一辈子，临死连自己被谁算计都没弄明白。

人头送到了齐军大营，再加上郑文公诚恳的道歉和认错以及孔叔和管仲的交情，齐桓公原谅了郑国，而郑国又重新加入了联合国，回到了组织的怀抱。

齐桓公托孤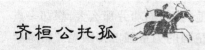

到了冬天，出大事了。

周惠王驾崩了。

18

王子郑担心王子带趁机搞破坏,于是严密封锁消息,一面派弟弟王子虎前往齐国报丧,请求支持。

齐桓公一看,好事啊,当即发出联合国维和部队征集令,于是八个联合国成员国各自派遣一名大夫,多的派战车一百乘,少的也有五十乘,浩浩荡荡赶到洛邑。到了这个时候,王子郑才宣布老爹已经过去了,而王子带一看这架势,知道没戏了,老老实实蹲着去了。

就这样,王子郑成为周襄王。

齐桓公三十五年(前651年)夏天,齐桓公在葵丘召开联合国大会,算是周襄王登基之后的第一次联合国大会,周襄王派宰孔前往参加。

每次联合国大会,登坛祭拜,歃血为盟都是固定程序,这一次也一样。大家坐定之后,宰孔掏出两块腊肉来,这是周天子祭祀用的,称为"胙"。这两块腊肉是赐给齐桓公的,别小看这两块肉,这代表了极高的荣誉。

仪式结束之后,管仲想起一件事情来。

"主公,你看周王室,要不是咱们全力帮助,王子郑和王子带就是你死我活了。也别只看别人,齐国的世子位还是虚的,早点定下来吧,省得大家有想法。"管仲想的是这件事情,确实,自己和齐桓公都岁数大了,继承人的事情已经很紧迫。

"这事情我不是没想过,你看,王姬没有儿子,所以没有嫡长子。其他的几个夫人共有六个儿子,再有七个儿子是妾生的,就不说了。这六个儿子中,岁数最大的是大卫姬生的无亏,最贤明的是郑姬生的子昭。我私下里已经答应给无亏了,不过还没有最后定,仲父替我考虑考虑。"齐桓公提起这个事情来,有点头痛。

管仲早就已经想好了,按常理,就该轮到无亏,可是无亏跟竖貂和易牙混在一起,今后他当了国君,这个国家还有好?

"没有嫡长,就谁贤立谁,公子昭最合适。"管仲看好公子昭。

"可是,万一无亏不服气,闹事怎么办?"

"没关系,我们找一个靠得住的诸侯,把公子昭托付给他就行。"管仲早想好了。

"那找谁?"

"宋公。"

"为什么?"

年初的时候,宋桓公鞠躬尽瘁了。

世子兹父继位,就是宋襄公,而兹父的哥哥目夷做了总理。有人问,兹父难道不担心目夷篡党夺权?当然不担心,因为他根本就想把位子让给哥

哥坐。

原来,兹父是夫人生的,因此被立为世子,而目夷是他的庶兄。大概是宋桓公教育得当,兄弟两个之间的关系十分好,宋桓公也很爱他们。

兹父决定把宝座让给哥哥,于是就去找父亲提出请求,宋桓公就问为什么,兹父说:"我娘是卫国人,我跟我舅舅关系很好,常常去串门,我要是当了国君,就不方便来回走动了。"

宋桓公拒绝了兹父的请求。

但是,兹父再三请求,宋桓公只好接受。

"孩子,你弟弟把世子让给你,你做吧。"宋桓公对目夷说。

"不行,按着规矩,就该是弟弟,这种坏规矩的事情,我不能做。"目夷拒绝了,不仅拒绝了,还跑到卫国去了。

兹父一看,你跑卫国了,我也跑卫国去吧,结果哥俩都跑卫国了。

世界上的事情就是这样奇妙,有的国家兄弟残杀争夺国君位置,有的国家兄弟互相谦让,人跟人的境界真是不能相比。

后来宋桓公病重,派人去招兹父回来,说:"你要不回来,爹就会忧虑而死。"就这样,兹父才回到宋国,宋桓公把他任命为世子。这之后,目夷才回来。

宋襄公就是这样一个人,管仲很喜欢他,觉得他靠得住。

齐桓公和管仲找到宋襄公,寒暄一阵,话进正题。

"小宋啊,我准备立公子昭为世子,今后若是公子昭有什么难处需要帮忙的,还请你一力主持啊。"齐桓公说,要把公子昭托付给宋襄公。

"这……这……我哪里有这样的能力? 不过盟主看得起,我一定尽力就是。"宋襄公没有一口答应,但是从心里感激齐桓公看得起自己。

齐桓公要封禅

做什么事情都会上瘾,有的人洗脚上瘾,有的人打麻将上瘾。

齐桓公对召集联合国大会上瘾了,他很享受联合国大会上那种众星捧月、众人拍马屁的感觉。

夏天刚开完,秋天又要开了。

文山会海的祖师爷就是齐桓公了。

谁也没有想到加入了组织就这么麻烦,整天开会什么也干不了。大家都不想去,可是不去还不行。没办法只能去,去了都是应付。周襄王也挺烦,也没办法,派了宰孔去应景。

这一次的盟会比较无聊,人人都提不起劲来,弄得齐桓公也有些没趣。

怎么办呢？齐桓公还想弄出个什么热点来。猛然,他有主意了,他要干什么? 他宣布他要上泰山封禅。

从古到今,从黄帝到周成王,都在泰山封禅。因此,封禅历来是帝王的事情。封禅是怎么回事? 封禅分为封和禅两个部分:封泰山,在泰山上筑坛祭天,歌颂上天的威力和恩德;禅梁父(泰山下面的小山),在梁父,扫清地面祭地,感谢大地的养育之恩。

如今,齐桓公要封禅,什么意思?

他有更大的野心了。

每个人都反对,但是,每个人都不敢说。

"管老,你怎么不劝劝?"宰孔悄悄问管仲。

"人老了,爱面子,我私下劝他吧。"管仲担心当着许多人劝反而会让齐桓公上驴脾气,到时候不好收拾。

人老了就是这样,犯糊涂,还倔。

吃完晚饭,管仲去找齐桓公,准备劝劝他,老了老了,别晚节不保。俗话说:晚节最容易不保。

"仲父,咱们什么时候封禅?"管仲还没说话,齐桓公说了,他还挺兴奋,觉得自己这个主意挺好,就急着去做。

"主公,我来就是要说这个事情。"管仲早就想好了怎么说,对付齐桓公,他有的是办法。"从古到今,封禅泰山的据说有七十二家,不过我知道的只有十二家,他们是无怀氏、伏羲、神农、炎帝、黄帝、颛顼、帝喾、尧、舜、禹、汤和成王,不是帝就是王,都是受天之命举行封禅大典的。主公啊,我看,你就省省吧,别操这心了。"

齐桓公一听,有些意外,没想到管仲会反对。不过,他有自己的理由。

"仲父啊,你想想,咱们这些年来做了多少事业啊? 北伐山戎,灭了令支和孤竹,最西到了大夏;南讨楚国,最南到了召陵,楚国臣服。三次组织联合国维和部队,六次召开联合国大会,这叫做九合诸侯,一匡天下,哪个国家敢对抗我们? 我们这样的功业,难道不是和夏、商、周一样受命于天吗?"齐桓公振振有词。歌词大意就是:老子天下最强,封个禅怎么啦?

换了别人,被齐桓公这一通说,立马歇菜。可是,管仲是什么人?

"主公啊,你的功业那是没得说,刚才你说的只是其中的一小部分,咱们帮助周王室维持稳定,帮助鲁国平定内乱,帮助宋国确定国君,帮助卫国和邢国恢复国家,等等等等,你的威望比周天子还高啊。"管仲先给一堆高帽子戴上,看见齐桓公挺高兴,于是接着说,"可是,你知不知道,帝王们封禅那可不是随便跟风一样想起来的,那是有征兆的。封禅当年,一定是黄土高原长出了嘉禾,江淮之间长出了三脊草,然后用嘉禾和三脊草进献上天。同

时，西边进贡了比翼鸟，东边进贡了比目鱼。有了这些征兆，才敢封禅。可是你看看咱们，嘉禾不生，蒿草茂密，凤凰麒麟没看见，凶禽恶鸟到处跑。主公你说，咱们能封禅吗？"

要说管仲，那真是没得说，一番话下来，说得齐桓公目瞪口呆，心服口服。

"那，那算了，等等再说吧。"

人老了，跟小孩一样，管仲瞎编一通故事，就能把齐桓公给吓回去。

第四十四章　神秘晋国客人

虽然打消了封禅泰山的念头,齐桓公的野心却没有打消。他开始向管仲讨教当年周武王伐商纣的事情,管仲自然知道他要干什么。

管仲知道这是很危险的事情,他必须阻止齐桓公,他在等待时机。

终于,齐桓公在做了一晚齐王梦之后,第二天忍不住要向管仲摊牌了。

"仲父,在你们的辅佐下,齐国成就了霸业,我现在觉得当联合国盟主不够劲了,我想称王了,您看怎么样?"齐桓公问。

"这个,你要问鲍叔牙。"管仲把问题推给了鲍叔牙。

于是,齐桓公派人请来了师父。

"师父,我想称王了,您觉得怎样?"

"这个,你该问宾须无。"鲍叔牙看了看管仲,把问题推给了宾须无。

齐桓公一看,好嘛,这两位挺能摆谱。

没办法,把宾须无给请来了。

"宾大夫,我想称王了,仲父和师父都说应该听你的看法,那你就说说,别再推给隰朋了啊。"齐桓公先把话说了,省得宾须无再推。

宾须无原本也想推,现在齐桓公都发话了,自己也没有倚老卖老的资格,没办法,只好接下这个烫手的山芋。

"主公,想听实话还是想听假话?"宾须无问。

"照实说,仲父和师父都在这里,为什么要说假话?"齐桓公就觉得今天的事情有些古怪。

宾须无看看管仲,再看看鲍叔牙,这才开口:"主公啊,古代能够称王的,都是君主的德能比臣下高的。恕我直言,我们现在是臣下的德能比主公高。"

话音未落,齐桓公"腾"地站了起来,倒退几步,眼光在眼前的三个人身上扫视。

管仲三人见齐桓公站起来了,谁还能坐?也都站了起来。

"唉,"齐桓公叹了一口气,说道,"想当年,周太公德能高,周王季德能高,周文王德能高,周武王德能高,周公旦德能高,凭他们,大周也不过仅仅能控制四海之内。如今我的儿子们都不如我,而我不如你们三位,看来,上天注定我是不能成就王业了。"

人,固有自知之明。

从此之后,齐桓公再也没有想过要称王了。

也就是春秋时代,当臣下的敢说国君不如臣下,到了后世,谁敢这么说?国君永远是英明正确的。

人老珠黄

野心往往是人前进的动力。

封禅没戏了,称王没指望了。

齐桓公革命工作的劲头一下子就下来了,联合国大会也没兴趣开了,联合国维和部队也没兴趣组建了。总之,革命热情没了。

当然,这跟岁数大了也有关系。

从那以后,齐桓公再也没有召开联合国大会,他开始更加注重享受起来,盖新楼,进口新车,让易牙采买最好的山珍海味做最好的菜,偶尔还跟公子开方去国家大妓院转转,不过,人老了,战斗力明显不行了。

齐桓公没有野心了,但是,有野心的人还有大把。

两年之后,也就是齐桓公三十七年(前649年)。

周襄王的弟弟王子带实在忍不住了,于是勾结北面的北戎,要里应外合,驱逐周襄王,自己登基。

北戎军队如期而至,攻打洛邑。周襄王一看不妙,立即派人四处求救。秦国、晋国就近发兵,驰援洛邑。北戎一看,心里又有点发虚。而城里王子带没有想到秦国和晋国来得这样快,也没有胆量接应北戎。

结果,北戎军自己撤了。

等管仲率领齐军来到的时候,战事已经结束。既然来了,也不能就这么回去,管仲派人前往北戎,谴责他们的侵略行径并且发出战争威胁。北戎很害怕,于是派出使者前来认错并要求签署和平条约,同时出卖了王子带,"都是王子带出的坏主意"。

管仲进城觐见周襄王,襄王要以周朝上卿的规格接待,管仲再三谦让,最后以下卿规格接待。管仲顺便把北戎的事情汇报了一遍,襄王当即同意接受和平建议,同时要处死王子带。

"大王,王子带虽然有错,但毕竟也是大王的弟弟,不妨将他赶到齐国悔过。"管仲建议。

于是,管仲将王子带带回了齐国。

这是管仲最后一次率军出国,也是齐桓公最后一次派兵出征。

人,总会老的。

管仲走了

四年之后,齐桓公四十一年(前 645 年)。

管仲的生命终于走到了尽头,这个中国最伟大的思想家、政治家、经济学家和军事家也没有能够逃过时间的追杀。

管仲临终之前,齐桓公亲自来到家中探望,看见病得瘦骨嶙峋的管仲,齐桓公潸然泪下。他握着管仲的手问:"仲父,如果您不幸而不起的话,谁可以接任总理?"

"可惜啊,宁戚死得早,他原本是最合适的。"除了宁戚,宾须无和王子成父也都已经去世。

"那么,鲍叔牙怎么样?"

"鲍叔牙是个坦荡君子,正直诚实,但是太正直了,善恶太过分明,见到人的过失,一辈子都不会忘。水至清则无鱼啊,没有人愿意在他手下干活。"

"那么,隰朋呢?"

"隰朋可以吧,他这个人很谦虚好学,不耻下问,在家里也在考虑国家的事情。"对于隰朋,管仲勉强认可,没有办法,他以自己为标准,确实很难找到接班人。"不过,隰朋天生就是我的喉舌,我死了,喉舌还能存在很久吗? 只怕他也快了。"

说来说去,隰朋不过是个过渡人选。

"那么,仲父认为易牙怎样?"齐桓公很喜欢易牙,想要破格提拔他。

所以,自古以来,在君主身边做事是很容易飞黄腾达的,就像今天给领导当秘书或者给领导开车一样,一个御用厨师竟然被当做总理人选提出来。

"主公,你不问,我也要说呢。易牙、竖貂和公子开方这三个人不是好人,离他们远一点。"管仲说。这三个人能够哄齐桓公开心,管仲没有动他们是因为自己可以控制他们。如今自己要死了,不能再让这三个人在齐桓公

的身边了。

"可是,易牙很爱我啊,他把他儿子都蒸来给我吃了呀。"

"人之常情是最爱自己的儿子的,他连儿子都忍心杀掉,对别人还有什么做不出来的?"

"可是,竖貂为了留在我身边,把自己给阉了啊。"

"人都是把自己的身体看得最重,他连自己的身体都不在乎,他会在乎别人吗?"

"公子开方呢? 他放弃了世子的宝座来跟随我,父母死了都不回去奔丧,他难道不是真爱我吗?"

"连父母都可以抛弃,还有什么人不能抛弃?"

什么是哲学? 这就是哲学。

哲学是不能无视人性的。

父亲死了,儿子还在台上含笑演出,我们现在说这是敬业,看看管仲怎么说吧。

"既然这样,仲父怎么从来没有说过?"齐桓公有些失望,他觉得管仲的城府太深。

"我从前不说,是因为他们可以让主公开心。就像大坝一样,我在的时候可以阻止洪水泛滥,我要走了,洪水随时要泛滥了,所以我提醒主公离他们远一点。"

齐桓公半天没有说话,对于管仲对这三个人的评价,他并不赞成。

半天之后齐桓公终于想起来还有话没有问,急忙问:"那隰朋之后? 隰朋之后谁能接班?"

管仲没有说话,他已经说不出话来了。

当晚,管仲与世长辞。

天下的管仲

管仲的一生,是光辉的一生,是伟大的一生,是脱离了低级趣味的一生。

管仲,一生致力于齐国的繁荣强大,为祖国的安定团结贡献了毕生的力量。尊崇周王室,和睦诸侯是他的原则,他为春秋诸侯建立了一个楷模国家,开创了国家发展的新模式,使得齐国成为各个诸侯国纷纷学习效仿的对象。

诸子百家,管子应当是第一家。而随后的儒家、法家、道家、兵家等,都脱胎于管仲的思想。可以说,管仲对于整个中国的历史进程起到了举足轻重的作用。

26

有人会说,既然管仲如此伟大、如此无所不能,为什么他不帮助齐桓公称王,取代周朝而成为历史上的齐朝?

因为管仲的屁股实际上没有坐在齐国,而是坐在周朝王室那一边。

管仲本人是王族,骨子里,他希望看见周朝王室重新建立权威,而不是被推翻。而辅佐齐桓公,帮助齐国强大起来的最终目的,是要尊崇王室。

也正因为如此,我们就可以解释管仲处理国际事务的种种立场了。

管仲对于姬姓国家非常关照,帮助燕国消灭山戎,把侵犯的地盘归还鲁国,帮助卫国和邢国重建家园,等等。他希望这些周朝的同姓国家能够团结在王室周围,帮助王室重新建立权威。

为了防范齐国因为强大而对周朝王室构成威胁,管仲一方面让齐桓公和王室联姻,以裙带关系加强两方的关系;另一方面,管仲在遏制齐国的扩张,虽然齐国不断强大,但是地盘没有什么扩大。其实,齐国有充分的机会和理由吞并燕国、卫国和邢国,甚至有吞并鲁国的可能。但是,都被管仲或明或暗地阻止了。

如果齐国有取代周朝的野心,那么周王室的混乱将是一个绝好的机会。正是看到这一点,管仲以超乎想象的强势手段来维护王室的安定,这就是他为什么如此殚精竭虑帮助王子郑的缘故。

当他发现齐桓公野心膨胀的时候,他毫不犹豫地劝阻齐桓公。

熟读《三国》的人都知道荀彧,荀彧实际上与管仲的思想境界是相同的。

所以,管仲不仅仅是齐国的管仲,他是天下的管仲。

鲍叔牙也走了

管仲去世了,整个齐国都感到悲哀。从周王室到包括楚国在内的诸侯各国都纷纷派遣特使前来吊唁。齐桓公十分悲痛,他命令世袭上卿的高虎负责治丧委员会,高规格安葬管仲,管仲的儿子世袭齐国大夫。

隰朋接任了总理职务。

易牙对管仲恨之入骨,他决定挑拨鲍叔牙和管仲之间的关系。

"鲍叔啊,管仲能做上齐国的总理,都是您老人家的推荐。可是,他临死的时候推荐总理竟然没有你的分,我都为您老人家抱不平啊。"易牙找了个机会,来找鲍叔牙说是非。

鲍叔牙一听,笑了:"易牙,就是因为管仲凡事为国家考虑,我当初才推荐他。你现在来说他的坏话,真是不知好歹,像你们这一类货色,还亏管仲大人大量让你们混着。要是我的话,早把你们给炒了,滚吧。"

易牙碰了一鼻子灰,灰溜溜地走了。他不得不佩服管仲,也不得不佩服鲍叔牙。

隰朋继任仅仅一个月,也追随管仲去了。

谁还能当总理?齐桓公不知道。从历史的角度来说,管仲没有能够培养自己的接班人,这是他一生中最大的遗憾或者说缺憾。

没办法,齐桓公只能请老师出马了。

"师父,还是您来吧。"齐桓公亲自上门请。

"主公,管仲说得对,我的性格好恶过于分明,不适合。"鲍叔牙推辞。

可是,齐桓公再三邀请,鲍叔牙最后只得接受,但是有一个条件:炒掉易牙、竖貂和开方。

鲍叔牙果然是眼睛里揉不进沙子。

齐桓公答应了,于是,易牙三人被扫地出门。

很快,鲍叔牙的缺点就暴露出来了。

他看不惯这个,看不惯那个,大家很快开始烦他。

齐桓公也很不舒服,从前吃喝嫖赌都没问题,管仲从来不管,因为管仲的理论是:"人生就是来享受的,当了国君不享受,谁还当国君?"管仲不仅不管,有时候还陪齐桓公玩,有时候还出主意。可是,鲍叔牙看不惯,看不惯就说。

齐桓公越来越痛苦,越来越郁闷。没了易牙,饭菜不香了;没了竖貂,起居不畅了;没了开方,没人说黄段子了。

"主公啊,你看你这么难受,把易牙他们召回来吧,不就做个饭、捶个背、讲个黄段子吗,还能祸国殃民去了?"大老婆大卫姬建议。除了心疼齐桓公之外,她还有自己的目的。什么目的?

原来,齐桓公六个如夫人生了六个儿子,分别是:大卫姬的儿子公子无亏、小卫姬的儿子公子元、郑姬的儿子公子昭、葛嬴的儿子公子潘、密姬的儿子公子商人和宋华子的儿子公子雍。六个公子中,只有公子雍出身卑微些,安分守己。

虽说公子昭被宣布为世子,但是五大公子各有各的拥趸,实力不相上下,谁也不服谁。这种现象被称为结党。

公子昭的人马被称为世子党,其余四大公子都属于公子党。

易牙和竖貂都是公子无亏的死党,奇怪的是,公子开方竟然没有跟自己的姑姑大小卫姬合作,反而与公子潘混在一起,据说是在国家大妓院一起嫖娼结下的友谊。

为了自己的儿子,大卫姬当然极力怂恿齐桓公把那三个人弄回来。

齐桓公终于还是把易牙、竖貂和公子开方给弄回来了,但是没有官复原职,按现在的说法,叫做返聘。

鲍叔牙一看,不干了,去找齐桓公,齐桓公跟他解释:"这是返聘而已,没官没权,小泥鳅掀不起大浪。"

鲍叔牙还劝,劝也没用,齐桓公是下了决心非要把这三个兄弟给弄回来。

"那好,我辞职。"鲍叔牙要辞职。

"别介,师父要是辞职,那不是摆明了让我挨骂吗?您还当着总理吧,平时没事,早点来晚点来都没关系。您岁数也大了,注意点休息。"

鲍叔牙辞职也没辞成。

从那之后,鲍叔牙干脆不上朝了,反正身体也一天不如一天了。

没多久,齐桓公将易牙等三人全部官复原职,宠信程度比从前有过之而无不及。

管仲去世的第二年,鲍叔牙也去世了,忧郁而终。

神秘西方客

短短一年多的时间,管仲、鲍叔牙和隰朋都走了,齐桓公的心情十分糟糕。与此同时,他的身体也虚弱了很多。齐桓公对什么事情都没有兴趣了,唯一还能让他稍微有点心情的就是接见外国客人,从客人的恭维中回味过去的光辉岁月。

又有一批客人到了,齐桓公支撑着身体会见了他们。

这批客人来自晋国,有二十多人,为首的是晋国公子重耳。

"公子来到齐国,是游玩还是出仕?"齐桓公问。关于公子重耳他是知道的,重耳一直在翟避难,因此,来齐国并不是国事访问。

"逃难而已。"重耳倒很实在,也不怕丢面子。

"那么,就在齐国出仕吧,屈任下卿怎样?"齐桓公发出邀请,他是认真的,他对外国客人一向都非常大方,而公子重耳的名声配得上这个位置。这里需要追加交代的是,自从管仲出任内阁总理以后,齐国每年的财政收入三分之二用于外交,其中就包括招待外国客人。

"落难之人,哪里还有什么奢求?如果能够在贵国有立足之地,有几亩田地能够让弟兄们不挨饿,重耳就已经很满足了。"出乎意料,重耳委婉地谢绝了。听他的意思,就是来混吃混喝而已。

"咳咳,人各有志,既然这样,我也就不勉强了。"齐桓公觉得很累,没有与客人们说太多的话就匆匆回宫休息了。

齐桓公的出手是很大方的,重耳得到了一个庄园,二十辆车,同时还得

到了齐国一个公族的姑娘做老婆。当然,还有一大笔金银作为"安家费"。

晋国人就这样住了下来。

他们真是来逃难的?为什么在翟住得好好的,要到齐国来逃难?

"各位,从现在开始,听舅犯的统一安排。"搬进新居当天,大宴开始之前,重耳宣布。舅犯是谁?是叫舅的犯人吗?

于是,所有人都只好一边咽口水,一边听舅犯说话。

"大家听好了,每个人的工作都很重要,必须完成,而且必须保密。"舅犯说话了。六十多岁一个老头,怎么看怎么像黑帮军师。他扫视了众人一眼,然后开始分配工作:"毛,你和公子镇守此地,负责后勤;臣,你负责和齐国的公卿打交道,齐侯的情况随时汇报;衰,齐国的各种制度你要搜集,并且做出具体分析;推,你带四个人四处游走,探听民间的消息;轸(音枕)、雙(音抽),你们两个想办法探看齐军的装备、战法……"

你听这些人的名字,听上去就不像什么好人。

晋国人的组织很严密,每三天一次小结,每九天一次总结,总结之后就是集体去国家大妓院考察。

这究竟是一群什么样的人?

看上去,有点像传销。

但是,绝对不是传销那么简单。

他们是晋国的间谍,还是翟人的卧底?他们究竟要干什么?

花开两朵,各表一枝。

现在,东方齐国和南方楚国的事情告一段落,让我们把历史的镜头向回转,去看看西北方向晋国人和秦国人之间的恩恩怨怨。

第四十五章　桐叶封唐

现在,坐在周朝的伟大首都洛邑的芙蓉楼上,向西北方向看。

西北方向,狼烟滚滚,黄尘滚滚,有两个绝对值得我们记住的国家——晋国和秦国。不是因为他们后来的强大,而是因为他们的对外扩张为中国的开疆拓土所作出的杰出贡献。

我们知道一个成语叫做"秦晋之好",其来源就是秦晋两国之间互通婚嫁。到后来,泛指两家联姻。现在我们的婚礼上常说"永结秦晋之好",就等于祝福新人白头偕老、永不变心。

但是,历史上真实的"秦晋之好"真的很好吗?应该说是真的很搞笑。真实的"秦晋之好"绝对是国家之间尔虞我诈、互相利用又互相倾轧的真实写照。

秦晋之好能够告诉我们的真理是:国家之间,尤其是大国之间,感情是靠不住的。以德报怨也是靠不住的,什么靠得住? 利益和实力。

这一切,与当今世界何其相似。

晋国,春秋第一强国。

让我们先从晋国开始。

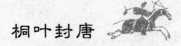

桐叶封唐

故事要从春秋之前的五百年前开始说起了,那时周朝刚刚建立不久。

姜太公除了是周武王的老师之外,还是什么? 还是尚父,相当于后来所说的教父。还是什么? 还是岳父。姜太公的女儿邑姜嫁给了武王,做了王后。

31

武王年纪轻轻就去世了,邑姜为他生了两个儿子。大儿子名叫姬诵,就是成王,小儿子名叫姬虞,字子于。小儿子为什么叫姬虞?因为生下来的时候,小儿子的手上有一个虞字。因为是成王的弟弟,又称为叔虞。

成王和叔虞十分友爱,哥哥成王尤其喜欢弟弟的乖巧聪明。

一天——每一天都是一天,但是这一天是不寻常的一天。

这一天,阳光明媚。

成王与弟弟游戏,大致是过家家那一种,成王捡了一块桐树叶,用刀切巴切巴,切得方方正正,算是一块圭玉,递给弟弟:"老弟,我就把这个封给你了。"

叔虞嘻嘻哈哈接过来,拱一拱手,说:"谢谢大哥。"

两兄弟正开着玩笑,旁边史官走过来了。

史官是干什么的?专门跟在天子身边记录天子言行的,每天醒过来的第一件事就是去看看天子在干什么,力争把天子的每一言每一行都记录下来。如今的狗仔队,祖师爷就是周朝的史官。

"大王,您准备把叔虞封在哪里?"史官问,完全不像开玩笑的样子。史官永远一本正经,从来就不开玩笑。想想看,白岩松的表情就很像周朝史官。

"这,"成王愣了,这不是开个玩笑吗?"别那么认真,开玩笑而已嘛。"

"天子无戏言。您可以保持沉默,但是,您说的每一句话都将被记录下来,作为历史文献。如今您说了要封叔虞,那就要封,要举行册封仪式。"史官才不管这些,《史记》上原话是这样的:"天子无戏言。言则史书之,礼成之,乐歌之。"

"有没有搞错?"成王有些火了。他不是舍不得封地,而是舍不得弟弟,他的声音一下子提高了八度。"叔虞才十二岁啊,你就要让他去管理一个国家,你还有没有人性?啊,你是天子还是我是天子啊?你敢不听我的?"

"史官史官,唯史不唯官。你是天子怎么样?你要再这么说,我把你这些话也记录下来。"史官向前一步,面无惧色。

在周朝,史官都是家族世袭的,即便天子也不能撤换或者惩罚他们。所以,到今天,我们才能看到一部真实的周朝历史。

成王没有办法了,他知道他惹不起史官。

就这样,成王把叔虞封在了唐,侯爵。

这就是桐叶封唐。因为一片桐叶,叔虞被封在了唐。

唐叔虞,一个伟大的名字就这样诞生了。

看到这里,请杨、韩、贾、温、胥、童、先、席、阎、侯、祁、晋、解、羊、何、栾、简、郤(音细)、曲、步、籍、蔺等姓的全部或大部,以及程、唐、柳、鄂、孙、冀等姓的一部分保持恭敬,唐叔虞就是这些姓的祖先。

晋祠

"唐在河、汾之东,方百里。"《史记》中这样记载。地盘不大,在今天山西南部的翼城、绛县、曲沃一带。唐这块地方又叫夏墟,居民主要是夏人的后代,也就是狄。当初周公率军灭了唐国,将唐国的公族迁到了杜邑(今陕西境内)。但是,唐国还是一个狄国。

去唐国上任的时候,太后邑姜同往,成王一直送出京城,而周公亲自送到唐都城翼城。一切安置妥当之后,才启程回到成周。

随同叔虞前往唐的,除了一部分周朝军队和配备的大夫之外,还有商族的怀宗九姓。这样,唐国就成了一个民族大杂烩,周人、商人和夏人在这里会聚。

根据周公的建议,邑姜母子在唐实行了与姜太公治理齐国相同的策略。

第一,国民待遇原则。尽管是征服者,邑姜和叔虞并没有以征服者自许,并没有让周人高人一等。各个民族在这里地位完全平等,可以杂处,可以通婚,只要是居住在唐的人,均享受国民待遇。凡是煽动民族矛盾者,一律处死。

第二,因地制宜原则(启以夏政,疆以戎索)。夏人以游牧为生,商人以工艺谋生,而周人主要从事农业。在唐,有山有水有草原有土地,因此从事各种产业的人都有。邑姜和叔虞并没有强制大家从事农业,而是根据实际环境,由百姓自己决定自己的生活方式和民俗习惯。

第三,开放原则。唐的四周是不同的国家,有华夏有戎狄,邑姜和叔虞的政策是打开大门,对全世界开放。唐实行贸易自由政策,与中原国家和狄人都进行贸易。这样做不仅促进了唐的商业发展,还让狄人可以交换到生活用品,从而能够和平相处。后来扬名天下的晋商,就是从这个时候开始的。

第四,和平共处原则。邑姜和叔虞以开放和真诚的心态与四周国家交往,因此得到广泛的认同。从叔虞开始,唐的公族就开始和狄人通婚,叔虞的后代也大量前往戎狄国家居住生活。

第五,发展农业原则。尽管鼓励大家因地制宜,但是农业生产的稳定性让邑姜和叔虞对农业更加重视,他们利用晋水,兴修农田水利,进行优化育种,大力发展农业,使唐国百姓能安居乐业、生活富足。农业的发展吸引了大量的狄人前来依附,使得唐国人口大增,国力膨胀。

《史记》记载,通过优化育种,唐国后来培育出了高产麦,麦穗硕大,叔虞

派人献给成王，成王又赠给了周公，周公作《嘉禾》以志庆贺。

唐叔虞将国家治理得国泰民安，民族和谐，在历史上得到极高评价。后人为了纪念唐叔虞，在太原修建了唐叔虞祠，也就是现在的晋祠。到了北宋，宋朝政府又在晋祠内修建圣母祠，以纪念那个伟大的母亲邑姜。

历代以来，晋祠都是中国香火最旺的祖祠。除了唐叔虞的后代之外，晋祠还是王姓、张姓的祖祠，还有唐太宗李世民的家庙，当年李渊从太原起家，因此国号为唐，才有了唐朝。后来唐太宗在晋祠大赐李姓，李姓由此成为大姓。可以说，晋祠是中国三大姓的朝拜圣地。

如果说晋祠是除了黄帝陵和炎帝陵之外，在中国排位第三大的祖祠，大概没有人会反对吧？

如果再算上从太原起家的中国第四大姓赵姓和唐叔虞的后代杨姓，那么，中国姓氏中排位靠前的张王李赵杨五个大姓就在太原聚会了。

山西，除了黑煤窑之外，有太多值得我们去追思的地方。

有空应该去趟山西太原，祭拜祖先，凭吊古人。

晋国的由来

唐叔虞为唐国奠定了一个坚实的基础，他去世之后，儿子姬燮（音谢）继位，因为唐国有晋水，改国名为晋。此后，传了六代，到了晋穆侯。

从叔虞到穆侯，实际上晋国国君的主要通婚对象是齐国，应该说齐晋才是世为婚姻。晋穆侯也娶了齐侯的女儿。姜夫人为晋穆侯生了两个儿子，大儿子叫仇，小儿子叫成师。为什么这样取名？因为生大儿子的时候正好讨伐仇敌条国，而生小儿子的时候恰好吞并了一个叫做千亩的小国家。

后来，仇当了晋文侯，死之后儿子昭侯继位。昭侯把叔叔成师封在了曲沃，称为曲沃桓叔，而曲沃城比晋国的都城翼城还要大。当时就有人断言：曲沃将是晋国的动乱之源。

果然，从昭侯七年（前739年）开始，到晋侯缗（音敏）二十八年（前679年），前后59年时间，经过曲沃桓叔、曲沃庄伯和曲沃武公三代人的不懈努力，先后杀死五任晋侯，终于由曲沃取代晋国，获得周王的正式任命。

晋国统一了，不过是由小宗统一了大宗，也就是说，地方把中央给吞并了。

曲沃武公三十七年（前679年），曲沃武公成为晋武公。这一年，恰好是齐桓公开始称霸的那一年。

三年之后，曲沃武公鞠躬尽瘁，儿子诡诸继位，就是晋献公。

很多人没有听说过晋献公，但是，晋献公绝对是一个应当被记住的人。

晋献公是什么人？牛人，第一牛人。什么时候的第一牛人？春秋？不对。晋献公堪称中国历史甚至世界历史上的第一牛人，绝不带水分的。

你说我怎么不知道？那就请接着往下看。

过去常言："阶级斗争要年年讲，月月讲，天天讲。"讲得好。

经过三代人的不懈努力才换来的和平，也只是短暂的和平，没有外患，必有内忧；反过来，没有内忧，必有外患。实际上，斗争是随时存在的，你讲不讲都是存在的。

与狼共舞，必有狼性。

与南面的楚一样，北面的晋国几乎是沉浸在杀戮和征服的快感之中。历代的晋国国君都以勇武著称，一方面，他们面对的是凶残的戎狄，另一方面，他们自己的血管中也流着戎狄的血液。

前面说过公子仇和公子成师的名字来自战争，实际上这是一个传统。晋献公诡诸的名字也来自战争，当年武公征服了夷并且杀死了夷的国君诡诸，为了纪念这场战争的胜利，就把刚出生的儿子取名为诡诸。

如果这个传统延续到现在，会怎样呢？六十多岁的很多人叫日本，五十多岁的叫美国，四十多岁的叫印度，三十多岁的叫南越，二十多岁的叫越南。

你说我儿子刚出生，该叫什么？那还用问，叫索马里。

献公继位的时候，正在四十岁上下。他就像一头警觉的狼，在刚刚登上头狼宝座之后，不得不环顾四周，提防着任何一个阴谋篡位的人。

危机比他想象的还要来得快，还要猛烈。

来自公族的压力

"孙子，爷爷当年扛着长戈打仗的时候，还没有你呢，你牛什么牛？"一个白胡子老头大声呵斥献公，献公的脸色一阵青一阵白，他没有说话。

白胡子老头叫公子青羊，曲沃桓叔的儿子，曲沃庄伯的弟弟，曲沃武公的叔叔，自然就是献公的爷爷。

在晋国，公子青羊这样的爷爷辈的人物还有五六个，叔叔大爷辈的有十一二个，而兄弟堂兄弟有二三十个。这四五十号人就是公族，曲沃来的公族，用《左传》的话说，就是"桓庄之族"。他们要干什么？邀功请赏。

曲沃武公拿下了整个晋国，有功之臣都有封赏。公族们虽然也有所得，可是远远不够他们的胃口。武公在的时候，谁也不敢说三道四。武公没了，遗老遗少们来劲了。要财的、要地的、要官的，一拨一拨来找献公。给不给？

不给就跟你吵,坐地泡,什么难听的都说。

献公强压着火,他在忍,他不能不忍。说白了,他惹不起这些人。

财是有的,但是他不能给,他知道他们的胃口是无底洞,给多少都不够;官位是没有的,即便有,也不能给他们,因为他知道这些人的能力;土地是没有的,可以抢,但是需要时间。

说来说去,什么也不能给。

你不给,我们就烦你,烦死你。公族们想了一个很恶毒的办法,每天派人来找献公吵架,大家轮流,可是献公没法轮流。这个恶毒的主意是献公的堂弟公孙富子出的,他是这帮人的核心人物。

从继位开始,整整七年过去,献公的耳朵磨出了茧子,他烦死了,有的时候他真的想死。他知道再这样下去,就算自己不被烦死,也会被某个兄弟杀死的。

唉,当个国家领导人也不容易啊。

兔子急了上树,狗急了跳墙,人要是急了,是六亲不认的。什么叔叔大爷,去你姥姥的。

献公请来了上大夫士芳(音伟)商量对策,把自己的苦恼说了一遍,说到动情的地方,忍不住咬着牙说:"我跟他们拼了。"

"别介,跟他们玩点有技术含量的行不?"士芳说,就凭这句话,就知道他有想法。

说起来,士芳的祖上就是晋国这块地方的土著公族,那时候他们姓祁,一个很古老的姓。后来国家被周公灭了,公族们迁去了杜邑,因此改姓杜,有人就在周朝做官。到了周宣王的时候,大夫杜伯因为提合理化建议被宣王杀了,他的儿子隰叔就逃到了晋国。而晋国本身是个大杂烩的移民国家,因此在人口政策上非常开放,还特别欢迎伟大首都的人才,因此,隰叔在晋国找到了工作,做士师,后人就姓了士。士师是什么官?掌管刑罚的官员,下大夫,相当于法院或者检察院的副院长,因为在士师上面还有司寇。

事实上,晋国的大量人才是从伟大首都移民过来的。

"怎么个有技术含量?"献公问。

"这样,想办法把他们聚到一起,然后聚歼他们,一了百了,如何?"

"这,这不太好吧?大家都是公族,血浓于水啊,怎么忍心下手?"献公看上去有些犹豫。

"哎,大义灭亲没听说过吗?为了大义,就顾不了亲情了。"士芳说道。心想:"你就装吧你,你要真那么心慈手软,还找我来干什么?"

献公假装思索了一阵,然后一咬牙一跺脚,好像是下定了决心。"好,听你的。说吧,什么时候下手?两天后行不?"

士苪笑了,心说这下原形毕露了。

"主公,这事情不能急,急了就没有技术含量了,我有一个卧底计划,你看行不行?"士苪当时将自己的计划详细说了一遍。

"你太有才了,事成之后,司空就是你的了。"献公很高兴。什么是司空?司空属于卿的系列,地位更高,同时主管工程建设,油水大大的。

原来,晋国官制与中原国家有所区别,大概是历代君主都很强势,晋国不设正卿或者上卿,上大夫就是官员系列中的最高等级了。

第四十六章　无间道

　　按照士苇"有技术含量"的分析,群公子的实力加在一起绝不比献公差,真的对抗起来,鹿死谁手还很难说。即便献公获胜了,晋国基本上也就支离破碎了。

　　所以,首先要做的就是离间群公子,让他们不团结,让他们没有主心骨。

　　士苇曰:"去富子,则群公子可谋也已。"公曰:"尔试其事。"(《左传》)

　　什么意思? 就是说第一步是搞掉公孙富子。

　　"大胆去干,组织上支持你。"献公表态。

离间计

　　士苇用了半年时间去跟公子们打成一片,到后来大家都很信任他,富子则成了他的好朋友。

　　"富子,其实你的才干比他们高多了,主公早就想任命你做中大夫,只是你跟他们走得太近,主公有些难办。你为什么不跟他们保持一点距离呢?"一天,士苇私下里对富子说。事实上,富子确实是个很有才干的人,献公之所以不愿意用他,是因为他对公族没什么好感。

　　"真的?"

　　"骗你不是人。"士苇发誓。

　　富子怎么也没有想到,看上去一副君子模样的士苇竟然是个卧底。

　　从那之后,富子有意无意之间拉开了和公族们的距离,开会常常请假,就算参加也不发言。大伙就觉得奇怪,富子变了,没有从前那么热心公益了。

没过多久，献公任命富子为中大夫。富子高兴了，公族们则郁闷了，大家奋斗了这么多年，弄到现在是你富子摘桃子了。

大家都不满，但是碍于面子，都没有说出来，表面上大家还是一伙。

公孙穷子是所有公子中最穷的一个，大概预料到了这一点，所以生下来就叫公孙穷子。因为穷，所以平时特老实，不爱出头。但是干活很卖力，很实在，公族们都说他是"劳动模范"。

尽管穷，那是相对的，作为公族，公孙穷子还是有一个自己的小庄园，马马虎虎地过着自己的小日子，直到有一天献公派人来找他。

"谁穷？"献公派来的人很傲慢。

"我，我穷。"穷子连忙说，心里合计着是不是自己也要当大夫了。

"听着，给你三天时间搬家，能搬的都搬走，投奔谁随你自己，你这个封地充公了。"来人正眼也不看穷子一眼。

晴天霹雳啊，穷子浑身一哆嗦。

"为，为什么？"

"不为什么，富子大夫看上了你这块地，主公赏给他了。"

得，是被富子抢走了。

穷子哭着去找叔叔大爷们评理去了，哭穷哭穷，就是这么来的。

公族们原本就已经对富子不满了，此时听说富子竟然抢了穷子的封地，一个个义愤填膺起来。

"该死的富子，翻脸不认人了。"

"专拣软柿子捏啊。"

"叛徒，可耻的叛徒！"

公族们聚在一起，痛骂富子是叛徒。

"把他叫来，当众跟他评评理。"大伙越说越气愤，就要派人去叫富子。

叛徒没来，卧底先来了。

"哎，大伙干什么呢？这么热闹。"士芛若无其事地走了进来，他在心中暗笑。

"哎，士大夫来了，正好，给我们评评理。"众人看见士芛来了，吵吵嚷嚷把事情说了一遍，大伙一边说，穷子还一边哭。

士芛听完，愣了一愣，假装吃惊地说："哎，怎么会呢？富子跟我说，他是看中了公子青羊的封地啊。"

这句话一出，当时就乱了营了。公子青羊年纪最大，辈分最高，连公子青羊的主意都要打，这富子也太黑了吧。

"杀了这个没良心的。"有人建议，有人附和。

公子青羊原本一直没有说话，德高望重的人都是这样，轻易不发言。可

是，如今事情到了自己的头上，谁不发言谁就是傻子了。

"你说的可是真的?"公子青羊运了半天气，一字一顿地问，眼里冒着凶光。

"这，这个，我什么也没说啊。"士艻装出一副很害怕的样子来。公子青羊瞪他一眼，然后转过头去，清了清嗓子，高声问道："富子是个没有良心的叛徒，对待叛徒，我们该怎么办?"

"杀。"众口一词。

"敌人诚可恶，叛徒更该死。"公子青羊恨恨地说，一拍桌子，"回去准备车甲，一个时辰后还在这里集合。"

公族们匆匆走了，他们要集合人马，讨伐富子。

乱哄哄之中，士艻也溜了出来。

叛徒诚可恶，卧底更该死。

欲擒故纵计

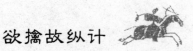

富子正在家里小坐，士艻来了，看上去一头的汗水，显然是有什么急事。

"富子，你还有心情闲坐? 还不赶紧逃命!"没等富子说话，士艻先说了。

"逃命?"富子吃了一惊。

"公族们要来杀你，你不知道?"

"为什么杀我?"

"说你出卖他们，抢他们的封地。"

"没，没有啊。"富子说，他是真没有。

"我也知道你没有，可是他们不信啊。这世道，说你有，你就有，没有也有。我劝你赶快逃命吧，否则公族们杀到，连辩解的机会都不会给你。"

"这，这，我打探打探。"富子半信半疑，急忙派家人出去打探。

不一会，家人们慌慌张张回来，说是公族们都在厉兵秣马，说要来灭了富子全家。

现在，富子不能不信了。他见过灭门是什么样子，当初武公率军打破翼城的时候，就灭过好几家的门，那是进门就杀，根本不跟你讲理。他也考虑是不是请献公保护，可是他是个聪明人，他想到了这可能本身就是献公的陷阱，去投奔献公，说不定死得更惨。

"唉。"富子叹了一口气，让家人草草收拾家当，狼狈出逃，投奔周朝的伟大首都洛邑去了。

后来，富子以名为姓，改名为富辰，做了周王的大臣，以远见和直谏闻名，富辰也是富姓的始祖。

公族们杀到富子家中,却扑了一个空。富子全家都已经逃走,只有一个人没有走,谁? 士芴。

士芴为什么没有走? 他留在这里不就等于告诉大家是他放走了富子吗? 正是,士芴就要这个效果。

"你放走了富子?"公族们咬牙切齿,他们太恨富子了,所以同样也恨放走富子的人。

"是,是我放的。"士芴很镇定,一点也不害怕。

"你放走了他,不怕我们杀了你?"

"怕。"

"既然怕,为什么还要放走他?"

"可是,我更怕天下人说我不够朋友,不讲义气。"士芴说得大义凛然,倒把大家给说愣了。地球人都知道士芴和富子是好朋友,为了救好朋友而视死如归,这是多么高尚的情操啊。

大家都有点惭愧,自己是兄弟相残,人家却能为朋友挺身而出,这境界真是差得太远。

结果是,公族们放过了士芴,并且因此也放过了富子,原本准备追杀富子的人放弃了最初的打算。

士芴真的是因为讲义气才放走了富子?

宁可相信叛徒,也不要相信卧底。

士芴这样做的目的有两个,首先是要阻止公子们追杀富子。这倒不是他不想富子死,他是不想让公子们与富子碰面。这就像房地产中介,一定要阻止买家和卖家碰面,否则人家一交流,自己那点算盘就都暴露了。假如给富子和公子们碰上面了,保不准三说两说就说出疑心来了。万一露馅了,那死的就不是富子,而是士芴了。

除了这个担心之外,士芴还要借这件事提升自己"讲义气"的形象,为下一步作铺垫。

多么出色的卧底啊。

一箭双雕计

士芴用离间计赶走了富子,献公非常高兴,不过他对士芴说:"对不起,虽说你立了功,但是在大事完全成功之前,我不会奖赏你。"

士芴并不失望,这在他的意料之中。

对外,晋献公声称没收穷子的封邑纯属富子在搞鬼,富子被赶走是罪有应得,穷子的封邑依然属于穷子。

没有了富子,公族们虽然还没有到群龙无首的地步,但是少了主心骨是显而易见的。除了坐地泡,公族们想不出新的花样了。

可是,他们还是很团结,还是很倔强,还是很难对付。

作为卧底,士劳是很出色的。他不动声色,他一直在观察,他绝不会打草惊蛇。一句话,他在等待新的时机。

由于在放走富子的事情上表现出色,公族们更加喜欢他,更加佩服他,也更加信任他了。在公族们当中,他的话越来越有分量。

没有多久,士劳发现了时机。

公族们常常在私下抱怨没有得到公族应有的利益,他们最常举的例子是游大夫。游大夫原本是晋侯缗的大臣,后来做了曲沃武公的卧底,策应武公攻破翼城。因此,游大夫受到武公的厚待,得到了聚这个小城作为封邑。

"姓游的不过是个外姓,都给他这么好的封邑。我们还是公族,反而不如他,真是没有天理了。"公族们常常这样抱怨。对游家,他们充满敌意。

"就是就是。"每次,士劳都这样附和他们,而在他的心里,已经有了一个大胆的计划。

转眼,两年过去,到了晋献公八年(前 670 年)。

这一年,游大夫死了,封邑就由他的两个儿子继承。

说实话,献公一向对游大夫很不满,早就想收回聚城,苦于没有什么借口。如今游大夫死了,献公又想起这个事情了,于是找来士劳商量。

"主公,你不找我,我也要来找你呢。如今我有一条妙计,不仅一箭双雕,而且一劳永逸。"士劳早已经胸有成竹,将自己的计划向献公一说,献公当时就笑了。

公族们从士劳那里得到绝密内幕:献公对游家很不满,但是苦于找不到灭他们的借口。

"这需要理由吗?杀游家的人需要理由吗?"公族们开始讨论,很快有了结论:只要献公默许,杀游家的人是不需要理由的。不过,大家还是征求了士劳的意见。

"我猜,主公正希望你们去杀游家呢,那块地方给自己兄弟总比给外人好吧?说不定,谁先干掉游家,那块地就归谁。我猜的啊,我猜的。"士劳装模作样,吞吞吐吐。

士劳越是这样,大家就越是认为他一定是被献公授意的,谁不知道士劳的消息最灵通啊。

既然最高领导都已经暗示了，那大家就干吧。公族们跃跃欲试了。

"可是，"公子青羊毕竟老到些，他还有一个问题，"可是，聚那块地虽然不错，毕竟也不是太大，我们这么多人，怎么分法？"

这是一个很具体的问题，于是大家都看士劳，因为他就代表了政策。

"这还不简单？杀了游家，不是还有韩家？还有栾家？还有杨家？一个一个来，还怕地不够分？"士劳轻描淡写地说，为公子们描述美好蓝图。

公子们欢呼起来，似乎分田分地分美女就是眼前的事情了。

卧底，什么是卧底？什么是最优秀的卧底？不仅打入敌人内部，还要把敌人忽悠得失去理智。

一网打尽计

游家还沉浸在丧父的悲痛之中，他们还没有来得及化悲痛为力量，就已经遭遇了灭顶之灾。公族们如群狼一般杀进了聚城，游家那点可怜的兵力根本就不是他们的对手。经过一顿砍瓜切菜式的屠杀后，游家不复存在了。

游家有现成的酒肉，公族们开怀畅饮起来。爽啊，国家统一以来还没有这么爽过。

一连三天，公族们喝得昏天黑地，二五二五。如果还有第四天的话，相信他们还会喝下去。可惜的是，他们没有第四天了。

第三天下午，献公的大军围困了聚城，士劳亲自领军，一声号令，大军进城，之后也是一顿砍瓜切菜，公族们在醉梦之中追随游家而去。

《左传》这样记载这段故事："晋士劳使群公子尽杀游氏之族，乃城聚而处之。冬，晋侯围聚，尽杀群公子。"

当时富子在洛邑听说群公子灭了游氏，长叹一声："完了，这下都要死了。"几天之后，果然传来群公子被杀的消息。由此可见，如果不是先赶走了富子，要杀群公子绝不会这么顺利。

所有的公子都被杀了吗？也不尽然。还有些没有参加消灭游氏的公子，在听说群公子被杀之后仓皇而逃，逃到了虢国。此事在《史记》中有记载。

死的死，逃的逃，晋国公族接近绝迹了。

从爷爷辈到侄子辈，晋献公把自家本家通杀四代。

无间道，这大概就是中国历史上最早的无间道了。

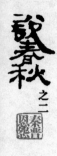

豆腐渣工程

晋献公说话是算数的,现在,士蒍已经是晋国大司空,也就是国务委员兼工程建设部部长。

士蒍上任之后,立即拿到了一个大单——重建聚城。

两年的时间,聚城重建完毕,之后改名为绛,晋献公从翼城搬入绛,从此,绛成为晋国的首都。现在知道这个大单有多大了吧,也就可想而知士部长得了多少油水。

第一次接这么大的单,又是首都这么重要的地方,士蒍不敢乱来,至少在工程质量上是下了工夫的。因为工程质量得到国家最高领导人的认可,在绛建成之后,士蒍又拿到两个大单。

晋献公在蒲为二儿子重耳建城,在屈为三儿子夷吾建城,这两个工程都交给了士蒍。这两个工程与首都建设相比,工程量和重要程度都差得多了,再加上已经有了丰富的工程经验,这一回,士蒍要玩花样了。

建城用量最大的就是石头,由于近几年的用量太大,石头的采集和运输费用都大幅上升,怎么办?难得倒别人,难不倒士蒍。

士蒍的办法是:把城墙做成夹层的,两面是石头,中间填烂木头什么的,看上去挺厚,实际上很不结实。什么叫豆腐渣工程?就是从士蒍这里来的。

所以,豆腐渣工程的祖师爷就是士蒍了。

士蒍这么干,结果被夷吾的手下发现了,夷吾很生气,跑老爹面前告了士蒍一状。献公一听,当时就火了:"偷工减料,以次充好?来人,去问问他怎么回事。"

要是换了别人,不是立即逃命就是痛哭流涕去找献公汇报思想,表示痛改前非了。可是,士蒍是什么人?他是豆腐渣工程的祖师爷啊,没有两把刷子,敢当祖师爷?

所以,士蒍一点也不害怕,他不仅不认错,还很严肃很认真地对来人说:"没有丧事就伤心,肯定要倒霉;没有战患而筑城,敌人就会出现。既然这样,何必把城墙建筑得那么牢固呢?《诗经》说得好啊:以德治国,国家就会安宁。培养公子们的德智体全面发展,比给他们城墙不是好得多吗?信不信吧,三年之内,国内必有敌人出现。"

来人听得直点头,对啊,士蒍这么做好像全是为了国家的安宁啊。

来人屁颠屁颠回去向献公汇报了,这边士蒍还假模假样发个感慨:"孤裘龙(音盟)茸,一国三公,吾谁适从?"意思就是:这么多老板,我究竟该听谁的?

一国三公,这个成语就是士蒍发明的。

不管怎样，士蒍的辩解被献公接受了。自古以来，豆腐渣工程都有一个堂而皇之的幌子。

该杀的人杀了，该建的城也建了，一句话，国内的形势一片大好了。

国内安定了，就该解放全人类了。

献公决定攻打虢国。为什么要打虢国？虢国又是个什么国家？

当初周文王的弟弟名叫虢仲，周武王灭商之后，就把叔叔封在了虢国，也就是今天的河南省陕县。因为是天子的叔叔，爵位为公爵。世世代代，虢国和周王室的关系都十分紧密。后来虢国被灭，虢国公族改姓郭，就是郭姓的起源。

按理说，这样一个国家是不可以轻易去攻打的，为什么献公非要打虢国？

原来，当初从曲沃桓叔到曲沃武公，有多次吞并整个晋国的机会，可惜的是，都被虢国联合周王室给阻止了，甚至虢国还两次兴兵讨伐曲沃。应该说，两家的积怨很深。然而还有一个原因让献公更恼火，那就是出逃的公子们都跑到了虢国，动不动骚扰一下晋国，随时准备杀回来。

"别介。"士蒍表示反对。一打仗，军费开支就要增加，相应的修城的开支就要减少，蒲城和屈城都没完工呢，要打仗怎么也要修完城，把工程款结了才行啊。算盘是这么个算盘，说出来当然又是另外一套说法。"主公，虢国爵位高实力强，再加上跟王室关系密切，我看咱们还是忍忍，等他们内乱起来了再下手也不迟。"

献公想想，似乎也是这么个理。问题是，国内形势一片大好，国际上又不找人打仗，干什么呀？

人无外患，必有内忧。事业顺利，家庭就容易破裂。献公没有想到的是，后宫的一场阴谋正在向他袭来。

第四十七章　潜规则

周王的后宫编制介绍过了,现在介绍一下诸侯的后宫编制问题。

诸侯娶夫人主要是两个方向,一个是异姓诸侯的女儿,另一个是周王的女儿。娶同国大夫的女儿为夫人是不被鼓励的,因为不能把老丈人当成臣子。春秋那年头,老丈人的地位是很高的。

诸侯娶另一个诸侯的女儿为夫人,女方必须以侄女或者妹妹或者堂妹两人随嫁,叫做"媵"。同时还要从另两个与女方同姓的国家各聘一位女子陪嫁,也都要带媵,于是一共九人。除了夫人,其余都属于贵妾。要是夫人死了,不能再娶,要从众贵妾中依次递补。

当然,这是九个正式的老婆,非正式的可以有很多。但是,正式老婆和非正式老婆的待遇是不同的,子女的待遇也是不同的。

抢老婆

现在,来说一说晋献公的后宫。

晋国的习俗与中原诸侯国家有些区别,老婆的来源是两个方面。第一个来源是明媒正娶,第二个来源是抢。归根结底,主要还是抢。没办法,那时候的北方民族都是这样,你抢我,我抢你,最后大家都抢成亲戚了。

抢老婆,当然都是自己去抢。

所以,晋国历代国君都很强悍,就是因为从小就抢老婆。

在当年献公还是太子的时候,他就开始抢老婆了,那时候,他还叫诡诸。

诡诸抢回来的第一个老婆叫贾君,那是灭了贾国之后把贾国国君的女儿给抢来的。说起来，贾国是叔虞儿子公明的国家，与晋国同宗同源。

之后，诡诸听说北翟国主的两个侄女那是国色天香，是草原上的两朵花。北翟也就是北狄，翟就念狄。

诡诸亲自统军，一直打到北翟，算他狠，把北翟国主的两个侄女给一勺烩了。两个美女都姓狐，是亲姐妹。说起来，这是两个洋妞，可是仔细一查，原来是混血外籍华人。为什么这样说？

因为，北翟国主也是唐叔虞的后代，大致属于那种出国奋斗最终奋斗到了外国老大的那种，要不就是抢老婆抢晕了把自己入赘过去了。不管怎样，这两个老婆实际上原本也是姓姬的，不过是混血美女。

周朝那时候已经有了近亲结婚不利于后代的科学观点，那时候的说法叫做"同姓不藩"，意思就是同姓的结婚，后代不会繁盛。中原的诸侯都很在意这一点，娶老婆都不会娶同姓的，譬如鲁卫郑邢这些国家绝对不会通婚。可是晋国受戎狄影响深，根本不管这些。

狐家姐妹的老爹名叫狐突，女儿被抢过来了，索性也就移民回祖国了，把两个儿子也带回国了，算是"海龟"，大的叫狐毛，小的叫狐偃。

说来也巧，刚把狐家姐妹给抢回来，献公就有了儿子。不过，不是狐家姐妹生的。是谁？贾夫人？也不是。那会是谁？

抢后妈

除了抢亲，晋国还跟齐国之间世为婚姻。那不能抢了，只能聘。怎么说呢，跟野蛮人用野蛮的办法，跟文明人用文明的办法。

武公还在曲沃的时候，从齐国娶了一个公族女子做小老婆，名叫齐姜。算起来，齐姜还是齐桓公的侄女。其实，武公并不是真的缺一个老婆，而是要做一个姿态，以此加强和齐国的关系。

齐姜来了，可是武公岁数太大，基本上齐姜就成了《黔之驴》里的驴——至则无所用。怎么办？诡诸一看，这么一个齐国大美女，不远千里来到晋国，怎么能设备闲置呢？于是，诡诸暗地里勾搭齐姜。齐姜一看诡诸，那也是英俊挺拔，还有混血的味道，真好。于是，一来二去，事情就办妥了。

很快武公就发现了，心说闲置也是闲置，给儿子利用一下也没什么。所以，武公睁只眼闭只眼也就算了。

诡诸见老爹装不知道，胆子越来越大，连起码的避孕措施都省了。结果竟然把齐姜的肚子给弄大了。现在没得选择了，索性想个法子，把齐姜偷运出宫，藏在一户姓申的人家，没多久生个儿子下来，取名就叫申生。孩子就留在了申家,齐姜依然偷运回宫,假装什么事情也没有发生。

到这个时候,武公还是假装不知道。

武公鞠躬尽瘁之后,诡诸登基,就是献公。献公对齐姜倒是一往情深,将她立为夫人,申生就是太子。后来,齐姜又为献公生了一个女儿。可惜的是,齐姜生下女儿没多久就死了,当时还把献公伤心得够呛,一双儿女就交给了贾夫人抚养。

根据"私生子优秀论",申生就应该是非常出色的孩子。事实真是如此,申生几乎就没有缺点,集中了他爹和他娘的优点。

后来,狐姐也生了个儿子名叫重耳,狐妹生了个儿子名叫夷吾。重耳生得"重瞳骈胁","重瞳"就是眼睛里有两个瞳孔,"骈胁"就是俗称的板肋,就是肋骨之间没有肉,连成了一片。估计这就是同姓结婚的后果。

抢儿媳

眼看着申生已经长大成人,十七岁了。晋献公心说该让他抢老婆了。这么出色的儿子,怎么说也要抢最好的回来。

献公一打听,听说骊戎国主的两个女儿很漂亮,天仙一般。

"儿子,你带兵去抢老婆回来,要快,晚了就被别人抢了。"献公叮嘱申生,给他配备了人马。

晋献公十年(前668年),申生率领晋国军队讨伐骊戎(今西安附近)。骊戎哪里是对手?被打得稀里哗啦。怎么办,投降吧。

就这样,申生把骊戎国主的两个女儿给抢回来了。姐姐叫骊姬,妹妹叫小骊姬。那两姐妹也挺高兴,因为申生英俊得没法说,别说是来抢自己,就是申生不抢,这姐妹俩还想往怀里钻呢。

回到晋国,申生去向老爹汇报工作。汇报完毕,献公很满意。申生临走,献公顺口说:"听说两个骊姬仙女一般,叫上来给老爹瞧瞧。"

老爹要看,申生急忙令人把姐妹俩带上来。

这一瞧不打紧,献公口水当时就流下来了。

"儿啊,算你辛苦一趟。这两个给爹了,你还年轻,机会有的是。"献公当时什么也不管了,把两个儿媳妇据为己有了。

还记得三代通吃的卫宣公吗?

晋献公比他厉害得多,他是三代通抢,而且通常一抢就是两个。

两个骊姬很失望,白马公子现在成了白头公公,哪能不失望?

小骊姬伤心归伤心,她认命了。骊姬不是一个认命的女人,她要争夺,

48

要把原本属于自己的夺回来。骊姬此后千方百计勾搭申生,可是申生是个大孝子,比急子还要孝顺的那种,根本不为所动。

勾搭不成,骊姬还不甘心。可是,献公的不懈努力最终让她认命了。什么不懈努力?床上的不懈努力。两年之后,骊姬生了一个儿子,名叫奚齐。

现在,献公有七个儿子了,申生最大,其次是重耳和夷吾,另外还有三个是小妾所生,忽略不计,如今又有了一个小儿子。

献公很高兴,但是,骊姬很绝望。

"申生,我要杀了你。"骊姬暗中发誓,得不到的,就毁灭他。

骊姬不仅要杀申生,还要让奚齐成为太子。

由爱生恨的力量是巨大的,急子就是榜样。那么,申生会不会成为第二个急子?

潜规则

骊姬不是一个寻常人,事实上,任何一个能够得到君主宠幸的女人都不是寻常人,脸蛋只是基本部分,而更重要的是头脑。

在发誓要报复申生之后,骊姬做通了妹妹的思想工作,让妹妹也帮着自己。随后,骊姬进行了形势研判。

首先,自己的力量在哪里?好像除了献公的宠爱之外,再也没有。其次,申生的力量。很显然,申生的力量很强大,朝中的主要大臣都支持他。而且,献公很爱申生,也很信任申生。

形势明显不利。怎么办?

骊姬知道一个道理:男人改变世界,女人改变男人。所以,必须在献公之外,找到一个男人来帮助自己。可是,在后宫,除了献公,其余的男人都算不上男人。

"男人,我需要一个男人。"骊姬说。

"优施不是男人吗?"小骊姬说。

"对啊,就是他了。"骊姬恍然大悟。

优施是谁?所谓优,就是艺人,专门在宫廷里为君主表演的人。这个艺人姓施,所以就叫优施。用现代话说,就是娱乐明星。

优施很受献公的宠信,经常进宫来表演,因此跟骊姬姐妹两个也很熟。因为受献公宠信,外面的很多大臣也都愿意巴结他。

"搞定优施,让他帮我们。"姐妹俩商量好,立即开始行动。

第一步,搞定优施。

对于女人来说，特别是对于漂亮女人来说，要搞定一个正常的男人实在是太容易了。何况，优施是娱乐圈的人，大家知道，娱乐圈是有潜规则的。更何况，骊姬姐妹还是优施的老板娘。

过程就不必赘述了，优施很轻易就被"潜规则"了。当然，他也很享受被"潜规则"，特别是同时被两个美女"潜规则"。

对于娱乐圈的人来说，"潜规则"也就是献身而已，优施很清楚这一点。他知道自己这样的人在后宫就是稀缺资源，被潜规则是必然的结果。可是，他没有想到的是，他被潜规则绝不仅仅是献身这么简单。

"施，床也上过了，爽也爽过了，现在说正事吧。"云消雨散之后，骊姬说话了。

"正事？"优施一愣，正事不是刚刚办完了吗？

正在这个时候，小骊姬进来了，优施恍然大悟：哦，还有一件正事。

骊姬姐妹坐下，让优施也坐下，于是骊姬开始说正事了。

"我们姐妹呢，也没有什么太大的事情，就是想把申生给废了，让我的奚齐做太子。我们姐妹两个势单力薄，就想请你帮个小忙。"骊姬娓娓道来，说得轻松。

优施一听，吓得一个哆嗦。这是小事？这是国家大事啊。

"这，这，我一个艺人，怎么能做得了这样的事情？别，别，你们另请高明吧。"优施忙不迭往外推。这样的事情想都不敢想啊。

说完，优施顾不得许多，起身就想走。

"你走吧，只要你走出这个门，我们就高喊捉淫贼。强奸夫人是什么罪名你是知道的，是怎么个死法你大概不知道，到时候就会知道了。"骊姬屁股都没挪一下，轻描淡写地说。

优施不敢动了，骊姬的话算不上吓唬他，骊姬甚至只需要在枕头边上对献公说她喜欢优施，优施的裤裆第二天就会被掏空。

所以，他老老实实地坐了回去。

"施啊，你想想，你一个唱戏的，唱一辈子戏又能怎样？如果你帮了我们，今后吃香的喝辣的，也混个大夫当当，子孙后代也跟着享福，有什么不好？"大棒打过了，骊姬扔来一块胡萝卜。

到了这个时候，优施还有什么选择吗？

"夫人，您说怎么做吧。"

优施的分析

床上,三个人开始商量。

整个商量的过程,在《国语》中有详细记载。

骊姬问焉,曰:"吾欲作大事,而难三公子之徒如何?"看得出来,骊姬是很聪明的,她知道,单单搞定申生是不够的,必须把重耳和夷吾打包考虑进去,这样才能消灭所有的对手。

"早处之,使知其极。夫人知极,鲜有慢心,虽其慢,乃易残也。"优施回答。这里要翻译一下了,意思就是:早点把他们的地位固定下来,使他们认识到自己的地位已经到顶。人若知道自己的地位已经到顶,就不敢再有非分之想。

骊姬一听,这优施有想法啊,有想法就好。

"你说,先对付谁?"骊姬问。

"擒贼先擒王啊,先对付申生,顺便也就对付了重耳和夷吾了。"主次分明,艺术家总是能抓住重点。

"怎么对付申生?"

"申生这个人是个君子,小心谨慎,稳重细心,越轨的事情绝对不做,害人的事情根本就不想,就这么说吧,那就是对自己高标准严要求。所以人人喜欢他,主公也信任他。这样的人,你要去说他的坏话,那是没人会信的,你去跟主公说,那也没用。"作为顶尖的表演艺术家,优施对于人物心理的把握是有独到之处的,当下这么一分析,果然说得骊姬姐妹直点头。可是点完头,骊姬回过神来了:"哎,你说得对是对,可是照你这么说,他这么完美,这么无懈可击,我们还有什么办法对付他?"

优施笑了,前面这段话,算是一个铺垫,在艺术上是不可或缺的。铺垫之后,再有转折,这才能吸引人。

"俗话说:人无完人。每个人都有弱点,越完美,就越脆弱。"优施说话一套一套,见骊姬姐妹两个大眼瞪小眼,接着说,"申生不忍心伤害别人,就只能伤害自己;凡事为别人着想,那就不会为自己着想;有问题了总是反思自己的责任,那就会不屑于去辩解。你看,这不是机会就来了?"

骊姬姐妹两个对视一下,还是没有搞明白。小骊姬问:"你说这些对是对,可是我们还是没有搞明白。"

"这么说吧,如果主公废了申生,他决不会来辩解,也不会问为什么,他只会去问自己什么地方没有做好;如果主公要杀他,他决不会逃跑,也不会

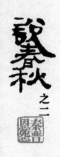

辩解,而是欣然接受。"

"可是,那是后面的事情了,我还是没有弄明白,现在我们是不是该去说他的坏话。"骊姬也没有弄明白,她最关心的是现在该怎么做。

"不能说他的坏话。"

"那怎么办? 我们不说他的坏话,主公凭什么废了他?"

"说他的好话。"

"说好话? 说坏话不行,说好话反而行?"

"不错,知道进谗言的最高境界是什么? 就是说好话。你越是说申生的好话,就对他越不利。"

"那,说些什么好话? 什么时候开始说?"尽管半懂不懂,骊姬还是觉得优施的话有道理,因此她决定按优施的话去做。

"不要急,说好话只是第二步。就凭我们这几个人,做不了这样的大事,我还有两个朋友,必须要他们一起帮忙。"

"谁?"

"二五。"

完美的组织结构

优施有两个好朋友,一个叫东关五,一个叫梁五,合称二五。二五之所以和优施是好朋友,是因为他们的工作关系比较密切。二五是献公的宠臣,也就是那种陪着献公吃喝玩乐讲黄段子的一类人,类似齐国的公子开方。平时,优施和二五总在献公这里遇上,而且他们的主要工作都是哄献公开心、拍献公马屁,所以有很多共同语言,就成了朋友。

几个人平时没事的时候喜欢凑在一起,主要是研究献公的喜怒哀乐,交换拍马屁的心得等等,偶尔也会探讨一下后宫里哪个女人的屁股大之类。

这一天,三个人来到了优施的家里。喝酒吃肉,然后把闲杂人等都赶走了,只剩下三个人。

"二五哥,今天请两位来,有要事商议。"吃饱了喝足了,优施话入正题。

"要事?"二五也是互相看一眼,心想你一个唱戏的,有什么要事?

优施先在心里说了一句"你们两个傻瓜",然后按照事先整理好的思路开始了。

优施先说一通"干革命要跟对人"、"不怕杀错人,就怕站错队"之类的大道理,之后转入现实。

优施分析了后宫的形势,之后又分析了几个公子的优势和劣势,之后又分析了二五所处的地位。总之,说了半天得出结论:"我们要想长久混下去,就要投靠骊姬夫人,共同对付申生那几个人。"

二五讲黄段子还行,说到分析革命形势那就真是一窍不通,当下被优施忽悠得二五二五的,觉得特有道理。什么叫二五二五?就是稀里糊涂云里雾里,这典故就从东关五和梁五这里来的。

二五就这样决定跟着骊姬干了。

优施的能力基本上就是这样了,除了二五,再发展别人也不太现实。

可是,二五已经够了。

基本上,组织结构就这样确定了。

骊姬姐妹在后宫,主要负责在床上忽悠献公;二五在外面,主要负责在床下忽悠献公;优施从中充当总策划兼联络员的角色,及时沟通信息,部署下一步的工作。

完美的组合,这简直就是完美的组合。

但是,第一步该怎样迈出去?

优施说了:生活其实就是演戏。

第四十八章　治大国如演小戏

单从艺术的角度或者导演的角度来说,优施可以称得上伟大。

他的成功之处在于他把国家大事看成了一出戏,每个人都是这出戏里的角色。

"治大国如演小戏。"优施说。

优施的导演天才是如此的卓越,以至于如果那时候就有春秋运动会的话,开幕式总导演非优施莫属。

优施将要导演的大戏名叫"杀生",杀死申生的意思。我们不妨看看,在将近两千七百年之前,优施导演的大戏,是不是比《满城尽带黄金甲》、《夜宴》之流要精彩得多。

废话少说,关灯,拉幕,将手机调到震动。

第一幕　卫急子

地点:国家大剧院(后宫里专门供献公看剧的地方)

时间:白天

背景:三张桌案。献公坐中间,东关五在左边,梁五在右边,每人的桌子上有酒有干果,献公身后站着四个宫女伺候。

演出场地上,优施面对献公躬身施礼,高声说道:"主公,下面是优施最新创作的现代历史剧《卫急子》,请主公欣赏。"

献公点点头,扭头对二五说:"这是优施的新戏,寡人不忍心一个人欣赏,今天是处女秀,因此请两位大夫一同观赏。"

东关五笑笑(媚态十足),说道:"主公真是人民的好君主啊,与民同乐,亲自观赏好剧的同时还邀请我们参加,荣幸啊,幸福啊。"

梁五也以同样的表情说:"有您这样的君主,真是晋国人民的福分啊。"

献公也笑了,挥挥手,示意优施可以开始了。

《卫急子》讲的是卫国公子急子的故事。优施真有才,自己兼了制片人、编剧、导演和男主角。

这是一出爱情戏,从当年卫宣公抢儿媳妇宣姜开始,一直演到卫宣公要害急子。到了这个地方,故事不一样了,急子并没有去送死,而是和宣姜里应外合,杀死了卫宣公。

急子继位,娶了宣姜。

整出大戏用时一个时辰,不赘述,摘录其中几句对白。

宣姜:"杀了老狗,国家就是我们的,我们比翼双飞,恩爱无边。"

急子:"对,他不把我当儿子,我为什么要把他当爹?亲爱的,我早就盼望这一天了,哈哈哈哈。"

戏演得很好很逼真,并且破天荒地使用了猪血来渲染宣公被杀的惨状。

戏演完的时候,献公的脸色很难看,憋得像猪腰子一样通红。他没有像平时那样让优施坐下来大家一起喝酒,而是挥挥手让优施下去,然后半晌没有说话。

"主公,看您的面色,莫不是有什么心事?"东关五说话了,他是个擅长看脸色的人,自然能够看出来。不过,这一次不用看,他也知道献公会有心事。

"这,"献公当然有心事,不过他不愿意就这么说出来,于是他说,"既然你这么说,你猜猜看。"东关五看看梁五,两人会心地点点头。

"主公莫不是想起了太子申生?"东关五小心翼翼地说。

"嗯。"献公不置可否,他确实是想起了申生,自己与申生之间的事,和当年的卫宣公与急子是何其相像。即便刚才的戏是编的,但是谁能保证这样的事情就不会发生在自己和申生的身上?

献公没有说话,但是献公的表情已经告诉了二五他在想什么。东关五不好再说话,梁五扫视了左右一遍,轻轻地说:"主公,其实这事情并不难办。"

"噢。"献公看他一眼,没有说话。

"只要太子不在都城……"说到这里,梁五故意不说了,后面的话,其实都不用说。

献公没有说话,摆摆手,让二五都走了。

只要是对自己有威胁的人,献公都要毫不犹豫地灭掉。现在,毫无疑问申生和骊姬对自己是威胁,事实上,骊姬前些年试图勾搭申生那些事情他都知道得一清二楚。怎么办?

办法有三个,要么杀了申生,要么杀了骊姬,要么把他们都杀了。可是算一算,申生是自己的儿子,是齐姜的儿子,是最出色的儿子,虎毒还不食子啊,怎么舍得杀?骊姬呢?骊姬风骚的脸蛋,嗲兮兮的声音和绰约的身姿都令自己陶醉,一天见不到都无法入睡,杀了她们姐妹俩就等于要了自己的老命。

怎么办?献公想得头晕,昏昏沉沉就在座位上睡着了。睡着睡着就听见有人悄悄说话,睁开眼一看,妈呀,是骊姬姐妹和申生,申生手中拿着一把尖刀。

"你,你们要杀我?"献公有些惊慌。

"爹,你抢走了我的老婆,没办法,我只能杀了你。"申生恶狠狠地说。说完,那把尖刀就刺了过来。献公大叫一声,醒了过来,出了一身的冷汗。

原来,是一场噩梦。

第二幕　摸底

地点:后宫某房间

时间:白天

背景:献公坐在地上喝闷酒,两个宫女伺候。

献公面带愁容,自言自语:"优施的戏提醒了我,怎么办?找谁商量一下?士芴也许有办法,可是他是太子党,不行。狐突?他肯定有办法,可是,他也是太子党,也不行。里克?好像他也是太子党,也不行。也许,只有二五是可以放心的人。"

想到这里,献公继续喝酒。

献公又自言自语:"也许,我该先摸摸骊姬夫人的底,虽然她从前勾搭申生的事情我都知道,也许她现在对申生已经不感冒了呢,那我岂不是庸人自扰了。"

"来人,请骊姬夫人来。"献公下令,一个宫女出去。

片刻,骊姬飘然而至,在献公身边坐下。

"夫人,我不喜欢申生,想要废了他,立重耳为太子,夫人觉得怎样?"献公说。

"啊,那、那怎么行?申生品行端正,深得人心,又孝敬君父,有什么理由废了他呢？不可以啊。"骊姬反对,而且是强烈反对。(注意,表情要真诚,真诚得有些夸张,好像出于内心一样。)

事实上,骊姬演得很好,完全没有做戏的痕迹。

献公沉思了,现在他相信自己的担忧绝不是空穴来风。

骊姬偷偷地笑了。

第三幕　二五出招

地点:国家大剧院

时间:白天

背景:空空荡荡,只有献公、二五和两个宫女。

献公说:"最近我吃不好睡不好,还常做噩梦,你们知道为什么吗?"

"这个,主公莫不是为了那天那出戏?"东关五小心翼翼地问。

献公看他一眼,满眼的欣赏,心说这小子真是善解人意,怪不得我这么喜欢他。

"既然知道了,咱们就关起门来不说外人话。你们知道,骊姬夫人原本是申生的,被我抢了来。原来也没觉得怎样,后来看了那出《卫急子》,心里不踏实。我试探了骊姬夫人一次,结果她处处维护申生,显然是旧情不忘,这让我心下更加不宁了。你们替我出出主意,现在我该怎么办?"献公开门见山,也不拐弯抹角。

二五听了,假装吃惊,然后假装思索了一阵。

"主公,依我看,这个事吧,太子和夫人都没有过错,要不,废了夫人?"梁五说。他在试探献公。

"不行,实不瞒两位,我一天见不到骊姬夫人,心里就难受。睡觉要是不搂着她,那就睡不着,废了她那就是要我的老命啊。"献公立即否决。

"那,那就把太子派出去,不在京城了,他们没法勾结,自然也就没有后患。"梁五继续出主意。

"你这主意不错,不过,平白无故把太子派出去,如何向卿大夫们交代?"其实,献公也想过这个办法,不过总觉得不妥。

这一次,轮到东关五说话了,他这么说:"主公,晋国的宗庙在曲沃啊,而蒲和南北二屈是晋国的边疆要地,不能没有人主管。我看,如果让太子申生驻守曲沃,让公子重耳和夷吾去驻守蒲和南北二屈,不是名正言顺吗?"

献公一听,哎,挺好,这个说法挺有说服力。

没等献公说话,梁五也插话了:"是啊,不仅镇守边防,他们还能抓住机

会跟戎狄过过招,说不定还能抢点土地回来呢。晋国开拓了疆土,不也是一件很好的事吗?"

"好啊,"献公禁不住叫起好来,现在才发现这二五不仅会拍马屁说黄段子,那简直就是治国的材料啊,"你们真是太有才了,太有才了。"

画面旁白:晋献公十二年(前665年),献公下令,鉴于曲沃的绝对重要性,派太子申生镇守;同时,在蒲地修建蒲城,派公子重耳驻守,防备秦国;在屈地建屈城,派公子夷吾驻守,防备北翟。

于是,这才有了士芳的豆腐渣工程。

三公子被外派,晋献公与骊姬姐妹和奚齐在绛。

晋献公扩军

晋献公十六年(前661年),献公进行了一个大动作。

当初武公拿下翼城,将晋国的宝物送去王室贿赂,周王看在贿赂的分上,任命武公为晋侯,但是同时对武公作了限制。什么限制?"命曲沃伯以一军为晋侯。"(《左传》)

一军是什么意思?我们现在来介绍一下周朝的军队编制。

根据《周礼夏官司马》,"凡制军,万有二千五百人为军,王六军,大国三军,次国二军,小国一军,军将皆命卿。二千有五百人为师,师帅皆中大夫;五百人为旅,旅帅皆下大夫;百人为卒,卒长皆上士;二十五人为两,两司马皆中士;五人为伍,伍皆有长"。

翻译为现代文:军队建制,每一万二千五百人为一军,军的统帅为卿;一军有五师(二千五百人),师的统帅为中大夫;每师有五旅(五百人),旅的统帅为下大夫;每旅有五卒(一百人),卒长为上士;一卒有四两(二十五人),两的头目叫司马,军衔为中士;每两有五伍(五人),头目为伍长。

不过,司马后来成为军中执法官的名称。

王室共有六军,也就是中央军,六军中有一支特殊的部队,属于王室直属护卫部队。这个军由周王亲自指挥,比其他的军多一个师,所以这个军又称为六师,共计一万五千人。不过,到了东周时期,王室的人力财力都不足,早已经无法支撑六军,从三军、二军到最后连一军也凑不齐了。

诸侯军队的编制最多三军,依照爵位高低和国家大小确定,譬如齐国和鲁国都是三军编制,也就是说最多三万七千五百人的军队。而这些军队在战争时期必须听从王室的调动,也就是地方武警部队的意思。通常的小国,就只给一军的编制。

晋国只得到了一军的编制,也就是中央承认的正规军只有一万二千五百人。对于晋国来说,这点编制实在太少。好在现在王室也管不了那么宽,你不给编制,老子自己给编制。

晋献公决定,晋国军队扩充为二军。上军在绛,由献公亲自担任主帅;下军在曲沃,主帅则是申生。

两军成立,献公宣布:准备出征。

敏锐的士芳

表面上看,申生现在拿到了军权,至少是一部分军权,今后还可能拿到全部的军权。似乎献公这样做是为了巩固申生的实力和地位,但是,透过现象看本质,有人发现了一个不祥的预兆。谁这么聪明?士芳。

士芳是个很敏锐的人,用今天的话说,就是有很高的政治敏感度。同时,他也是死硬的太子党。

"太子是国君的继承人,就应该一门心思等着继承君位,怎么能有官位?现在国君分封给他土地,还给他安排了官职,这是把他当外人看待啊。不行,我要向主公进谏。"士芳当时就看出了问题,他决定去纠正献公。

于是,士芳来见献公。

"太子是国君的接班人,而您却让他去统领下军,恐怕不合适吧?"士芳开门见山,直接表达自己的反对意见。

"下军,就是上军的副职。我统领上军,申生统领下军,有问题吗?"别说,献公说得也有道理。

"下不可以作为上的副职。"

"为什么?"

"正副职的关系就像人的四肢一样,分成上下和左右,用来辅助心和目,所以才能经久使用而不劳倦,给身体带来好处。上肢的左右手交替举物,下肢的左右脚交替走步,轮流变换,用来服务于心和目,人所以才能做事,节制百物。如果下肢去引持上肢,或者上肢去引持下肢,就不能正常地轮流变换,破坏了四肢与心和目的协调,那人就反而要被百物牵制,什么事能做得成?所以古代组建的军队,有左军有右军,缺了可以及时补上,列成阵势后敌方不知道有缺口,所以很少失败。如果以下军作为上军的副职,一旦出现缺口就不能变动补充,失败了也不能补救。所以变乱军制,只能侵凌小国,难以征服大国。请国君三思!"士芳说了一通。说句良心话,说服力确实不

强,似乎是在说不能叫上军下军,应该叫左军右军。

估计,士蒍是有所顾虑,有些话不敢直说。

献公早就听腻了,等他说完,摆摆手说:"申生是我的儿子,我已经为他编制了下军,用不着你操这个心。"

"可是,太子是国家的栋梁。栋梁已成,却让他带兵,不也危险吗?"士蒍还不甘心,换个角度继续说。

"减轻他的责任,虽然有危险,会有什么害处,嗯?"献公明显不高兴了,对话结束了。

得,士蒍碰了一鼻子灰,灰溜溜走了。

在晋献公那里碰了壁,士蒍很沮丧,不过他是一个善于反思的人。

他做了一个基本的分析。首先,献公是一个很聪明的人,他原本不会傻到让申生做下军主帅这个程度。即便是献公一时糊涂犯了错误,那么自己的一番进言应该让他醒悟过来。可是如今献公不仅没有醒悟,反而对自己的忠言非常不耐烦。这说明了什么?

"太子不能继承君位了。"士蒍很快得出了这个结论。他确实是一个聪明人。

现在士蒍有些紧张了,根据历史经验,站得越高摔得越重,太子被废就相当于从山峰上被推下来,安全着陆基本不可能,被废往往就意味着被杀。

连夜,士蒍偷偷来到了太子府,夜会申生。

"公子,快逃命吧。"士蒍一把拽住申生,就让他逃命。

"逃命? 士大夫,说笑吧?"申生吃了一惊,随后笑一笑,他以为士蒍跟他开玩笑。

"公子啊,主公改变了你的职位却不考虑你的困难,减轻了你的责任却不担心你的危险,主公既已存异心,公子又怎能继承大位呢? 你出征若能成功,将会因为得民心而被害;若不成功,也会因此而获罪。无论成功与否,都没有办法躲避罪责。与其辛辛苦苦出力而得不到你父亲的满意,还不如逃离晋国的好。这样你父亲得遂其愿,你也避开了死亡的危险,而且将获得美名,做吴太伯,不也很好吗?"士蒍又是一通分析。说句良心话,这次的分析十分透彻,笔者听了都想逃命。

可是,申生摇了摇头。

"您为我考虑,可以说是忠心耿耿了。但是我听说:做儿子的,怕不顺从父亲的命令,不怕没有美名;做臣子的,怕不辛勤事奉国君,不怕得不到俸禄。如今我没有才能却得到跟随君父征伐的机会,还能要求什么呢? 我又怎么能比得上吴太伯呢?"申生拒绝了,他有他的原则。

60

士艿还想劝劝，可是想想，还是算了吧。为什么？一来，他了解申生的性格，要他逆着父亲的命令，那是绝对不可能的，因此劝也没用；二来，人这个东西，点到为止，自己要是说太多了，倒显得自己好像有什么小算盘一样。

　　士艿悄悄地回家了，怎样去的太子府，就怎样回的家。从那天晚上之后，士艿决定远离是非，除了上朝，其余时间哪里也不去，就在家里陪老婆孩子。就算上朝的时候，也是一言不发。

　　他知道会发生什么，改变不了别人，那就改变自己吧。

　　士艿，一个聪明人，一个绝顶聪明的人。

第四十九章　阴阳服和奥运金牌

晋国两军准备讨伐哪里？

晋献公打开地图，在晋国的北面、西面和南面画了三个圈，然后说："就他们吧。"

这三个可怜的圈分别是霍国(山西霍县西南)、耿国(山西河津县东南)、魏国(山西芮城县东北)，说起来，都是晋国的同姓国家，都是周文王后代的国家。

自家兄弟还要打？献公说了："这年头，谁跟谁不沾亲带故？不打他们，打谁？"

灭三国

两军出动了，申生的下军作为前哨先行，献公的上军随后出发。

献公是一个爱好打仗的人，亲自上战场是他的习惯。他知道上战场可不是看戏，因此二五是用不上的。

献公决定用两个新人，一个是赵夙，一个是毕万。其中，赵夙为御戎，毕万为车右。这两个人是什么人？为什么用他们？

这里，要说一说晋国的人才来源了。

晋国的人才来源主要是两个方面，一个方面是公族，譬如狐、栾、韩、贾、郤等姓氏；另一个方面是外来移民，而外来移民中的人才又主要来自周朝的伟大首都。

投奔晋国的京城人士主要是两种人，一种是怀才不遇或者对王室不满而出走的,另一种是逃避罪责而出逃的。两种人都属于那种有开拓进取精神的人,或者有胆量的人。

为什么他们多半选择了晋国,而不是秦国或者楚国和齐国?首先,齐国太远,而秦国直到东周才开始建国,楚国属于南蛮,只有晋国在地理上近、血缘上亲,价值观念上又很开放,因此大家都愿意去晋国。

而最根本的原因,是晋国对外来移民的鼓励。因为晋国人口稀少,特别是周人的人口不足,因此历代晋国国君对移民都是无限欢迎,对伟大首都的移民则是青眼有加,多有重用。

赵夙和毕万就都是京城移民或者京城移民的后代,其中,赵夙的祖先从周厉王年代移民晋国,毕万则是第一代移民。

那么,晋献公为什么让赵夙为御戎而让毕万为车右呢?这里有个历史原因,因为赵夙的祖先擅长驾驶,当年拉着周穆王上天山会西王母的造父就是他的祖先,而毕万从祖先毕公高开始就是著名的勇士,做车右可以说是再合适不过。

魏、霍、耿三国都是小国,尽管各自也都有一军的编制,可是人力财力有限,三个国家加起来也凑不够一个军。

晋国大军一到,摧枯拉朽一般长驱直入,将三个国家一一灭掉。而申生的表现令人赞叹,不仅具有指挥才能,而且身先士卒,十分勇猛。更难能可贵的是,他的军队纪律严明,决不扰民,因此所到之处,竟然大受欢迎。

大军凯旋,论功行赏,申生被任命为上卿,依旧镇守曲沃。前文说过晋国没有卿,因此申生就是第一个卿。赵夙和毕万表现英勇,献公将耿封给了赵夙,将魏封给了毕万。

卿是什么?用句古代常说的话,那就叫做"位极人臣",也就是说,做臣子,这就是最高点了。

到了这个时候,士劳就看得更清楚了。申生是凭功劳当上卿的,如果再有功劳怎么办?还怎么提拔?什么叫功高震主?

功劳太大是会引起领导警惕的,即便你是领导的儿子。

第四幕 床戏

地点:后宫,献公的卧房

时间:半夜

背景:床上,献公和骊姬光着膀子,盖着被子,躺在一起。献公睡着,灯

光摇曳。窗外，月光惨淡，一阵乌云过来，月光消失。

（这出戏在《国语》上有详细记载："优施教骊姬夜半而泣谓公曰。"什么意思？就是说这出戏是优施导演的，时间选择了半夜，骊姬哭着对献公说话。）

半夜，青蛙在叫春。

哭泣的声音从一个房间里传出，镜头缓缓进入房间。床上，骊姬露出雪白的膀子，在那里哭着，哭声越来越惨，越来越大，眼泪和鼻涕都滴在了枕头上。

正在打鼾的献公被吵醒了，他大吃一惊，暗说：夫人为什么哭了？还哭得这么惨？难道她想起初恋情人来了？

"夫人，为什么哭？有什么伤心事？"献公侧躺着问，搂着骊姬的肩膀。

"你，你杀了我吧。"骊姬哭着说，两只手盖住自己的脸，酥胸半露。

献公腾地坐了起来，胸毛毕露。他摸摸骊姬的额头，再摸摸自己的额头，没发烧啊。

"无缘无故，为什么要杀你？"献公摸不着头脑，奇怪地问。

"我听说申生爱护百姓，很得人心，很多卿大夫都向着他，再加上还占着曲沃，很多人说他随时会取代你啊。如今他又开始散布谣言，说我迷惑你，祸国殃民啊。我恐怕他会以此为借口叛乱啊。不如你就杀了我，不要为了我一个女人而父子反目，让百姓遭受动乱啊，呜呜呜呜……"骊姬一边哭，一边说。

尽管是半夜，尽管刚才还睡得正香，这个时候的献公已经彻底清醒了。他做了一个简单的判断，首先，骊姬反映的情况是真实的，申生这个兔崽子确实有野心了；第二，看来骊姬跟申生没有什么不正当男女关系，骊姬是个深明大义的女子，对自己一片忠心；第三，骊姬这样好的女人，申生却不肯放过她，真是猪狗不如。

"他难道会不爱自己的父亲吗？"献公问。

"我听别人说，爱百姓的人就不会太在意国君。就好比你是商纣王，申生是纣王的儿子，他先把你杀了，对国家不是更有好处吗？听说申生就是这么想的。"骊姬说。当然这都是优施教给她的。

"那怎么办？"献公问。他有些害怕了。

"退居二线吧，让申生接班算了。申生上台了，他心里爽了，就会放过你。你再考虑一下，自你的曾祖桓叔以来，谁爱过亲人？正因为六亲不认，所以才能把正宗的晋国给兼并了。"骊姬开始添油加醋，不过她说的倒都是事实。

"退居二线？凭什么？我辛辛苦苦几十年，出生入死，流血流汗，才有了今天的晋国，这么轻易就退居二线？"献公不是傻瓜，退居二线就等于把自己的老命交到了别人手上,他骤然变得坚定起来。"你不必担心,我自有办法收拾他。"

这是中国历史上最著名的精彩对白之一,优施的才能简直无与伦比,他撰写了骊姬的台词并且猜到了献公的台词。

骊姬正准备继续背台词,献公摆摆手说:"等等,我撒泡尿回来。"

这句对白是优施没有想到的,因为他缺乏一点幽默感。

毫无疑问,这句话让骊姬浪费了表情。

献公撒尿回来的时候,骊姬已经憋坏了。

尿多了会憋,话多了也会憋的,骊姬憋了好长一段台词。

"皋落狄不断侵扰我国边境,烧杀淫掳,无恶不作。为什么不派申生去讨伐他们呢?如果申生打仗厉害,还得民心,那就要更加小心他了。如果他打不过狄国,那就算是他的罪名,就可以乘机收拾他。再说了,如果战胜了皋落狄,我们的边境就会安宁,还能抢回来不少财富。到时候又有大把财富到手,又可以知道怎样去对付申生,那不是双赢?"这段台词的特点是赤裸裸,像一个成熟的政治家在说话。

"好,好,就这么办了。"献公听了很高兴。

"老公,你真好。"骊姬笑着说,然后滚到献公身上,搂着献公的脖子。

被子被踢开了。

骊姬完美的裸体展示在镜头中,背部特写,腿部特写。

"宝贝,这么晚了。"献公小声说。

"嗯,人家想要嘛。"骊姬嗲声嗲气地说。

一阵风吹来,灯光摇曳。

床脚,剧烈晃动。

灯光的亮度取决于女演员的献身精神,同时也决定了这出戏属于二级还是三级。

太子变成蛊惑仔

献公决定让申生率领下军出征东山,也就是皋落狄的地盘。东山在哪里?在晋国的南面。

任务下达的时候,献公赠送给申生两件东西:一件衣服和一块金玦(音决)。什么是玦?就是环形带缺口的玉佩。什么是金玦?就是普通说的金镶玉。这么个金玦往脖子上一戴,就像个北京奥运会金牌得主。还没出征,先弄块奥运金牌。不知道北京奥运会金牌设计的时候,灵感是不是来自晋献公。

除了给东西,献公还要有些临行嘱托之类,或者叫战前动员。

"孩子,报效国家的时候到了,国家考验你的时候到了。"基本上,说来说去,就是类似这些话,几千年来除了用词有些分别之外,核心内容没什么变化。末了,献公还幽了一默:"孩子,听说东山羊好吃,给我扛两只回来。"

别说,晋献公有点美国总统布什的味道。其实他不是真的幽默,而是感到不自然,试图用这样的话来化解尴尬。

申生穿着父亲给的衣服,戴着那块金牌就回到了太子府。一进门,就看见府里的人都用异样的眼神盯着他。

"怎么回事?"申生觉得很不舒服,不过他平时对自己的手下都很和蔼,大家也不怕他。

看见申生一脸的不解,人们都笑了。

"怎么回事?笑什么?"申生问。

"笑你怎么变成蛊惑仔了,哈哈哈哈。"

"蛊惑仔?"申生皱皱眉头,有人早端来一面铜镜,申生从镜子里一看,自己也禁不住笑了。

原来,献公给的衣服是左右不同色的,也就是现在所说的阴阳装,那时候叫做偏装。这么大一太子,穿一件阴阳装,戴一块缺了口的奥运金牌,知道的说他是领了父命回来要出征的,不知道的难道不会以为他是个要去参加街舞比赛的蛊惑仔?

申生把阴阳装脱下来,递给府里的小书童。那个小书童名叫赞,赞拿着衣服,跟着进了房间。赞恭恭敬敬折好了衣服,放好了,看看屋里除了申生之外没有别人,轻轻地说:"公子,我想问问,你这衣服是谁给的?"

换了别人家,一个仆人哪里敢问主人的事情?只有申生一向对人和蔼,因此赞才敢问。

"父亲给的,还有这块玉玦,要派我讨伐东山的皋落狄。"申生顺口回答。

"啊?"赞吃了一惊,脸色变得煞白。

"你怎么了?"申生问。

"我可以谈谈我的看法吗?"

"你说。"申生让赞说。他很喜欢赞,赞是一个很聪明的人,而且很好学。

赞又沉了一下气,整理了一下思路,之后才缓缓地说:"公子,我觉得你很危险了!国君赐给你奇异的东西,奇就要生怪,怪就要出现反常。派你出征,用左右颜色不同的衣服象征不一致,用金玦暗示冷淡和离心,这就必定是讨厌你、想加害你了。"

66　　申生听完,愣住了。他的第一反应是想说:"我靠,你太有才了。"可是,身为太子,他不能说这么没身份的话。不过,即便没有说出来,申生还是很惊讶于赞的学识。

更令他惊讶的是赞的分析简直是滴水不漏,按照赞的说法,自己确实是很危险了。

怎么办?申生决定去找里克。

里克是谁?

里克的担忧

里克,中大夫,太子党主要人物。

里克在武公的年代就已经受到重用,论资历、论人脉,整个晋国没有比他更高的。对于晋国所发生的一切,里克一直都看在眼里。他知道献公越来越不喜欢申生,但是这样的事情他也不方便说什么。

可是,献公要派申生攻打东山的消息传来之后,里克坐不住了。他知道,这是一个极其危险的信号,自己必须有所表示了。

里克直接去见献公。

"我听说皋落狄人作战十分英勇,主公还是不要派申生去冒险吧!"里克提出反对意见。

"干什么不危险?坐车还会起火呢,让他去!"

"这不是过去的规矩啊,过去国君出征,让太子留守,以监护国家;或者国君出征,让太子同行,以抚慰军心。如今您留守本国,而让太子出征,没有过这样的安排。"

"过去没有过,我就让它有一次。我听说,立太子的原则有三条:德行相同时根据年龄长幼来决定,年龄相同时根据国君的喜爱程度来决定,喜爱谁但有疑惑时根据卜筮的结果来决定。你不必对我们的父子关系费心,我要通过这次出征来考察太子的能力。"献公很不高兴。

里克没有说话,退了下来。献公的态度已经告诉了他,申生的太子位是保不住了。怎么办?一路想,一路回家,在家门口,遇上了申生。

申生干什么来了?求教来了。

"里大夫,我爹赐给我偏衣和金玦,这是为什么?"

"国君让你穿偏衣,戴金玦,都是独特的东西,说明对你不薄。你有什么可害怕的?做儿子的,只怕不能尽孝,不怕不能继位。去吧,别害怕。"里克这个时候还能说什么?他只能拣好听的说了。

"嗯。"申生总算安心了一些,里克的话总该比书童的话要有道理一点吧?

蛊惑仔出征

晋献公十七年(前660年),太子申生出征了,穿着偏衣,戴着金牌,打扮得像个蛊惑仔。知道的说他去出征,不知道的以为他是去参加街舞大赛。

随同太子出征的还有狐突、先友、羊舌突、罕夷、梁余子和先丹木,大家看见申生的蛊惑仔打扮,都有些吃惊。

"你们看,我爹赐给我这些奇装异服,不知道什么意思。"申生怎么看自己怎么觉得别扭,忍不住还要问问几位。

"阴阳服呢,意味着在这次出征中你分得了一半君权,金玦是说明你可以决断大事,挺好啊,有什么好担心的?"先友抢先说。这是个缺心眼的。

狐突摇摇头,叹了一口气:"时令是事情的征兆,衣服是身份的标志,佩饰则是内心的表达。国君如果重视这件事,就应该在春夏时节发布命令,赐给颜色纯正单一的衣服,佩戴的饰物也要合乎规矩。如今倒好,在年底的时候发布命令,就是故意要使事情不顺利;赐给一件蛊惑装,就是要表示疏远;赐给缺个口的金玦,表明意图根本就不是想要征讨东山。杂色表示冷漠,冬天意味着肃杀,金表示寒冷,玦表示决绝。公子啊,你怎么做都不会有好结果的。"

尽管申生不是自己的外孙,狐突还是很喜欢他,希望他能够成为将来的国君。

梁余子也是一脸的担忧,他补充说:"我听说领军出征之前应该在太庙接受任务,在祭祀土地神的地方接受祭肉,并且还要有合规的衣服。如今规定的衣服没有得到,反而弄了一件蛊惑装,真不是什么好兆头。我看,即便仗打胜了,恐怕也会找个什么罪名。我看,不如逃命算了。"

申生听得浑身起鸡皮疙瘩,问剩下的几位:"你们怎么看?"

"我看前面两位说得对,逃命比较稳妥。"罕夷说。

"我听说,这样的阴阳衣不是随便穿的,这样的衣服一定是要让方相氏(即巫师)诅咒后才能穿的。方相氏的诅咒一定会说:'消灭光敌人才能返回。'但问题是,敌人难道能消灭完吗?我也认为该逃命。"先丹木也认为申生该逃。

申生转头去看狐突,狐突是他两个弟弟的姥爷,他也一直把狐突当姥爷。遇到了这样的问题,他希望姥爷给个建议。

"我听说,国君喜欢宠臣,大夫就危险;国君喜欢女色,太子就危险。我看,上策是逃到齐国,你娘是齐国人,齐国一定好好待你。而且齐国现在称

68

霸中原,以后你也可以借助齐国的力量回来。中策是投奔北翟,虽说有投敌的名声,但是紧挨着晋国,晋国有什么变动,回来也方便。下策就是撤军回去,主动让出太子位。"狐突沉吟片刻,给出这样的回答。

申生有些犹豫了,这仗还没打,主帅先逃命了,是不是太搞笑了一点?这样的话,老爹的老脸往哪里放?

这时,一直没有说话的羊舌突说话了:"我觉得不能逃,违背君命就是不孝,放弃职守就是不忠。虽然我们都能感受到国君对你的疏远,但是你也不能不孝不忠啊,我看,即便战死也不能逃命。"

申生点了点头,他决定听羊舌突的。

到了稷桑这个地方,狄人早已经出兵相迎。

这一仗十分惨烈,晋军在申生的率领下打得勇猛异常,一举歼灭狄军,顺势灭了皋落狄。

在外人看来,申生出色地完成了任务。

回到晋国,狐突就病了,从此闭门不出。

其实,每个人都知道,狐突并没有病,他只是明白现在要重新评估晋国的形势了。

第五十章　我是一只傻傻鸟

三年之后，晋献公二十年（前657年）冬天，按着规矩应该祭祀武公。

这一回，献公也病了。于是，他派奚齐代表他去主持祭祀。

其实，每个人都知道，献公并没有病，他只是要试探一下卿大夫们的反应。

这个动作实在是太明显了，按惯例，祭祀先人这样的活动，国君不能出席，一定是太子出席。而且，祖庙在曲沃，就在申生的地盘上。如今不让申生主持，而是派了奚齐，什么意思？傻瓜都看出来了。

申生的家臣猛足来找申生，对他说："祭祀先君，不让长子出面，却由奚齐在祖庙主持，你怎么考虑呢？"

"我听羊舌大夫说过，接受君命坚定不移叫做恭敬，按照父亲的意愿去行动叫做孝顺。违抗君命就是不敬，擅自行动就是不孝，我又能为自己考虑什么呢？我只有静待命运的安排了。"申生回答得很从容，显然他已经经过深思熟虑了。

"不去找三大夫请教一下？"猛足问。

"算了。"申生决定听天由命了。

三大夫是谁？三大夫就是晋国最有权势的三个大夫，他们是里克、丕郑和荀息。如果能够得到他们的全力支持，申生还有希望。

中间派

70　　　三大夫此时在干什么？作为国家的重臣，任何政治动向都逃不过他们的眼睛,何况这样的大事。就在猛足去找申生的同时,三大夫也在里克的家里碰头了。

里克坐在中间,荀息坐在左边而丕郑坐在右边。

"两位,事情已经很明显了,主公是准备废掉太子了,两位有什么看法?"里克也不用拐弯抹角,开门见山地问。

"我听说拿人家手短,吃人家嘴软,端着国君的碗骂国君那是不可以的。所以,我们应该全心全意为国君效力,听国君的话,按照国君指引的方向奋勇前进。凡是国君说的,凡是国君做的,都是正确的。所以,国君定了的事我们就要无条件服从,决不能三心二意。"荀息先表态了。他的原话不是这样,但是就是这个意思。

基本上,荀息是要见死不救了。

"老丕,你呢?你怎么看?"里克问丕郑。

"我听说就算是臣事国君的人,也只能服从正确的决定,不应该屈从他的错误。国君的决定是错误的,我们还全力执行,那就是强奸民意。国君应该是造福民众的,如果国君做的事情对民众是有害的,怎么能服从呢?而大家都知道申生将来会是一个好国君,如今主公要废掉他是不对的,所以我们应当阻止他这样做。"丕郑斩钉截铁地说。别说,丕郑有点民主斗士的意思。

里克想了想,似乎两个人说得都有道理。这两个人的态度基本上也就是朝廷里大臣们的态度了,根据座位,里克将荀息定义为左派,将丕郑定义为右派。

我怎么办?里克想:"现在有左派了,有右派了,还少一个中间派,那我就当中间派算了。"

"我这人就是个大老粗,不懂得什么是义,但也不想屈从国君的错误,这样吧,我保持沉默。"里克这样说。

中间派就是这样诞生的。

骊姬急了

转眼过了冬天,春天到了,又是新的一年。

骊姬有些郁闷,一年复一年,虽说每年的戏都演得很好,可是申生还好好地活着,还是太子。如此下去,说不清哪一天献公一口痰没上来就呜呼哀哉了,那时候自己的一切努力不是都泡汤了?

"再演,演成戏子了。不行,我要催催。"骊姬有些急了。

"老头子,我听说申生谋害你的打算更成熟了。如今他到处夸耀征伐狄

人时善于用兵,他的野心越来越大了。还有啊,据说他正在四处找武林高手,准备行刺呢。"又是晚上,骊姬躺在床上对献公说。

"什么?他胆儿肥了。"献公脱口而出。

"怎么不是?我听说,申生很讲信用,好争强,他已把夺位的意图流露给大家了,即使他想罢休,他那帮太子党也不会罢休的。老头子,你知道狐突为什么躲在家里不出来了吗?因为狐突劝他不要做这种大逆不道的事情,他不听劝告,狐突一气之下,就回家养老去了。"骊姬还挺能编,把狐突也给扯进去了。

"我,我,我杀了这个混账东西。夫人,帮我想想办法,看看找什么理由。"献公气哼哼地说。

人老了,多半都会糊涂的。

献公已经老了,骊姬现在骗他已经不需要优施导演的指导了。

骊姬很高兴,这是献公第一次明确要杀申生。

可是,骊姬还有一点不放心,那就是太子党。所以,她决定找优施来商量一下。

"施,老头子已经答应我杀死申生改立奚齐了,可是,我还是很担心太子党。"骊姬对优施说。献公越来越老,身体越来越差,优施也就越有机会跑到骊姬那里去。

"你说的也是,太子党必须先搞定。俗话说:擒贼先擒王。依我看,搞定里克就解决问题。"优施说。对于后宫外面的事情,他比骊姬更了解。

"你有办法吗?"

"这样,你假借主公的名义,赐给里克整羊的宴席,由我送去并且陪他喝酒。我是个艺人,谁都知道我们艺人说话没谱。所以,就算我说话说过头也没关系,我在宴席上想办法让他识相一点。"优施倒有办法,看上去还有点成竹在胸的意思。

"好。"骊姬高兴极了,导演都亲自出马了,这戏能不成功吗?

趁着高兴,两人又潜规则了一回。

下面,看看导演怎么亲自演出。

第五幕　搞定太子党

地点:里克家中的客厅

时间:傍晚

背景:客厅里一张桌子,桌边坐着三个人——里克夫妇、优施,用手撕着羊肉吃。一旁，一个大盘子里放着一整只烤全羊。

"主公深知大夫为国事操劳，十分辛苦，因此派在下前来犒劳。"优施对里克说，态度很恭敬。

"多谢主公啊，多劳你了。"里克连忙说。一来是确实有些感动，二来也知道优施是献公的红人。

吃肉，喝酒，黄段子。

谈笑，碰杯，掷色子。

酒到半醉。

"夫人，在下敬您一杯。"优施要给里克夫人敬酒，里克夫人举杯相迎。喝了酒，夫人对优施说："我家老头子是个直性子，在国君面前也不懂得表现自己。在这方面你是内行啊，给我家老头子传授几招吧。"

里克夫人不过是开个玩笑，但是对于优施来说，这就是一个话头。

"哈哈，那我唱首歌，里大夫就知道了。"优施说着，笑嘻嘻地站了起来，清清嗓子，唱了起来。

配乐：筝，箫。简称管弦乐队。

歌词："暇豫之吾吾，不如鸟乌。人皆集于苑，己独集于枯。"（《国语》）

有人能听懂吗？没有，那么翻译成现代歌曲。

歌名：我是一只傻傻鸟

歌词：生活美好如鲜花，

　　　不懂享受是傻瓜；

　　　傻呀傻呀傻呀傻，

　　　比不上小鸟和乌鸦。

　　　芳草地啊美如画，

　　　谁要不去是傻瓜；

　　　我是一只傻傻鸟，

　　　独在枯枝丫上趴。

这一首歌被优施唱出来，那是婉转动听，绕梁三日。里克听得痴迷，还问："什么叫芳草地？什么叫枯枝丫？"

"母亲是国君的夫人，儿子将要做国君，这就叫芳草地；相反，母亲已经死了，儿子又被国君厌弃，这就叫枯枝丫。这枯枝丫还会折断呢。"优施笑嘻嘻地说。像认真，又像开玩笑。

"哈哈哈哈，这个比喻好。来，为了这首歌，干一杯。"里克喝多了一点，一时没有回过神来，还喝呢。

又喝了一阵，优施回去了。

优施有点郁闷，他不知道里克是真没听明白，还是听明白了装没听明白。

"来,再、再喝一杯,我没、没醉。"优施走了,里克拉着老婆还要喝,他确实喝多了。

"啪!"一个大嘴巴打过来,打得里克一个趔趄。

"老、老、老婆,你凭什么打、打、打我。"里克倒不觉得脸痛,只是觉得有点奇怪。

"我打你,我还泼你呢。"里克的夫人那可是出了名的泼妇,因为每次里克喝醉了,她都用冷水把他泼醒,日子久了,就简称泼妇了。

泼妇,就是从这里来的。

里克还在那里哼哼唧唧,老婆已经端过来一盆冷水,当头泼了过去。

这下,里克算是醒酒了。

酒醒了,该打老婆了吧? 错了,醉了都不敢打,醒了更不敢打了。

"哈,喝多了点。"里克不好意思地笑了,表达歉意。

"喝多了,你当然喝多了,喝得一点政治敏感度都没有了。"老婆大声呵斥。

"怎么回事?"里克急忙问。里克这辈子最佩服的就是老婆,一般的大事都是老婆做主。

"优施唱的那首歌你听明白没有?"

"傻傻鸟? 那不是黄段子吗?"

"啊呸,那是黄段子? 我再给你唱一遍。"里克的老婆把那首"我是一只傻傻鸟"翻唱了一遍,那叫一个难听,直接把绕梁三日的原唱给击落了。

难听虽然难听,但是里克这一次听出了名堂。

"哎呀妈呀,老婆,多亏了你。"里克在酒醒了的时候还是有高度的政治敏感度的,他立即派人去把优施给请回来了。

"阿施啊,你那首傻傻鸟倒是开玩笑呢,还是听到了什么风声?"大半夜的把优施给请回来,里克也不好拐弯抹角,开门见山就问了。

"里大夫,既然你问起来,我也不敢隐瞒。实话实说,国君已经答应骊姬夫人杀掉太子改立奚齐,计划已经定了。"看到里克那副紧张模样,优施知道这个太子党的头目已经软了,因此也不绕圈子,明白说出来。

"那,那,如果要我顺从国君杀死申生,我不忍心。如果站在申生那一边,我也不敢。我,我当中间派保持沉默怎么样? 我能够不受牵连吧?"里克小心地问,好在旁边没有别人。

"没问题,我以我的人格担保你不会受牵连。"优施拍着胸脯说。从内心里,他有点瞧不起里克。

谁也不是傻傻鸟

里克一个晚上没有睡着,他反复地回想自己向优施求情的场景,越想越觉得没面子。可是,跟骊姬和献公作对那又很不明智,怎么办?

第二天一早,里克去找右派了,看看右派有什么想法。

丕郑正在家里喂鸡,看见里克急匆匆来了,知道一定有什么大事,鸡也不喂了,将里克迎进了书房。

"老丕,昨天优施告诉我,国君的计划已定,将要废了申生,立奚齐为太子。"里克将昨晚上的事情详细述说了一遍,连"我是一只傻傻鸟"都唱了,不过被老婆打耳光和泼冷水的事情就省略了。

"你对优施说了些什么?"丕郑沉着地问。

"我,我说我是中间派,我保持沉默。"里克倒有点不好意思。

"嗨,你该对他说不相信有这回事,谁也不得罪,还能让他们心存畏忌。这个时候,我们应该多想些办法迫使他们改变计划啊,他们的计划被拖延下来,就可以找机会离间他们了。现在你说保持中立,等于是在鼓励他们,现在再要离间他们就不容易了。"丕郑感到沮丧,同时也对里克不满。

里克想想,丕郑的话说得对啊,那样回答比老婆让自己去求情不是好多了? 本来想说"都怪老婆出的馊主意",可是想想,又怕丕郑更瞧不起自己,忍住了。

"那、那、那怎么办? 老丕啊,你怎么应对啊?"

"唉,我能有什么办法? 吃国君的俸禄,就听国君的话吧。"丕郑说。其实他心里在说:你都不当傻傻鸟,我当傻傻鸟?

里克一看,右派看来也闪了。既然这样,大家一起闪,心情好很多啊。

"唉,看来,我只有隐退了。"里克说。

第二天,里克声称扭伤了叉腰肌,闭门谢客,专心休养。而丕郑也声称身体欠佳,不再上朝。

谁也不比谁傻多少,谁也不是傻傻鸟。

一切障碍扫除,大结局越来越近。

一个月之后,一切准备就绪。

骊姬派人前往曲沃,以献公的名义对申生提出要求:"我昨晚梦见你娘了,你必须尽快去祭祀她,然后把祭祀的酒肉亲自送来。"

申生挺高兴,爹梦见了自己的亲娘,是不是爹想起当年与娘的恩爱了? 毫无疑问,这对自己是一大利好啊。

申生去祖庙祭祀了母亲,然后亲自携带祭祀母亲的酒和肉前往绛,将酒

肉献给父亲。

谁知,献公恰好出外打猎,这也是骊姬的事先安排。

没办法,酒肉既然送来了,自然要收下,就放在了宫里。

六天之后,献公才打猎回来。

六天时间,干什么干不了?

骊姬干了什么? 在酒里下了鸩毒,又把一种叫乌头的毒药放入肉中。

第六幕　下毒

地点:后宫

时间:白天

背景:献公和骊姬坐在茶几后面,还有许多宫女和内侍。

主题歌:该出手时就出手啊。

骊姬对献公说:"申生前些天说想起他母亲来了,祭祀了一番,把祭祀的酒肉给送来了。"

"噢,这孩子还有点孝心哪。"献公倒有点意外,想起齐姜来,还真有点怀念,于是问:"申生没走吗? 酒肉在哪里?"

"申生没走,我让他来见见你吧,顺便把酒肉献给你。"骊姬说完,吩咐人去把酒肉拿来,另外又让人去请申生。

不一会,酒肉到了,申生也到了。

"想不到,你这么有孝心啊。"献公当面表扬申生,申生倒有些奇怪了,这不是你让我去的吗? 可是申生的性格就是这样,他怕说出来让父亲难堪,因此只是说:"多谢父亲教导。"

说话间,内侍把酒肉献了上来。按规矩,祭祀用的酒,此时应当是倒一半喝一半,倒在地上的酒象征着给了逝者,而剩下的一半就由生者喝下。而祭祀的肉在烹调之后,就由生者吃掉。

献公将祭祀的酒倒了一半在地上,然后举起碗,就要把剩下的喝掉。

"等等。"骊姬高声叫了起来,献公把端起的碗又放了下来,问:"怎么?"

"你看。"骊姬用手指着地上,所有人的目光都向地上看去。(镜头转到刚才献公倒酒的地方)只见地上的酒开始冒泡,冒烟,地板隆起。

好厉害的鸩毒,威力不亚于王水(盐酸和硝酸的混合物,比浓硫酸的毁容效果更好)。

献公吓出一身冷汗来:哎呀妈呀,幸亏没喝。

76 "你,去把剩下的酒喝了。"骊姬命令一个小内侍去喝献公手中的酒。

小内侍听了,真是五雷轰顶一般,这不是摆明了要自己去死吗?怎么自己这么倒霉呢?本来今天该休息的,一个同事拉肚子,自己临时顶一天,怎么就这么巧呢?

所以,没事的话,别给别人顶班。

小内侍去又不敢去,可是又不敢不去。

旁白:去,也是死;不去,更是死。为国君而死,死得其所;被处死,死得窝囊。何况,去喝了,不一定会死;不喝,一定会死。喝了死,有可能被追认为因公殉职;不喝而被处死,全家都要跟着遭殃。

骊姬见他犹豫,说道:"快喝,你敢违抗君命?如果喝死了,算你因公殉职。"

后世喝酒喝死而被定性为因公殉职的传统,难道就是来自晋国小内侍?

经过一番激烈的思想斗争之后,小内侍终于迈动了沉重的双腿。他拿起那碗酒,感慨万千,心潮澎湃,久久不能平静。他在心中倒数:三、二、一,然后闭着眼睛一口气喝了下去。

每个人心里都在计时:一、二、三。

数到三的时候,小内侍笑了。

"没事了?"骊姬惊诧。

然而,数到四的时候,小内侍咕咚一声倒在地上,口吐鲜血,脸上还带着诡异的笑容,死了。

"啊!"所有人大惊失色。

只有骊姬露出一点不易察觉的笑容。

酒里有毒,那么肉里呢?

"来人,把阿黄叫来。"骊姬下令。阿黄是谁?是宫里的一条狗,骊姬刚来的时候曾经被这条狗惊吓过,所以她一直在找机会收拾这条狗。

阿黄被牵过来了,一块肉扔给它,它高兴极了,一口咬住了肉。阿黄还没有把嘴里的肉咽下去,就倒在了地上。

要知道,乌头的威力比鸩毒厉害得多。

如果因吃肉吃死而被追认为因公殉职的话,那么,就要认这条名叫阿黄的狗做祖师爷了。

"申生,你好狠毒,竟敢暗算亲爹。"献公大怒,"嚓"的一声抽出刀来,他要亲自杀了申生。

第五十一章 杀人是一门艺术

谁也不是傻傻鸟。

从察觉到并非父亲让自己去祭祀母亲的时候，申生就感到事情有些不妙了。他提高了警惕性，随时准备应对不测。

酒倒到地上的时候，申生就隐约闻到一点什么烧焦的味道，他发现地面隆起了。等到骊姬命令小内侍喝酒，申生就猜到了随后会发生什么。

俗话说：蜂刺入怀，解衣去赶。蛇钻进裤子里的时候，谁还会在意脱个光屁股？这个时候，申生的第一反应就是赶紧逃命。

当众人专心致志欣赏小内侍和阿黄因公殉职的过程时，申生已经转身出了后宫。所有人都认识他，所有人都不会阻拦他，因为他是太子。

出宫之后，马就在宫门外，申生一向喜欢骑马。他飞身上马，甚至不敢回太子府，快马加鞭，一个人逃往曲沃去了。

杀人的艺术

申生逃掉了，难道这一次骊姬疏忽了？百密一疏了？关键时刻掉链子了？

杀人是一门学问，在杀人之前，应该研究一下将要杀的是哪一种人。

世界上有两种人，一种是必须快杀的，否则错过机会就会打草惊蛇，就很难杀他；另一种是不能快杀的，因为人的本能让他反抗，反而麻烦，但是，如果你给他时间让他自己去想，他会越想越觉得自己该死，最后自己把自己给杀了。有的人，你不能给他时间思考；有的人，你必须给他时间思考。而申生就是第二种人。

骊姬一直在用眼睛的余光看着申生,她不担心他跑,她担心他不跑。如果申生不跑,献公就会捉住他,出于求生的本能,申生一定会为自己辩解,那时候献公就知道申生是冤枉的。而大臣们也会很快知道,他们会来搭救申生,最后的结果很可能是自己的阴谋败露,而申生不会被处死。

所以,骊姬希望申生跑掉,他一旦跑掉,就等于他畏罪潜逃。而申生在逃命之后会冷静下来,然后他会选择替父亲遮丑,会选择承认自己放了毒药,那么自然,他会选择自杀。

当申生逃跑的时候,骊姬暗暗地笑。她知道,自己赢定了。

而这一切,都是优施事先教给骊姬的。

杀人,不仅仅是技术,更是艺术。

而优施恰恰是个艺术家,伟大的艺术家,他把角色的心理研究得很透。

所以,他杀人很艺术。或者说,他艺术地杀人。

俗话说:跑得了和尚,跑不了庙。

那时候还没有和尚。所以我们改成:跑得了徒弟,跑不了师父。

申生跑了,可是师父杜原款被捉拿了。

有什么样的师父,就有什么样的徒弟;反过来,有什么样的徒弟,就有什么样的师父。

通常,春秋那时候国君杀人是比较仁慈的,能不动手就不动手。一般的做法是这样的,派人到要杀的人家里,对他说:"兄弟,国君要你死,你看,我能不能帮上什么忙?"

被杀的人就说:"实在惭愧,还麻烦你跑一趟,怎么好意思再让你帮忙呢?"

于是,被杀的人自己去找绳子也好、找刀也好,自己解决了。一般来说,没有找毒药的,因为一般人家不备那个。

派去杀杜原款的人就这么办的,基本意思就是说太子谋杀亲爹,畏罪潜逃,当师父的罪责难逃,怎么个死法,你自己看着办吧。杜原款一听,就觉得这么大的罪,真是该死。他是个文人,动刀子的事情不会干,自己找了根绳子,套好了圈,把脖子比划比划,还挺合适。挂到房梁上,找来一个凳子,就准备投缳自尽。

"哎哎哎,老爷子,别急别急,不给你徒弟留个遗言什么的?"来人连忙问,态度还挺好。来之前,骊姬交代过。

"噢,就是,我怎么给忘了?多谢你了。"杜原款那就是一个书呆子,献公让他死,他就急着死,来人这么一提醒,他才想起来该给徒弟一个临终教诲什么的。

杜原款把一个叫圉的小书童给叫来了："孩子,我有临终遗言转告申生,你记住了,我死之后,一定转达到人。"

杜原款的临终遗言是这样的,第一句是:"款也不才,寡智不敏。"

什么意思?大款没什么才华,寡妇的智力比较低下?错。

正确答案是这样的:我没什么才干,智谋少,又迟钝,不是个好老师,到死也没教给你什么有用的东西。我没能洞察国君的心思,没有及时让你流亡海外政治避难。主要是我胆子太小,敢想不敢干。因此落到了今天这个被人陷害的田地,吃了小人的苍蝇。我老杜老了,死了也无所谓了,遗憾的只是跟小人分担了罪恶的责任。我听说君子不改变自己的感情,面对谗言决不申辩。遭到陷害,死而无悔,还有好名声留存于世。至死不改变对国君的忠爱之情,是坚强的表现。坚持忠爱的感情让父君高兴,是孝顺的表现。抛弃生命却达到自己的志向,是仁德的表现。临死还想到维护国君,是恭敬的表现。孩子,去死吧!

杜老师真是一个伟人,如果生在印度,他一定是个圣人。他所说的,难道不是非暴力不合作的升级版——非暴力不抵抗吗?

杜老师说完自己的遗言,让圉背了一遍,基本上还能记住,把几个不准确的词纠正了一下。杜老师还不放心,又让圉背了第二遍,还有两个字背错了。于是,又背了一遍,还有一个字发音不清楚。

原本,杜老师还要让圉背第四遍,来人不耐烦了,见过磨叽的,没见过这么磨叽的,忍不住说:"老杜,别磨蹭了,再磨蹭,去那边赶不上中午饭了。"

杜老师就这样走了,书呆子的祖师爷非他莫属了。

徒弟等死

谁也不是傻傻鸟。

献公没有出兵讨伐申生,这一点优施和骊姬都预料到了。为什么?首先,国君出兵讨伐太子,这将是一个国际笑话;其次,晋国两军,上军在绛,下军在曲沃,真的对抗起来,谁胜谁负无法预料。

除了以上两个原因,最重要的一点,献公也不是傻傻鸟。冷静下来之后,他也想到了这一切很可能都是骊姬设下的圈套。虽然他宠爱骊姬,喜欢奚齐,但是他不时会想起齐姜来。对于申生,从心里他恨不起来,自始至终,他希望申生流亡国外,把太子的位置让给奚齐,他并不是真的想杀死申生。

献公找各种借口来推诿拖延,甚至连派人去杀申生的尝试都懒得做。

骊姬很着急,但是在哭闹几次都没有效果之后,她知道,要杀申生,靠献公是不行的。靠谁？有困难，找导演。

优施早已经准备好了，他已经把这出戏的最后一幕设计好了。

这个时候，申生在干什么？

圉已经把杜老师的临终遗言转达到了申生这里，尽管在路上弄丢了几个字，基本大意还是完整的。

"老师，我答应你。"申生说。

"公子，不是你犯的罪过，为什么不离开晋国呢？"圉问申生，他虽然熟记了杜老师的那段话，却并不认同那段话。

"不行。我走了虽能解脱罪责，但这件事的责任一定会落在我爹身上，传出去，就是我在怨恨我爹了。假如罪名不能解脱，出走必然会使它更重。出走而加重罪名，这是不明智。逃避死亡并且怨恨国君，这是不仁德。有罪名而不敢去死，这是不勇敢。死亡既然不可逃避，我将留在这里等待命运的发落。"申生也来了这么一段，不愧是杜老师的徒弟。

圉没有再说话，有些事情他永远不会懂。

这段时间，申生就在等待命运的判决。

第七幕　自杀　

地点：曲沃

时间：白天

背景：申生办公室，申生坐在地上冥思苦想。

主题歌：去死吧。

申生的近镜头，双目无光，不知所以。

这个时候，骊姬走了进来。

"你，夫人，你怎么来了？"申生吃了一惊，他万万没有想到骊姬会来。

"哼，你爹派我来的。"骊姬厉声说道。她扫视四周，再看看申生那一脸的惊讶，放下心来，她原本还有些担心申生会杀了自己。

"我爹可好？"申生问。他知道骊姬在说谎，但是他不会揭穿她。

"好，好你个头啊，你爹快被你气死了。"

"啊，申生有罪。"

"有罪，你当然有罪，你对父亲都忍心谋害，还会爱国人吗？啊？"

"不，不会。"

"你忍心谋害父亲却还希望国人拥戴，谁能对你有好感呢？啊？"

"没，没人。"

"你说你想杀害父亲来为国人谋利,国人谁会相信这一套呢?"

"谁,谁也不会相信。"

"你坏事做绝,百姓恨你入骨,你这样的人怎能活着呢?"

"我,我该死。"

"你去死吧。"

"我,我去死。"

"那还磨蹭什么?快点去吧。"

"我这就去。"

(背景音乐"去死吧"开始播放,一个男低音反复唱:孩子,去死吧;孩子孩子去死吧。)

骊姬气哼哼地走了。申生犹豫了一下,从袖子里掏出一根绳子来,在自己的脖子上比划了一下,嗯,好像挺满意。

这一切,好像是心理暗示,又像是骊姬给申生灌了迷魂汤,还像是《X档案》里无法解释的超自然现象。但是,历史就是这样。

晋国的祖庙在曲沃,申生觉得自己如果在祖庙上吊,可能会更有意义。于是,申生来到祖庙,找了一个看上去还算不错的横梁,搭上绳子,系结实了,又挽了个圈,准备上吊。

正在这个时候,猛足来了。

"公子,你要干什么?"猛足吃了一惊,连忙上前阻止申生。

"我要死。"

"为什么?"

"我爹让我死。"

"谁告诉你的?"

"骊姬夫人。"

"她一定在骗你。"

"我知道。"

"那你为什么还要死?"

"因为我知道我爹一定希望我死,只要我活着,我爹就不会快活。这段时间我一直在想,我不死,我活着很烦闷,我爹也不快乐。我死了,我爹快乐了,我也不烦闷了。"

原来,申生早就下定了要死的决心。

猛足知道申生是个死心眼,劝他也没用,心说:"你倒好,一死百了,你爹快乐了,我们这帮跟你混的兄弟们不是就白瞎了?"虽然这么想,不能这么说。

"公子,你有什么临终遗言?"猛足问。

"对了,既然你来了,给狐突老爷子捎几句话吧。"

就这样,申生上吊之前给狐突留了遗言:我有罪,不听你的劝告,以致落到死的地步。我不敢吝惜自己的生命,虽然这样,我爹年纪大了,国家又多难,你不出来辅佐他,我爹怎么办?你假使肯出来帮助我爹,我申生就算是受到你的恩赐才死的,就是死而无悔。

申生上吊了。

申生自杀这一年,正好是齐桓公讨伐楚国这一年。

猛足为申生收了尸,然后去找狐突,把申生的临终遗言转达了过去,老狐突泪流满面,痛哭失声。他很感动,也很激动,但是,他不冲动。所以,他没有说"公子,我答应你"。

狐突对猛足说:"孩子,干革命要跟对人啊。"

原话不是如此,但是是这么个意思。

现在我们来简略总结申生这个人。

申生,三好学生,优秀三好学生。就是因为太优秀了,被杜老师给害了。

从任何角度来说,申生都应该逃命。献公多次暗示他,意思就是让他跑,可是他不肯跑。表面上,他是忠实于父亲,实际上,他是让父亲陷入困境和痛苦。申生不想让父亲背负恶名,但是这样的结果恰恰让献公背负了杀死自己亲儿子的恶名。什么是迂腐?这就是迂腐。申生如果逃走,大家都高兴,大家都活得不错,大家的名声也都比现在这样好得多。

申生的死,直接导致了后来晋国的动乱。

干革命,一定不能跟申生这样的人。

历史剧《杀生》落幕了,伟大的导演优施获得了巨大的成功。

亲痛仇快。

申生的死只能用亲痛仇快来形容,尽管这个成语在将近一千年之后才被发明出来。

骊姬、优施和二五都很高兴,以至于骊姬和优施又上演了一场床戏。

"现在,我们高枕无忧了。"哼哧完之后,骊姬很得意地说。

"夫人,不能高兴太早啊。太子虽然死了,可是二五说重耳和夷吾更难对付。我看,趁这机会,把这两个也给对付了,那才万无一失啊。"优施的优势在于他可以沟通内外,因此信息比较对称,看事物就比较全面。

骊姬一听,对啊。跟优施一商量,干脆一不做,二不休,到献公面前把重耳和夷吾也说成申生同党,一并铲除。

恰好,重耳和夷吾这两天来朝拜献公,目前就在绛。

骊姬把自己拾掇干净了,立即去找献公。三言两语之间,就要献公把重

耳和夷吾一并给办了。

献公不傻,还从来没有听说过三兄弟要合谋害亲爹,本来申生就是冤枉的,重耳和夷吾那就更冤了。尽管知道是怎么回事,献公耐不住骊姬没完没了地嚼舌头,只好点点头,"既然这样,都给我抓起来杀了"。

骊姬高兴啊,立即派人招二五进宫,率领甲士去捉拿重耳和夷吾。

奇怪的是,这一次竟然走漏了风声。重耳和夷吾在二五赶到之前双双逃走,回到了自己的领地蒲城和屈城。除了重耳和夷吾,献公把其他几个儿子全部驱逐出境,只留下奚齐,奚齐正式成了世子。

前面说过,晋献公堪称中国历史甚至世界历史的第一牛人,现在来说说理由。

献公偷了父亲的老婆,至少从国外抢了三个老婆,又抢了儿子的老婆。三代通吃之外,老婆中还有两对姐妹。除此之外,他把自己的叔爷、叔伯、兄弟、子侄们,杀的杀、驱逐的驱逐,除了小儿子,等于是灭了自己家族。

还有谁比他牛?牛吧?可是,牛人怕老婆。

现在,内部问题告一段落。

《国语》记载:"尽逐群公子,乃立奚齐焉。始为令,国无公族焉。"

从那以后,晋国就没有公族了。在这一点上,可以说是大逆不道。整个春秋,唯一没有公族的国家就是晋国。有什么好处?有什么坏处?历史都会有说明。

晋献公的心事

对付完了亲人,该对付敌人了。

谁是敌人?前面说过,虢国。

晋献公早就想讨伐虢国,第一次被士蒍劝住了。不过在两年前,晋献公已经讨伐过虢国一次了。那么,两年前那一次是怎样的呢?

"最近比较烦,比较烦,比较烦。"那一天,献公把大夫们召集来,先来了一段《最近比较烦》,然后开始猜谜游戏。"各位,我晚上睡觉总是睡不好,也不知道是有什么心事,你们帮我说说,给我想想办法。"

大家一听,差点没笑出来。你说你的心事,你不知道,来问我们;你睡不着觉,该你老婆想辙,我们有什么办法?

不过,谁也不是傻傻鸟,既然老大问这个问题,那一定是有目的的。越是莫名其妙的问题,学问就越大。所以,轻易不要开口,开口一定要说无关痛痒的屁话,以免被抓住把柄。

"难道,是侍卫们晚上走路的声音太大?"一个大夫先发言。这个回答很稳妥,别的大夫们都用赞赏的眼光看他。

"不是。"献公否认。

"莫非,最近天气转凉,又有些潮湿,让主公辗转反侧?"又一个大夫说。这样回答也挺好。

"不是,是心事。"献公有些恼火,这两个傻帽的方向都错了。

"噢,一定是久不下雨,主公担心百姓的收成。"又一个大夫说。这个回答还兼有拍马屁的功效,大家都觉得好。

"不是。"

"那一定是操劳过度,夜不能寐。"又一个拍马屁的。

马屁一个接着一个,献公有些不耐烦了。其实大家大概能猜出来,献公的心事无非就是废申生立奚齐。但是右派是绝对不会提出来的,中间派更不会说,大家都在看着左派,最后一定是左派来解题的。

左派人数不多,前面几个发言的也都没有提到这个方面。

现在,该荀息发言了。大家知道,他是个左派。

"我想,主公是不是总在想南面的那两个国家?"荀息发言。大家一听,切,这个回答估计也没沾边。

"荀大夫留下,其他人回家。"献公宣布会议结束,也就等于宣布荀息获得了最佳答案,这出乎所有人的意料。

看来,左派中标了。

第五十二章　假途伐虢

　　难道左派就是比右派聪明吗？不是。

　　荀息原本也不知道正确答案的，他一开始跟大家一样以为是太子的事情。可是他又隐隐感觉不太像，突然他想起来几天前东关五曾经跟他说过献公想要讨伐虢国的事情，他觉得可能这件事才是正确答案。

　　事实证明，荀息的判断是正确的。

　　荀息被献公请进了自己的书房，对面而坐，桌上放了两碗茶。

　　荀息有些吃惊，这样的礼遇似乎太高了一点，那年头茶叶在晋国还是很稀有的东西，听说过但是没喝过，能在这里跟献公一起喝茶，当然很荣幸。

　　"老荀，这么多人，只有你跟我想到一块了，来来，喝茶。"献公很高兴，他之所以没有直接把自己的想法告诉大家，一来是他知道多数人会反对，二来也是担心走漏了风声。

　　荀息心说这不过是自己有内线，但是不敢说出来，没话可说，喝了口茶，说："好茶好茶。"

　　"老荀，既然你想到了，那你一定有什么好办法。我现在想打虢国，又怕虞国帮他们；想打虞国，又怕虢国帮他们。你出个主意，怎么才能灭了他们？"献公也不多客套，直接把问题端了出来。

　　"主公，我还真有一个好办法。"

　　"什么办法？"

　　一个伟大的办法，至少是名垂青史的办法。

荀息的妙计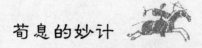

86　　"我的办法，先取虢国，再取虞国。"这就是荀息的办法。

"然则奈何？"献公问了这么一句，意思是怎么实施啊？其实献公心里在想："你这不扯吗？打虢国必须经过虞国，你飞过去啊？"

虞国在今山西平陆，虢国在今河南陕县。

"主公，你一定会想：你这不扯吗？打虢国必须经过虞国，你飞过去啊？"荀息说。这话一出，吓献公一跳，怎么这话跟自己想的一样？

"没错。"

"主公，若是虢虞两国之间铁了心联手对付我们，那真是没办法。可是，我们为什么非要逼着他们联手呢？我们主动去和其中一个国家联手不就行了？这两个国家，虢大虞小，而且虢国一向跟我们作对，联虢灭虞并不现实。但是，联合虞国讨伐虢国是可以的啊。"荀息这番话说得有道理，献公这才发觉自己原来是钻了牛角尖，从来没想过各个击破。

"你说，怎么联结虞国？"

"如果无缘无故就去跟虞国套近乎，那就太显得别有用心了。我们不妨以讨伐虢国为借口，向虞国借道。当然，借道不是白借，主公你不是有一乘屈地产的宝马吗？给他们。还有垂棘的白璧，送他们十双。"办法越来越具体了。

原来，屈地产好马，晋国占领屈地之后，从那里精选了四匹宝马给献公平日出行之用，打仗就用来装备战车。这四匹马，献公喜欢得像对待亲儿子一样。说句夸张点的话，宁可杀了自己儿子，也不杀这四匹马。至于垂棘的白璧，更是天下闻名的宝物。

献公摸摸脑袋，还真有点舍不得。

"主公，其实，马也好白璧也好，说是送给他们，实际上不就是放在他们那里保管一段时间吗？到时候还是物归原主。"荀息看出来了，所以接着说。

"老荀，白璧算不了什么，送就送了。马呢，我有点舍不得，但是为了国家利益，我也咬咬牙送掉了。不过，我现在担心的是，虞公会不会干。"

"主公，你问得好。但凡不贪的人，不会上当；智力超过中等的人，不会上当。可是虞国国君不仅贪婪，而且智力在中等以下。上回有人考他脑筋急转弯，考一个不会，再考一个还不会，一本书考完了，一个也没答对。举个例子，树上七个猴，地上一个猴，总共几个猴？他非说八个猴，你说他这智力。"别说，荀息了解得挺详细，说得还挺具体。

献公听得发愣，树上七个猴，地上一个猴，应该是八个猴啊，不是八个猴是几个猴？有困惑，但是还不敢问，怕一问就显得自己跟虞公一个水平了。

其实他不知道，脑筋急转弯这些东西，都是荀息编的。不管怎样，现在献公只好同意虞公智力低下这个结论了。

"可是，虞国还有宫之奇呢？你这招数，怕是瞒不了他。"献公又提出新的忧虑，宫之奇是虞国上卿，出了名的聪明。

　　"宫之奇这个人,聪明是聪明,但是不够强硬,虞公根本不会听他的。"该想的,荀息似乎都想到了。

　　献公还是有些舍不得那四匹马,想了想,又说:"这年头,好像都不守什么信义,万一虞国收了我们的礼物,却耍赖不借路,怎么办?"

　　荀息当时就笑了,献公这话不是没有道理,晋国就有很多这样的人,献公本人也没少干这样的事。问题是,人家虞国不一样,人家是周礼教育普及得比较好的国家,没这么无赖。事情虽然是这样,可是不能这么说。

　　"主公,这就是小国和大国打交道的规矩了,小国收了大国的礼物,那是一定要办事的。"荀息反应快,拿大国小国说事。

　　献公也笑了,因为晋国是大国,荀息这番话,等于说晋国是经常拿人家钱不给人家办事的,想想也是,所以献公笑了。

第一次借路

　　谁出主意谁干活。

　　自古以来,就是如此。

　　如果干活就有好处,那么人们就愿意出主意。如果干活的还不如说风凉话的,那就没有人愿意出主意了。而晋国之所以强大,在于干活就有好处。前面说过,士蒍提建议了,干活了,于是发财了。

　　荀息的建议,自然由荀息来执行。

　　荀息送礼物来到虞国,由于事先就故意泄漏了消息,因此受到热烈欢迎,虞公第一时间亲切接见。

　　荀息献完马,又献了璧,把虞公高兴得如猴子上树一般。

　　接见的过程基本上还是那个段子,荀息首先代表献公问候了虞公和他老婆,随后,开始回顾两国长期以来业已存在的友好关系,以及两个国家血浓于水、一衣带水的兄弟感情。在热烈友好的气氛中,宾主共进晚餐。

　　吃完晚餐,闲坐的时候,进入正题。

　　套近乎、互相拍马屁、大吃大喝之后,最后谈一点正事。自古以来,这就是外事活动的标准程序。

　　"想当年冀国侵犯虞国,为了虞国的安全,我们偷袭了冀国,使得冀国不得不撤军,这证明我们与虞国之间休戚与共的关系。如今,虢国亡我之心不死,在下阳加强了战备,随时准备进攻我国,同时也威胁着贵国的安全。因此,我们准备讨伐虢国,希望向贵国借道。"荀息这段话说出来,自己心里都在打鼓,为什么? 下阳在虢国和虞国的交界处,根本没有挨着晋国。

"哎,老荀,你说得对,我们借路,不仅借路,为了我们两国的友谊,我们和你们一起出兵,并肩作战。"虞公眼皮子都没眨一下,智力水平确实在中等以下。

事情就这么定了,虞公甚至根本就没有跟宫之奇商量。事后,宫之奇表示反对,虞公笑道:"反对无效。"

现在,晋虞联军进攻虢国,第一站:下阳。

在开打之前,简单介绍虞国的由来。

周文王有两个伯父太伯和仲雍,为了给文王父亲让位,两人逃去了吴国,后来先后担任吴国国君。周武王时,将仲雍的后代封在虞,公爵。因为吴国也是仲雍之后,因此虞、吴是一家。

说起来,虞国出于姬姓,与晋国是亲戚。

晋国由里克为主帅,荀息为副帅,虞国宫之奇领军。两国军队先后抵达下阳,各自攻一个城门。宫之奇虽然没办法劝止虞公,但是如今自己领军,自然多长一个心眼,十分之一的部队假装攻城,其余的部队随时提防着晋国军队。而里克和荀息一面攻城,一面还要防着宫之奇的队伍。你说这样的联军是不是很搞笑?

幸好晋军实力强劲,没几天工夫,愣是把下阳给拿下来了。拿下下阳,前面就是一片坦途,可以直接灭了虢国。可是这个时候,里克坚决要求撤军了。为什么?

首先,宫之奇派人过来通报,说是自己拉肚子拉得天昏地暗,下不了床,因此再往南打就不奉陪了,你们自己去干吧。

其次,虢国派出大将舟之侨在前面等着呢。舟之侨是什么人物?就是虢国的宫之奇,那也不是善类。前有舟之侨,后有宫之奇,里克一看,我们再打下去,万一你们两面夹击,我们不是被包饺子了?

再次,虢国与周王室那是真正的传统友谊,听说虢国被攻,王室已经派了特派专员前来调停,这个面子别人不给,晋国是一定要给的。所以,再打下去也没什么意义。

荀息虽然还有打下去的意思,但是主帅要撤,也没有办法。

"我们已经教训了虢国,达到了预期的目的,因此我们撤军。"里克派人向宫之奇转达了这个意思,似乎是自己放了虢国一马。

就这样,晋国撤军了。临走,把下阳城一把火烧了,人民、牲畜和能搬走的全部搬回了晋国。那年头,地大人少,人民就是财富啊。

最后的国宴

尽管没有灭掉虢国,但是荀息的计策证明是行得通的,而且攻破了下阳,也算是出了一口气。因此,献公很高兴,嘉奖了荀息。

高兴虽然高兴,献公也看出来了,有宫之奇和舟之侨在,要对付虢国和虞国绝不是那么容易。怎么办?等等看吧。

只等了三个月,好消息来了。什么好消息?舟之侨来投奔了。

原来,晋国拿下下阳之后主动撤军,虢公毫不在意,大概以为晋国也就这么回事。于是虢公起兵攻打桑地的戎,结果大胜,抢了不少美女回来,还给舟之侨分了两个。

得了美女的舟之侨一点也不高兴,他反而很担忧:丢了下阳要塞,一点也不害怕;战胜了戎,就得意洋洋。就凭这警惕性,这个国家离完蛋不会超过五年。

预料到国家要完蛋,两条路摆在舟之侨的面前:与国家共存亡,或者保全自己,早早逃命。

识时务者为俊杰,舟之侨选择了后者。既然选择了后者,逃跑的方向就很容易确定,那就是晋国。

舟之侨带领整个家族来到晋国,荀息高兴坏了。什么叫此消彼长?这就是。荀息当即提出再次讨伐虢国,献公没有同意,因为国内的斗争正在白热化,顾不过来了。

基本上,前面的事情就是这样。

这一次下手,献公不需要再向任何人讨教了。

"里克,准备攻城器械,整顿兵甲。"

"荀息,活动活动舌头,准备去借路。"

"舟之侨,带路。"

献公用了半年时间做准备工作,到了次年的夏天,一切工作准备就绪。

荀息首先出动,带着十对白璧又来到了虞国。

程序跟上次完全一样,吃饱了喝足了,荀息又要借路。虞公刚要答应,宫之奇早盯着呢,急忙上来插话。

"虢,虞之表也。虢亡,虞必从之。晋不可启,寇不可玩,一之为甚,岂可再乎?谚所谓'辅车相依,唇亡齿寒'者,其虞、虢之谓也。"宫之奇上来就这么一段,他急了。这段话什么意思?这个意思:虢国是虞国的屏障,虢国要完蛋了,虞国也跑不了。晋国这样的国家,最好从一开始就拒绝跟他们玩。

上次借路给他们就很过分了,怎么能再借呢?俗话说'辅车相依,唇亡齿寒',就是指虢国和虞国之间这种关系啊。

"唇亡齿寒"、"唇齿相依"这两个成语,就是宫之奇这次发明的。

虞公一看,有些不高兴,这太没礼貌了。

"你这说的什么话?人家晋国是大国,讲信用的,上次借道,有什么问题吗?何况大家都是姬姓国家,同宗啊,他们怎么会害我们?"虞公说话的嗓门还挺大,好像挺有道理。

"主公啊,虢国也姓姬啊,跟晋国比我们的关系还近呢!再说,晋侯这些年灭的国家有几个不是姓姬的。别说远亲,自己家四代都被他灭了。"宫之奇这时候也顾不了那么多了,本来还想接着说"你以为你谁啊?你以为你长得漂亮啊",忍住了没说。

虞公很不高兴了,当着客人的面子,宫之奇给自己下不了台,这怎么行?

"老宫,你是不是看我高兴了你就不舒服啊?你是不是觉得就自己聪明,别人都是傻瓜啊?人家晋国是大国,主动跟我们友好,这是看得起我们,有什么不好?你没事回家蹲着去吧,啊。"虞公说话也不客气,直接赶人。

宫之奇没办法,只好出来,在外面碰上了大夫百里奚,又叫百里井伯。当初百里奚当上大夫,就是宫之奇推荐的,说起来,两人是好朋友。

"老宫,你怎么要走啊?"百里奚这是上厕所回来,看见宫之奇一脸的不高兴,忙问。

"被赶出来了。"宫之奇气哼哼地说,之后把事情说了一遍,"兄弟,你也去劝劝主公啊。"

百里奚摇了摇头,叹一口气:"老宫啊,我知道你说得有理,但是,你劝都被赶出来了,我是个什么材料啊?我要是去劝,立马就会被炒鱿鱼啊。算了,该死活不了,我还是扎扎实实把这顿国宴给吃完吧。"

见百里奚不肯,宫之奇想想也是,叹口气,回家去了。百里奚回到宴会厅,一顿海吃,撑得个半死。他知道,这是最后一顿国宴了,下一次国宴不知道还有没有机会吃到。

第二次借路

现在,宫之奇面临舟之侨同样的选择:与国家共存亡,或者保全自己,早早逃命。

宫之奇没有犹豫,他选择了后者。

连夜,宫之奇收拾好了家当,第二天一早就登程前往宋国。老娘问了:

"孩子,怎么这么急?"

"娘啊,晋国打虢国,回程就会把咱祖国顺手灭了,那时候再走可就晚了。"

宫之奇就这么走了,据说去了宋国。

宫之奇,虞国公族,宫姓的祖先。

为什么舟之侨和宫之奇这样的良臣到了国家存亡的危难关头,都选择了逃命呢?因为他们知道自己挽救不了这个国家,既然如此,那就只好挽救自己。

可耻吗?一点也不可耻。

十天之后,晋国出兵了,这次是晋献公亲自领军,目标明确:灭了虢国。

前面说过:鬼子进村,汉奸带路,这是黄金组合。晋国大军此次有了舟之侨作为向导,上下两军齐进,基本上是一路小跑就占领了虢国全境。虢公率领全家逃命,一直逃到了洛邑,还好,原本虢公就是中央领导,在伟大首都有房有地有二奶,这下就不用再来回折腾了,可以全心全意为中央服务了。

那时候正好是周惠王在位期间,惠王看见虢公带着全家来了,还以为是旅游呢,一问,原来是国家没了。再问,是晋国干的。惠王很生气,当时就火了:"奶奶的,晋国太不像话了,虢国他们也敢灭,满共四个公爵国家,他们也敢灭?叔啊,你们先安心住着,我这几天就替你谴责晋国,发动齐国等国家为你讨回公道。"

"多谢大王,多谢大王。"虢公高兴坏了,一家人安心住了下来。

这一等,可就没有尽头了。转眼间过了十天,没看见周王有任何动作,虢公急了,这天就去问去了。

"大王,我那事儿怎样了?"虢公问。

"叔啊,你那事吧,木已成舟,没办法了。你就安心在中央工作吧,你祖先的牌位过几天晋国就给你送过来了。"周惠王这么说,见虢公很失望,安慰道,"知足吧,你知道虞公怎么样了吗?也被灭了。比你还惨,你还能接着当中央领导人,虞公现在只能当小地主了。"

"啊,虞国也被灭了?"虢公大吃一惊,随后哈哈大笑起来,"哈哈哈哈,该死的虞公,想不到你也有这一天,哈哈哈哈。"

现在想起来,舟之侨逃命是对的。想想看,地方没搞好,虢公拍拍屁股,带着全家去中央了,舞照跳,马照跑,可是虢国的卿大夫们怎么办?自己不想办法,谁管你?

那么,虞国怎么被灭的?周惠王又为什么不肯帮虢公了?

第五十三章　秦故事一：两个大馍

晋国灭了虢国,回家的路上顺手灭掉了虞国。事情太简单,基本上相当于顺手踩死一个蚂蚱,不用浪费笔墨。

虞公可没有虢公的运气好,被晋军生擒活捉,献公将他带回绛,对他还算不错,祖宗的牌位给他自己保管,又给了一小块地,当了个小地主。

春秋时候这点好,灭了你的国家,不灭你全家,还让你当小地主。

不过,一口气灭了两个公国,晋献公还是有点害怕。不管怎么说,人家爵位比你高啊,你凭什么灭人家? 再说,虢公和王室的关系那是大家都知道的,怎么说人家也是中央领导人。如果周王发布命令,再说动齐桓公率领联合国军队来讨伐,那还真是一件麻烦事。

怎么办? 灭人家之前献公没有想到这么多,现在两个国家都灭了,问题来了。

忽悠周王室

"老荀,你看看,这怎么处理?"献公把荀息给叫来了,荀息一听,也有点头大,什么都想到了,没想到这个。

荀息傻眼了,献公召开卿大夫大会讨论这个问题,可是没人有办法。

怎么办? 这个时候,献公想起老丈人来了。谁? 狐突。

"狐突一定有办法。"献公派人去把狐突给请来了,他知道,别看这个老狐狸整天在家里装病,其实什么事情都瞒不过他。

献公把事情大概说了一遍,又说些除了老爷子没人有办法的屁话,请老爷子出主意。

93

"荀息不是挺能干吗？让他想办法啊。"狐突特别讨厌荀息这个人，所以先说两句风凉话。

"他有办法，就不用惊动您老人家了。"

别说，老狐狸还真有办法。

"主公，其实这个事情不难。不是有那么一句话吗：没有永远的朋友，只有永远的利益。你现在就派人去洛邑，把虞国祖庙里的宝贝都带去，再告诉周王，说今后虞国虽然归了晋国，但是虞国的税收全归王室。至于虢公的祖先的牌位，咱们过几天也给送到首都去。现在王室穷得一塌糊涂，平白无故得了虞国的税收，还不高兴死？"老狐突可不是老糊涂啊，看问题很透彻。

献公一听，好主意啊，立马派人前往洛邑，该送的送，该承诺的承诺。周王一看，又省事又实惠，傻瓜才不干。因此，周王决定不管虢公的事情了。

中央最高领导人都这样，也就怪不得春秋大家都这样了。

有人问：献公真的把虞国的税收给了周王室吗？献公会从坟墓里跳出来：我傻啊，辛辛苦苦打下来，凭什么给他们？

说来说去，最高领导人被忽悠了。

假途伐虢，就是这段故事。

接下来就要开庆功宴了。

献公大宴群臣，发奖的发奖，表扬的表扬。

荀息功劳最大，奖励最多，喝得也最多。喝多了之后，荀息要炫耀一下了。

"来、来人，把那四、四、四匹宝马给牵上来。"荀息下令。立即有人出去，不多时，宝马牵了进来。荀息端着酒就来找献公了："主、主公，把马、马还给你，还是那四、四匹马吧？"

献公也高兴，笑道："马则吾马，齿亦老矣。"啥意思？马还是我的马，不过已经老了。

众人大笑，正在高兴，门前侍卫进来禀告："主公，秦国有使者来到。"

"秦国。"晋献公愣了一愣，其实，每个人都愣了一愣。

晋国从来没有跟秦国打过交道，他们来干什么？

土包子求婚

既然说到了秦国，还是按照惯例，先说说秦国的由来。

《封神演义》中商纣王有两个部下是父子，姓嬴，父亲叫蜚廉，儿子叫恶来。父亲跑得快，儿子力量大，活到今天的话，就是刘翔和张湘祥了。不过

94

他们的年头不好,没赶上北京奥运会,赶上周武王伐商了,结果恶来为国壮烈牺牲,蜚廉自杀身亡。

恶来的后代叫非子,因为给周孝王养马养得好,被封在秦。作为一个附庸,非子就叫秦嬴。秦嬴传了三代,到了秦仲,秦仲被犬戎所杀。秦仲的五个儿子率领七千周兵击败了犬戎,于是大儿子庄公继位,并且占有了犬丘和大骆,地盘扩大。

庄公的儿子襄公因为护送周平王东迁,被封为伯爵,秦正式成为诸侯。之后,又经过文公、宁公、武公、德公、宣公、成公和穆公。历代秦国国君都有一个特点,就是蚕食周边小国。因此,到穆公继位的时候,秦国已经是一个中等以上的国家。

有人会问:为什么短短一百一十年的时间里,秦国竟然经历了八任国君?原因很简单:秦国的习俗是兄终弟及,武公和德公是兄弟,宣公、成公和穆公也是兄弟。

现在,秦穆公为秦国国君。

秦穆公任好,是秦姓和缪姓的祖先。

与他的历届前任一样,秦穆公登基之后继续扩张,登基第一年就吞并了茅津。

周边的小国一个个被消灭,穆公却有些烦躁起来。为什么烦躁?就像一个发了财的土老帽一样,单单有钱已经不能满足,要混进上流社会啊。

这么多年了,秦国就像是一个被遗忘的国家,一个被扔进狼群里的孩子,中原国家几乎都忘记还有这么一个国家了。

"怎么办?咱们有地盘了,有人马了,有女人了,可是,咱们没文化啊,说来说去,还是一帮土包子。我想跟中原正统混一混,长长见识,扮扮斯文。兄弟,你还去过中原,也算咱们秦国的文化人了,你有什么办法?"这一天,秦穆公把公子絷(音执)给请来了。公子絷是谁?秦穆公的异母弟弟,秦国的庶长。庶长是个什么东西?

原来,秦国长期与中原国家隔绝,也没个什么正规的官制,除了国君之外,最大的官就叫庶长,直译就是"老百姓的头儿"。庶长什么都干,和平时期当总理,战争时期当将军,反正就是他了。至于什么上卿啊、太傅啊、司空啊这些职位,秦国人听都没听说过。

"我看,咱们不妨先从婚姻开始,不是离着晋国近吗,就向晋国求婚吧。"公子絷出了这么个主意,其他的也想不到。

"好啊好啊,这活就派给你了。"秦穆公觉得这个主意好,当时就拍板了,"除了求婚,有那素质高的人才,捡大号的弄几个回来。"

就这么着,公子絷带着一车狼皮就去了晋国。

秦国国君来求婚了,晋国卿大夫们都觉得好笑,这不是癞蛤蟆想吃天鹅肉吗?

也没等献公提问,卿大夫们你一言我一语就讨论开了,基本上没有一个人支持。

"好吧,你回去告诉你们国君,我愿意让他做我的女婿,秋收之后来迎亲,我把大女儿嫁给他。"出乎所有人的意料,也出乎公子縶的意料,献公很爽快地答应了。

献公派人送公子縶去国宾馆休息,卿大夫们唧唧喳喳,对献公的决定表示不理解。

"你们知道什么?你们看见那一车狼皮了吗?那得多少头狼?这充分说明秦国国君很有诚意。既然这么有诚意,我女儿去了一定会很受宠。你们知道吗?一个女人,最大的幸福就是被男人宠。"献公高声说。其实,他还有一个理由没说出来,那就是自己的大女儿伯姬,也就是申生的同母妹妹,那时候已经二十一岁了,再不嫁出去,就砸手里了。这么大岁数,要嫁给中原诸侯是不大可能的,也只有秦国这样没什么讲究的国家还能接受。

不管怎样,献公觉得挺好,至少把女儿嫁掉了。

人才难觅

公子縶非常高兴,没想到这么顺利就把婚事搞定了,这个功劳可不小。

除了求婚,公子縶还有一个使命,那就是挖几个人才回去。公子縶心想,晋侯的女儿都到手了,高薪诚聘几个人才应该也很简单吧。

公子縶没想到的是,人才还真不好找。

人才太少?不是。找不到人才?也不是。

公子縶在晋国住了三天,第一天还打听打听哪个大夫是人才,然后上门拜访,盛情邀请前往秦国,条件都开得很好,封邑面积至少是晋国的两倍,高额安家费,十二个美女,此外,只要干得好,半年之后就可以担任庶长。

"庶长?庶长是什么东西?"晋国人根本不知道这是什么玩意,就凭这个滑稽的名字,谁也不肯去。

没办法,第二天,公子縶把目标放在了士的身上,成功人士不愿意去,士总会愿意吧?谁知道,士也不愿意,说起秦国,大家都说那里遍地野狼,老百姓都吃人肉。尽管公子縶再三解释,谁听他的?

第三天,公子縶没办法了,在大街上看见谁就问谁去不去秦国。谁去?还是没人去。到晚上,公子縶甚至动员国宾馆烧开水的大爷去,也被断然拒绝了:"我老了,还想多活几年,秦国的狼太多了。"

公子絷感到自己很失败,很没有面子。

第四天,公子絷失望地上路回家了。出了绛城,一路向西。走不多远,看见前面有一个流浪汉。只见这个流浪汉长得高大魁梧,一脸的胡子,一身衣服破破烂烂,遮不住浑身的肌肉。流浪汉的手里拿着一个破碗,抖抖索索等着施舍。

俗话说:乡下人心肠好。公子絷看见这个人可怜,心说干脆在晋国做个好人吧,也显示秦国人没有传说中那么差劲。

"喂,过来,给你一个馍。"停了车,公子絷对流浪汉喊。

流浪汉瞪了他一眼,一动不动。

公子絷一看,这人还挺有骨气。语气温和一点,说:"请过来,我这里有馍吃。"

流浪汉又瞪他一眼,还是不过来。

公子絷心说,我这已经够客气了,他还不肯过来?这不是死要面子活受罪?再想想,猛然想起来,别看这流浪汉是个流浪汉,基本上可以肯定是个士。为什么呢?因为士农工商四大社会类别中,后面三者都是有恒产恒业的,都是有正当职业的,如果放弃正当职业来流浪,那是属于犯法的。只有士没有正当职业,才有流浪的权利。你再看这个人的长相,尽管可怜兮兮,眼睛里却还有一股傲气。

"先生,我有馍,赏个脸吃一个吧。"公子絷更客气了,倒好像他在求流浪汉。

流浪汉这才走了过来,公子絷亲自取了一个馍,双手递给他,流浪汉双手接过去,行了个礼,走到一边,蹲下去吃馍。

公子絷一看,这人要了一个馍,竟然也是这么有礼貌。等流浪汉把馍吃完,公子絷看他像是没有吃饱,又送了一个给他。

两个馍下肚,流浪汉明显有一种满足感。他把碗放在一旁,走到公子絷的面前,又躬身施了个礼,朗声说道:"公子,我公孙枝虽然流落街头,好歹也是个士,我不能无缘无故受别人的恩惠。你赐给我两个馍,我一定要有所报答,说吧,我怎样才能报答你?"

原来,这个流浪汉叫公孙枝,字子桑,从这个名字就知道是晋国公族,不过不是曲沃那边过来的公族,而是被推翻的晋侯缗这边的公族,所以才混得这么落魄。不过话说回来,也幸亏是晋侯缗这边的公族,否则早给灭了。

看公孙枝的举止,再听他说话,公子絷就觉得这个人不简单。猛然,他有了一个想法。

"既然你这样说,那好,你跟我回秦国。告诉你,我是秦国庶长公子絷,你跟我回去,就算是我秦国人才引进计划中的第一人。"公子絷决定把公孙枝带回秦国,人才啊。

"啊,去秦国?"公孙枝的眼里充满了沮丧和绝望。

"去了秦国,你就是大夫,吃香的喝辣的,娶六个老婆,不比在这里当流浪汉强?"

"唉,"公孙枝叹了一口气,"谁让我吃了你那两个馍呢?"

秦国的第一个外教:公孙枝

回到秦国,公子絷安排公孙枝住下,换了一身好衣服,洗个澡,然后带他去见秦穆公。

公子絷首先汇报了此行的情况,说晋献公爽快答应亲事,迎亲时间都已经定好。然后说到人才引进,这个时候把公孙枝介绍给了穆公。

穆公非常高兴,一来跟晋国要成亲戚了,二来还请来了公孙枝这样的人才,看上去就是人才。

三个人一边喝酒,一边聊了起来,主要是秦穆公和公子絷向公孙枝请教。公孙枝虽说是个破落贵族,但是义务教育没落下,没吃过猪肉也见过猪跑,当下甩开腮帮子,一边吃一边说,主要介绍中原的礼仪、制度、人文,等等,听得穆公目瞪口呆,大长见识。

"看见没有,我们简直就是野蛮人啊。子桑先生,从今以后,你就负责秦国的教育工作,从野蛮人变成文明人,就靠你了。"穆公太高兴了,就像地下党见到了组织上派来的人。

公子絷一看,这公孙枝还真有两把刷子,当时一激动,然后一冲动,对穆公说:"主公,干脆,我这庶长也别当了,子桑先生来就行了。"

"好啊。"穆公同意。

公孙枝很激动,也很感动,人家秦国人真是太厚道了,太好骗了,太什么了。可是,公孙枝不冲动,他知道自己是什么材料,在秦国他算人才,在晋国他什么也不算。要管理秦国这样的国家,他知道自己不行。

"不行,在下实在没有这样的能力,做个大夫辅佐公子絷,我就很满足了。"公孙枝一再推辞,打死也不当庶长。

没办法,穆公任命公孙枝为大夫,主要职责就是编制制度,教化人民。

秋收之后,到了冬天,迎亲的日子到了。

按规矩,秦国依旧派出公子絷前去晋国迎亲。晋献公也挺高兴,把大女儿送出了门,总算给嫁出去了。

公子絷一路上唱着秦腔,高高兴兴把伯姬给带回了雍城。雍城在哪里?

当时的秦国都城,在今天的陕西省凤翔县。

秦穆公高兴啊,终于娶到一个有文化有教养的老婆了。高兴到什么程度?穆公决定把晋国陪嫁过来的东西都当庭打开,给大家开开眼界。

"哇。"第一件陪嫁打开的时候,大家都惊奇地叫了出来。什么东西?史书上没记载。随着一声声的"哇""哇",陪嫁品都被打开了,大家都说好。

东西看完了,看看人吧。于是,除了新夫人之外,其余晋国随从人员都到朝廷点名,顺便给每人发纪念品。

"张三。""李四。""王老五。"一边点名,大家一边看,觉得晋国人看上去就有文化。

可是点着点着名,出问题了。

"百里奚。"

没人答应。

"百里奚,百里奚来了没有? 来了举个手。"

还是没人答应。

百里奚没来,百里奚为什么没来? 晋国的陪同官员说话了:"百里奚这个老头在半路上跑了。"

"跑了,为什么要跑?"穆公有点不高兴了。

"这个,他不是晋国人,可能跑回家了吧。"

"不是晋国人?"穆公又不高兴了,怎么弄个外国人来冒充晋国人?

穆公正在不高兴,公孙枝说话了。

"主公,这个百里奚我知道,他是虞国的贤臣,晋国灭了虞国,把他也捉到了晋国,这次把他当成陪嫁的奴仆,他当然要跑了。"公孙枝知道百里奚,连忙解释。

"贤臣? 既然是贤臣,我们求贤若渴啊,把他弄来啊。"穆公听了,反而高兴了。说到这里,穆公去看公子絷,公子絷几乎哭出来,"唉,我怎么这么笨?有眼不识贤臣啊,那个老头我在路上见过好几次啊。"

世界上的事情就是这样的,你苦苦寻求却寻不到的,也许就在你身边。只有当你失去之后,你才知道你失去的是什么。

穆公很迫切,公子絷很懊恼,秦国人很倔强。

所以,穆公和公子絷决定,一定要把百里奚找回来。

公子絷亲自率人沿途去找,首先确定了百里奚逃走的地点,之后向南搜寻,一路上打探,最终,功夫不负有心人,百里奚的下落打听到了——他逃到了楚国的宛(在今天的河南南阳境内),被楚国人捉走,去放羊了。

公子絷回到雍城,把上述情报向穆公作了汇报。穆公紧急召见公孙枝,和公子絷一起,讨论如何把百里奚给弄回来。基本上,我们把这项行动命名为"拯救老头百里奚"。

第五十四章　秦故事二：五张羊皮

秦穆公、公子絷和公孙枝进行了一次头脑风暴，最后提出了三个行动计划。

甲计划：派小分队潜入楚国，以武力的方式抢夺百里奚。这个计划，类似于《拯救大兵瑞恩》。

乙计划：派出使者，携带大量礼品，向楚国的宛大夫赎人。

丙计划：派公孙枝扮成流浪汉，进入楚国，设法被楚国人捉住，然后接近百里奚，带领百里奚潜逃到秦国。这个计划，类似于《越狱》。

拯救老头百里奚

三个行动计划提出来之后，三个人一一进行了可行性分析。

甲计划是公子絷提出来的，但是穆公和公孙枝都认为实际操作比较困难，尤其是秦国与东面的国家一向缺乏交流，很容易在路上就被发现。一个潜在的危险是，一旦与楚国军队交手，很可能因此产生国际争端，而楚国的实力强大，惹不起。

乙计划是穆公提出来的，主要想通过外交途径解决问题。可是公孙枝和公子絷认为不妥，特别是公子絷强烈反对："主公，为了一个放羊的老奴，我们用礼物去赎，对方一定怀疑，到时候一调查，百里奚原来是个贤臣，那恐怕就直接被楚王请到楚国做大夫去了，岂不是竹篮打水一场空，给人家作嫁衣裳？"

丙计划是公孙枝提出来的，他决定士为知己者死，宁可自己冒危险去拯救百里奚。可是，穆公和公子絷都强烈反对，公孙枝是好不容易弄来的人才，万一这一去出点什么差错，那不是偷鸡不成反蚀把米？

100

三个行动计划，一个也没有通过。

怎么办？又一轮头脑风暴之后，公孙枝突然有了一个办法。

"这样，我们干脆就派边境的小吏到宛去，就说百里奚是我们这里逃走的奴隶，准备把他赎回来定罪。据我所知，在楚国，赎一个奴隶也就是五张羊皮。我们用五张羊皮去赎他，楚国人不会起怀疑，而且百里奚也老了，楚国人一定很高兴还能把他卖出去。"公孙枝的主意省钱省力，还切实可行。

"好主意，好主意。"穆公和公子絷齐声叫好。人才啊，什么叫人才？

公子絷是一个执行力超强的人，他亲自来到秦国边境，找到一个小吏。这个小吏叫什么名字并不重要，我们就叫他秦八。

"秦八，我们有一个老奴跑到楚国去了，名叫百里奚。现在他被楚国人抓住，在宛这个地方放羊。我给你六张羊皮，你带着两个弟兄去把他给赎回来。记住，楚国的行情是一个奴隶五张羊皮，你自己去讲价，反正就六张羊皮，多的是你的，不够你自己想办法。"公子絷采取了激励的办法，但是不把真相告诉他，免得他紧张。

就这样，秦八领了六张羊皮，又领了差旅费和路上的干粮，带着两个兄弟出发了。

闲话少说，一路上无非就是《水浒传》上常说的：免不得吃癩碗，睡死人床。

没几天工夫，秦八三人来到了宛，一打听，真有个北边来的老头在这里放羊，他家主人名叫楚八。

秦八就找到了楚八，基本上，这是历史上秦国人跟楚国人的第一次亲密接触。

秦八把自己的来意说了一遍，说是要赎人。

"五张羊皮，人归你了。"楚八是一口价，那年头，中国人还没有无耻到漫天要价。

"你看看，一个老不死的家伙，怎么还值五张羊皮？四张。"秦八开始砍价，那年头，中国人也还没有狡猾到拦腰一刀。

"哎，你怎么说话？这里就这个行情，爱买不买。"楚八有点生气，同时他也有底气，他认准了你一个秦国来的，你耽误不起时间。

秦八没办法了，掏了五张羊皮出来，成交。

又吃上了国宴

秦八傻眼了。

如果你押送犯人到华盛顿，出来迎接犯人的是总统和国务卿，你是不是

会傻眼？

穆公、公子絷和公孙枝亲自前来迎接，百里奚当时就笑了。他早就料到了，秦国人这么远把自己弄来，肯定不是让自己来养羊的。

公子絷给秦八额外赏赐了十张羊皮，秦八战战兢兢，和两个兄弟回去分了。

秦穆公稍微有一点失望，因为百里奚不像是个人才的样子，胡子拉碴，破衣烂衫，一身的羊膻。看上去像什么？就像被老婆赶出家门的老酒鬼。

不管怎样，穆公还是高高兴兴将百里奚迎接了回来。

"百里先生，不知高寿几何？"穆公先问岁数，看看符不符合招工条件。

"不老，才七十岁。"百里奚说。胡子上都是唾沫星子。

"哎哟，够老了。"穆公听了，更失望了。

"怎么老呢？如果让我打狼，是老了点；放羊还行啊，在楚国，谁也没有我放得好。"

"问题是我们把你弄来，不是请你来放羊的啊。"穆公急了。

"那是干什么？"

"我们听说你是个贤人，请你来指导我们治理国家啊。"穆公要哭了。

百里奚笑了，他知道秦国人就这德行，爱冲动。所以，他刚才是故意装傻。看见秦穆公要哭，百里奚这才笑道："当年姜太公遇上文王的时候，已经八十多岁了。不也一样帮助文王武王灭了商？我刚刚七十出头，牙口倍儿好，身体倍儿棒，帮着主公您出谋划策，管理国家，不是打狼也不是放羊，怎么会老呢？"

秦穆公一听，对啊，老头说得对啊。

正是：别看穿得脏，出口成文章。

"你说得有理，那你接着说，我们秦国该怎么整？"

"怎么整？这么整。咱们秦国呢，现在只能说是个半野蛮国家，这个时候不能急着跟中原国家凑太近，一来实力不行，二来容易被骗。不过秦国有一个天然的优势，那就是地理条件得天独厚，易守难攻，当年文王武王就是靠着这块地起家的。我们现在应该眼睛向外，一方面学习中原国家治理国家的经验，另一方面把西戎小国一个个吞并了，等到实力壮大了，就可以东进，跟中原国家抗衡了。"百里奚在路上没闲着，早已经把这些道理想得清清楚楚。

穆公傻眼了，彻底傻眼了。自己从前虽然很努力很向上，但是一直是东一锤子西一榔头，完全没有方向。如今听百里奚这么一说，那是豁然开朗。

"来人，安排国宴，给老爷子接风。"秦穆公一冲动，国宴伺候。

百里奚哭了，这次轮到他哭了。

102   "想不到，我百里奚又吃上国宴了。"想起在虞国吃的国宴，想起在楚国吃的剩饭剩菜,百里奚百感交集。

百里奚洗了个热水澡,自从被晋国人捉走之后,他就没有洗过澡了。这一洗,洗下两斤多泥来,最里面是晋国的,中间的是楚国的,外面一层是秦国的。洗完澡,换了一身干净衣服,有专人帮着梳理好了头发和胡子,在镜子面前这一看,老酒鬼没有了,眼前就是一个张大千。

百里奚来到国宴大厅,秦穆公再一看,哇,脏老头不见了,换了一个知性老头。有知性美女,当然就有知性老头。

秦穆公亲自牵着百里奚的手,来到主座坐下,秦国的大夫们也各自坐下。

如果换了是在中原国家,国宴可就复杂了,各种礼仪之后,估计黄花菜都凉了。秦国没那么多臭规矩,秦穆公把筷子一举,说一声:"动筷子。"于是国宴正式开始。

百里奚这一次没有狼吞虎咽,他知道,吃国宴的机会多着呢。

酒过三巡,秦穆公说话了:"老爷子,你看,你这么有本事的人来到秦国,就屈就当个庶长吧。"

"什么,庶长?"百里奚没听明白,不知道这是个什么官,会不会是负责养羊的?

"啊,对,除了我,就是庶长大了。现在是公子絷当着,你来当,让他靠边站。"秦穆公说话挺直爽。没办法,那时候秦国没文化,还没学会拐着弯说话。

"这不行,这不行。"百里奚现在知道,庶长就是总理。自己刚刚来,怎么就把人家公子絷给顶了?

"老爷子,别推托了,主公这么说,我也这么想。"公子絷插话进来,他也很直爽。这个庶长干得挺费劲,早就想让出去。

百里奚一看,人家很有诚意啊,自己不干还不太好。这个时候,他突然想起一个人来。

"主公,我有一个结拜大哥。他的能力比我高十倍,主公为什么不把他请来当庶长呢?"

"谁?在哪里?你怎么认识他的?现在就去请他来好不好?"秦穆公急了,一口气冒出四个问号来。公孙枝比公子絷高明十倍,百里奚比公孙枝高明十倍,这个人比百里奚还要高明十倍,那该有多高?

"主公,说起来,那话儿就长了,听我慢慢说来。"百里奚喝了一口酒,将碗放在桌上,这才甩开腮帮子,讲起那过去的事情。

正是:往事轻易不回首,回首起来泪长流。

姓白的朋友请注意,百里奚是白姓始祖之一,请在此分享你们先祖的坎坷经历。

百里奚的故事

百里奚,字井伯,虞国公族。祖上封在百里而得姓,到了百里奚这一辈,就什么也没有了,成了一个光棍士。

家里只有几亩薄田,没钱的亲戚你不愿意理人家,有钱的亲戚人家不愿意理你。熬到四十岁上,这才好不容易娶了一个老婆,杜家的姑娘,排行第九,就是杜九娘。杜九娘那年也有三十多岁,还是个二婚。没办法,龙配龙,凤配凤,老鼠的老婆会打洞,一对剩男剩女就凑合在一起了。

结婚不久,生下一个儿子,百里奚夫妇那是悲喜交加。喜的是生了个儿子,从此百里家有后代了,悲的是家里家徒四壁,从前百里奚是一个人吃饱了全家不饿,现在老婆孩子睁眼也要吃饭啊。

"老公啊,咱不能一家人坐在家里喝西北风啊。眼看冬天过去了,连西北风也没有了。我看,你去东面打工吧,好歹挣几个钱养活我们母子二人。"杜九娘劝百里奚。

"老婆啊,想不到养老婆孩子这么费事。早知道这么费事,嗨。我也想去东边碰碰运气,可是,我不放心你们娘儿俩啊。"百里奚早就动了这个念头,只是一直没好意思说。

"怕什么?怕我偷男人?你看我长得像个茄子一样,谁要我啊?你放心去吧,孩子我养着,有一口是一口,说什么也得把他养大,等你回来接我们去享福啊。"杜九娘说着,辛酸的泪水都出来了。

两口子大哭一场,第二天,百里奚收拾了两个饼,向东而去。

那年头,还没有护照,也没有特区通行证,好像强盗也少有。总之,想走就走,想去哪就去哪。

去哪里?百里奚想好了,要去齐国。

一路上,风餐露宿,连死人床都没机会睡。饥一顿饱一顿,一路乞讨就到了齐国。

齐国那时候正是齐襄公时代,忙着同性恋呢,啥也顾不过来。百里奚在齐国混了一段日子,本来想搞个政治避难之类,混个大夫当当,谁知根本见不到齐襄公。想想也是,你看你一个乞丐样子,开口说自己怎么怎么有才,谁信你?没办法,百里奚就在齐国沦为乞丐了。

所以,有的时候这就是个命。要是再晚几年来,说不定就是宁戚的命了。

这一天正讨着饭,遇上一个人。这人听百里奚说话不是本地口音,挺好奇。

104

"老兄,你哪里的? 怎么跑这里来了?"这人问。听口音,也不是齐国人。

百里奚叹了一口气,好不容易有人愿意搭理自己,还不好好说说? 于是一五一十,把自己的情况给介绍了一遍。

"老兄,你认识齐侯吗?"百里奚最后问。

"我靠,"那人听了,叹一口气,"我要认识他,还跟你扯什么?"

不管怎样,两人通了名姓,此人名叫蹇(音检)叔,果然不是齐国人,是宋国人。蹇叔跟百里奚一样也是个士,也想出来捞世界,于是当了"东漂一族"。

哥俩越聊越投机,都觉得对方还真是怀才不遇,一冲动,两人竟然结拜为兄弟,蹇叔大百里奚一岁,当了大哥。百里奚高兴啊,有了大哥,从此吃饭不愁了,睡觉也不用睡大街了。为什么? 因为蹇叔虽说也是个士,但是家里还有几亩薄田,生活上还过得去,因此,在齐国虽说苦点,还能租间小房,吃饭不愁。

就这样,百里奚跟着蹇叔又混了一个多月。

"兄弟,咱们得走了,这样等下去不是个头,而且,盘缠快用光了。这样,你跟我先回宋国,咱们再想办法。"一天,蹇叔提议。

哥俩收拾收拾,准备上路。其实也没啥好收拾的。

离开齐国

第二天,蹇叔带着百里奚进到临淄城里,准备买点齐国特产带回家给孩子吃。

来到临淄,只见齐国都城戒备森严,城楼上平添了许多兵马,四个大门也都增添了守门卫士。

"出事了。"蹇叔判断,来齐国一年多了,没有过这样的阵仗。

果然出事了,原来是管至父和连称杀了襄公,拥立公子无知为齐国国君。

在大门之外,张贴着两张告示,一张是安民告示,意思是:齐襄公无道,搞破鞋搞同性恋,说话不算数等等,因此被正义的力量铲除。如今公子无知挺身而出,拨乱反正,担当大任,大家可以安心过日子,不必惊慌云云。

另一张是招贤广告,意思是:国家要发展,人民要富裕,离不开齐侯的英明领导,也离不开广大人才的贡献。目前,大把职位空缺,希望各国人才踊跃报名,共同加入为齐侯效力的队伍。

招贤广告下面,就有两个招聘人员进行现场招聘,应聘者络绎不绝。

"大哥,太好了,我们的机会终于等到了。"百里奚高兴啊,真是来得早不

如来得巧。说着,百里奚就往前挤,要去报名。蹇叔在后面一把抓住他,直接就给拉出来了。拉到一个偏僻一点的地方,蹇叔劈头就说:"兄弟,脑子进水了吧?脑残了你?"

蹇叔的话说得百里奚云里雾里,自己做错什么了?

"大哥,你什么意思?"

"兄弟,你知道这个公子无知是个什么人吗?人见人恨啊。听说过吗,干革命要跟对人。跟错了人那是很危险的。"关键时刻,蹇叔保持了高度的革命警惕性,非常清醒。

百里奚恍然大悟,这个道理他懂。

于是,哥俩不为所动,该买什么买什么,买够了,拍拍屁股,扬长而去。

蹇叔的家在宋国的鸣鹿村,地方挺好,山清水秀。

回到家中,蹇叔的老婆孩子高兴得像猴子看见香蕉一般。蹇叔又把百里奚介绍给他们,大家也都客客气气。

一转眼过去十多天,百里奚在蹇叔的家里过得比在自己家里还舒服,不过整天看着人家一家人团圆,难免心中想起自己的老婆孩子来,也不知道老婆孩子还活着没有,也不知道他们过得怎样,也不知道老婆有没有跟人私奔。

这一天,百里奚听人说伟大首都的王子颓喜欢养牛,正在招聘养牛的牛郎。百里奚心想,不如先去当牛郎,一来有口饭吃,还能把老婆孩子接过去,二来也可以找机会看能不能混上去。想好了,百里奚来找蹇叔,要告辞上路。

"大哥,你看,我在这里住着虽然开心,可是也不是个长久之计,我准备前往洛邑,去当牛郎。"百里奚先客气了几句,然后把自己的想法说出来。

"当牛郎?"蹇叔大吃一惊,没想到这个百里兄弟还有这样的想法,"兄弟,那可是体力活,你这体格行吗?"

"没问题,别看吃得不好,身体还行。"

"那可是技术活,你有技术吗?"

"不瞒大哥说,我从小就当牛郎的。"

"唉,人各有志啊,我也不好拦你。不过,当牛郎要有客户才行啊,你人生地不熟的,到了那里怎么揽活啊?"

说到这里,百里奚才恍然大悟,原来两个人说拧了。

"大哥,我说的牛郎,是养牛的,不是做鸭。"当下,百里奚把自己听说的王子颓招聘牛郎的事情说了一遍,说罢,哥俩哈哈大笑。

"兄弟,既然你要走,大哥也不能拦你。这样,你先去看看,一个月后我也过去,看看有没有咱们的机会。"蹇叔表态支持。

第二天,蹇叔凑了些盘缠给百里奚,送他上路了。

第五十五章　干革命要跟对人

那年头还不流行假新闻,所以,百里奚听说的事情是真的。

百里奚很容易就获得了当牛郎的机会,试用期一个月。一个月之后,百里奚获得王子颓的接见。

这位说了,一个养牛的,竟然王子颓就接见?那等于国家副主席热情接见养猪专业户,那可能吗?

那年头,养牛可不是一件小事。牛在那个年头可不是用来吃的,用来做什么?耕地。那时候一头牛,相当于现在的一辆奔驰。养个几十头牛,等于开了一间汽车制造厂。百里奚把牛养得个个膘肥体壮,那就等于是凯迪拉克制造商。对于这样的人才,王子颓当然要接见了。

可巧那一天蹇叔来了,于是百里奚带着蹇叔一同去见王子颓,就说那是自己的助手。

不当牛郎了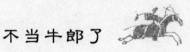

"百里先生,养牛养得好啊,你养的牛真……真……"王子颓很高兴,开口就表扬百里奚,可是说到这里突然大脑短路,就想不起该怎么说,最后急了,说道,"真牛啊。"

后世说谁很厉害,就说牛,就是从这里来的。

夸奖完了,王子颓就请百里奚介绍养牛经验。

"其实没什么诀窍,养牛呢,那不仅要眼中有牛,重要的是心中有牛。怎么说呢,把牛当成自己的老婆,当成自己的孩子。吃草喝水一定要准时,吃饱了喝足了,然后使用他们的时候要适量,不能超负荷;有危险的地方自己先去探路,不能让他们去冒险;睡眠要充足,不能熬夜。总之,用心去爱他们。"百里奚是这样说的,更是这样做的,他甚至给其中最大的一头老母牛取名杜九娘,以寄托自己对老婆孩子的思念。

"哇噻,你说得太好了。"王子颓很高兴,太高兴了。王子颓其实一直盯着周王的宝座,一直想要招揽人才,可是不敢公开进行,只能暗中变换花样。招聘牛郎同时也是王子颓发现人才的途径,现在他发现,这个百里奚是个人才,是个牛人,这样的人才,需要储备起来,"这样,你就留下来做我的家臣,暂时总管牛郎,等今后我那个什么了,让你当大夫,如何?"

百里奚高兴啊,终于熬出头了,老婆孩子热炕头的幸福生活不远了。

可是,没有这么简单。

"兄弟,我看,此处不可长留。"从王子府出来,蹇叔就对百里奚说。

"为什么? 不是挺好? 大哥,你干脆也留下来,咱们一块养牛。"

"你知道齐国的事情了吗?"

"齐国? 什么事?"

"无知被杀了。"

"啊!"百里奚吃了一惊,想一想,当初幸亏听了蹇叔的劝告,否则说不定现在也被砍了。

"干革命要跟对人啊。"

"那,大哥的意思是?"

"我听说王子颓志大才疏,亲近小人,没心没肺。今天一看,真是这样。兄弟,听我的,不要才出虎口,又进狼窝。牛郎这个活,不是那么好干的。"

"那……"

"听大哥的,走人。"

"哎哟,我的命怎么就那么苦呢?"

百里奚哭了,可是,他还是决定走。

可以感动,可以激动,但是不要冲动。

现在的问题是,不当牛郎,干什么去?

回乡,老婆没了

百里奚回到了家乡,回到了自己的家。

蹇叔陪他一道回来,他认识宫之奇,希望能够让宫之奇帮一帮百里奚。

蹇叔为什么认识宫之奇？因为十年前，宫之奇也曾经"东漂"，恰好路过蹇叔的家，在蹇叔家蹭过一顿饭，因此两人认识了。

百里奚灰头土脸回来，他觉得自己丢人，不敢白天回家，生怕被人看见。可是，当他回到家的时候，他已经不是这样的想法，他现在要让全村都知道自己回来了。为什么？

因为丢人了。

老婆孩子都不见了，家里的蜘蛛网已经结成了互联网，蜘蛛们在网上聊得很开心。

"九娘，九娘，老婆，老婆。"百里奚大声喊起来，他要找老婆找孩子，现在真的丢了人，也就顾不得自己丢人了。

整个村子都被惊动了，大家都出来看热闹，也看看百里奚外出打工混得怎么样。

既然大家都出来，杜九娘的下落很快就有了眉目。原来，在百里奚东漂两个月之后，杜九娘实在无法生活下去，带着孩子出外讨饭去了。

"呜呜呜呜，呜呜呜呜……"百里奚哭了，男儿有泪不轻弹啊，可是养不活老婆孩子，让老婆孩子外出讨饭，对于男人来说，这是莫大的耻辱啊。"九娘，我对不起你啊。"

大家都哭了，谁没有老婆孩子？

蹇叔找到了宫之奇，宫之奇那时已经是虞公的红人。可贵的是，宫之奇还记得在宋国吃的那顿饭，那时他还说："有空去虞国，我做东。"

古人说话是算数的。

宫之奇热情接待了蹇叔和百里奚，并且答应帮百里奚找一份体面的工作。

第二天，宫之奇带着百里奚和蹇叔去见虞公，推荐他们做虞国大夫。基本上，虞公接受了宫之奇的说法——"海龟"学者百里奚和外国著名学者蹇叔。

百里奚被任命为大夫，而蹇叔婉拒了任命，他说他想老婆孩子了。

从虞公那里回来，百里奚很高兴，这下终于当上高级公务员了，有房有车有粮食吃了，终于可以过上稳定而体面的生活了。

"兄弟，我看，你还是不要当这个大夫了，这个虞公看上去智力也就是中等以下，而且不知道天高地厚，我看他悬。兄弟，干革命……"蹇叔觉得这个虞公也长久不了，所以他不仅自己不准备在这里干，还要劝百里奚也别干，可是话没说完，就被百里奚打断了。

"大哥，别说了，道理我都懂，我也知道干革命要跟对人，我也知道这个虞公不怎么样。可是，大哥啊，我现在是久旱的鱼、饿晕的狼，但凡有个什么吃饭的法子，都不愿意错过啊。"百里奚说得有点激动，心说你是饱汉子不知道饿汉子饥，光有理想是不够的，首先要活下去啊。

"唉。"蹇叔叹了一口气,他知道百里奚说得有道理,人穷志短啊,现在百里奚无非就是想混口饭吃而已。

第二天,百里奚就任大夫,分了房分了地分了车,摇身一变奔小康了。说话有底气了,走路摇摇晃晃了,用句后来的话说:抖起来了。

蹇叔也为百里奚高兴,哥俩大吃大喝了几天,蹇叔告辞,回宋国去了。

正是:没吃没喝没有房,革命理想放一旁。

忠臣百里奚

后来,百里奚就在虞国这么混着,一边派人去寻找杜九娘母子。可是,二十多年过去了,杜九娘母子杳无音信,渐渐地,百里奚断了这个念头,就当老婆孩子喂了狼。

眼看就这么平平安安过一生,像个老鼠一样悄无声息地死掉。可是,大概命中注定百里奚不能这样平凡地死去。于是,晋国灭了虞国。

国家被灭,百里奚的大夫职务肯定是没有了。现在他面临两个选择:第一,找门路拉关系,争取当上晋国的大夫;第二,灰溜溜离开虞国,带着那点积蓄去投奔蹇叔。

百里奚选择了第三:跟着虞公去晋国,做虞公的忠臣。

虞公做了小地主,百里奚也跟了过去。别说,虞公挺感动,当年那么多吃国家粮的,就百里奚没有离开自己。

百里奚的忠心还感动了一个人。谁?舟之侨。

舟之侨是百里奚的老朋友,因为带领晋军灭了虢国有功,在原来虞国的那块地方封了好大一个邑。在得知百里奚还跟着虞公混之后,舟之侨派人把百里奚给叫来了。

"百里大哥,你看你这么死心眼干什么?老虞都破产了,别跟老虞了,我给你推荐推荐,也在晋国当个大夫怎么样?"舟之侨挺佩服百里奚,自己算是个叛徒,可是人家百里奚是个忠臣。

百里奚哭了,掩面而哭。

"百里大哥,别这么激动,我也就是帮帮忙,能不能成还不一定呢。"舟之侨连忙说。他以为百里奚很激动。

百里奚擦擦眼泪,又擦了擦鼻涕,咽了两口口水,这才说话:"兄弟,我不是因为你的话而激动啊,我是后悔啊。你知道吗?当年我要跟着虞公混,我大哥蹇叔就告诫我跟他混不长,果然他就亡国了。如今想起大哥的话我就想哭,大哥常说:干革命要跟对人。因为如果跟错了,也不能去跟别人。我跟了虞公这么多年,现在让我去跟晋侯?不行,我都快死了,吃也吃不了多少,喝也喝不了多少,跟谁都一样,可就是不能跟灭了我国的晋侯。"

舟之侨一听,这不是传说中的高风亮节吗?

"百里大哥,我也知道干革命要跟对人。可是没有跟对怎么办?换人哪。干革命嘛,不是干人,为什么一定要跟死一个人呢?再说了,人家虞公也不容易,当个小地主,一大家子人,就那么几间房子,那么几亩地,你还非要往人家那里凑,不给人家增加负担吗?不让人家看着碍眼吗?"舟之侨劝说。

"你别劝我,我决心已定。"

后来,舟之侨又劝了几次,可是百里奚倔脾气上来了,不仅不肯,最后还发誓:我要是当了晋国的大夫,你全家不得好死。

这世上的事情还真怪,你越是要帮我,我就越是不领你的情;你越是不领我的情,我就越是想帮你。

所以,如果今后有人主动帮你,一定要拒绝他,那样他会更卖力地帮你。

舟之侨就是这么个人,百里奚越是不想让他帮,他就越是想帮。可是,用什么办法帮?舟之侨突然想起一个办法来。

"主公,虞国旧臣百里奚死忠虞公,十分可恶,建议把他打入奴籍,作为媵随伯姬嫁到秦国,以示惩罚。"舟之侨到晋献公面前提议。

"好啊好啊。"献公当场同意,这无关紧要的小事,国君通常都不会驳大夫的面子。

于是,百里奚成了伯姬陪嫁的老奴。

舟之侨是一片好心,他知道秦国目前正求贤若渴,当初公子絷还曾经动员自己去秦国当庶长。因此,只要百里奚去了秦国,一定会有机会的。

可是,人算不如天算,舟之侨怎么也没有算到,百里奚竟然在半路上逃跑了。为什么要逃跑?百里奚也以为秦国遍地是狼呢。

人傻钱多速来

百里奚所说的那个比自己高明十倍的人,就是蹇叔。

秦穆公一听,蹇叔如此厉害,还不赶快请来?

第二天,公子絷打扮成东漂一族,率领一个小分队,登程东进,专程去请蹇叔。临走之前,百里奚给蹇叔写了一封信。

功夫不负有心人,公子絷等人晓行夜宿,非止一日,来到宋国。一路问,一路走,找到了鹿鸣村。一问,蹇叔依然健在,而且没有出门旅游。公子絷找到蹇叔,也不用遮遮掩掩,三言两语说明来意,说是百里奚推荐,秦穆公要

请蹇叔全家前往秦国,聘任蹇叔为秦国庶长。公子絷还怕蹇叔没听懂,又解释说庶长就是上卿。

蹇叔听罢,愣了一下,难道天上真的会掉馅饼?看公子絷,又是特真诚的样子。蹇叔有点犹豫,他是个很谨慎的人,他并不认识秦穆公,如果自己拖家带口去了,发现秦穆公不怎么样,那时候,可就没有回头路了。

"交押金吗?"如果是现代人,就会这么问。可是,那年头还没有这么多骗子,所以蹇叔不会这么问。

"这,公子,承蒙好意,只是我已经老了,不愿意离开家乡了。"蹇叔决定推辞掉,他不愿意去冒这个险。

"这,老先生,百里先生可是强烈推荐啊,你要不去,太不给面子了。"公子絷有点急了,这个任务可是死任务。

"这,确实身体不允许了。百里奚现在怎么样?"

见蹇叔问起百里奚,公子絷突然想起来还有一封百里奚的信,赶忙把信拿出来,递给蹇叔。"对了,老先生,百里先生有信让我带给你。"

蹇叔接过信,那时候的信就写在绢上。蹇叔将绢展开,只见上面只写了八个大字,蹇叔看完,笑了。

"好,我跟你走,这就叫人收拾家当,明日出发。"蹇叔竟然同意去秦国了。

公子絷大喜过望,很显然,蹇叔能够改变主意,百里奚的那封信至关重要。那么,那封信上究竟写了什么?我们想知道,公子絷更想知道。

于是,公子絷将那封信拿了过来,展开一看,他也笑了。

百里奚的信上写着什么?

八个大字:此处人傻钱多,速来。

蹇叔来了。此后成为陕西蹇姓的祖先

现在的秦国,拥有了蹇叔、百里奚和公孙枝三名海外人才。

与蹇叔交谈之后,秦穆公非常高兴,因为蹇叔的见识还在百里奚之上。可是,庶长只有一个,怎么办?

公子絷灵机一动,出了个主意。

"主公,不妨任命百里先生为左庶长,蹇先生为右庶长,同掌大权,如何?"公子絷的主意就是弄两个总理,反正是哥俩好,不会争权夺利。

穆公一听,好啊,这个主意不错。

于是,穆公任命百里奚为左庶长,蹇叔为右庶长,同时任命公子絷为大庶长,与公孙枝一共四人构成核心决策层,共同主持秦国的国事。

因为百里奚是用五张黑公羊的羊皮换回来的,因此秦国人称他为五羖(音股)大夫。羖是什么?黑色公羊。

两个馍请来一个公孙枝,五张羊皮换回一个百里奚,秦国的强国之路竟然如此开始,发人深省,发人深省啊。

　　后来,秦国人发明了羊肉泡馍,据说就是为了纪念当初秦穆公用羊皮和馍请来秦国第一批人才的。所以说,羊肉泡馍就是秦国的历史。

　　事实上,从公孙枝开始到秦始皇麾下的李斯和吕不韦,秦国一直就是在用中原的人才征服中原。秦国文化落后,缺乏人才,但是他们敢于大胆引进人才,不拘泥于国籍和出身。相反,中原国家人才济济,却不知道怎样使用,结果自己的人才为人所用,反过来对付自己。

　　远见和气量,这是中原国家无法与秦国相比的地方。

　　而秦穆公就是秦国大胆引进人才的始祖,伟大的秦穆公。

一家团圆

　　百里奚当上了庶长,过上了幸福生活。看上去风光无限,心中却很是痛苦。为什么痛苦? 孤独啊。老婆孩子都没有了,老婆固然还能再娶,可是孩子是生不出来了。

　　所以,老头每天很怕天黑,天一黑,就想老婆孩子,心情就不好。

　　那一天下午,百里奚百无聊赖,正在休息,就听见院子里有人唱歌。怎么唱?

　　"百里奚,五羊皮! 忆别时,烹伏雌,春黄齑(音纪),炊扊扅(音掩移)。今日富贵忘我为? 百里奚,五羊皮! 父梁肉,子啼饥,夫文绣,妻浣衣。嗟乎! 富贵忘我为? 百里奚,五羊皮! 昔之日,君行而我啼,今之日,君坐而我离。嗟乎! 富贵忘我为?"

　　歌词大意就是:百里奚你真不是个东西,你吃香的喝辣的,老婆孩子吃糠咽菜。

　　百里奚一听,骂我? 这不是哪壶不开提哪壶吗? 明知道我老婆孩子都丢了,还这么刺激我。

　　"谁唱歌? 给我带进来。"百里奚生气了,下令。

　　不一会,唱歌的人被带进来了。一看,是个老太太,是刚刚招进来的洗衣女工。洗衣女工会唱歌,而且会唱这样的歌,百里奚就觉得奇怪了。

　　"你叫什么?"百里奚问,他就觉得这个洗衣女工有些面熟。

　　"杜十娘的姐姐,杜八娘的妹妹。"洗衣女工说。原来她是杜九娘。

　　"老婆。"百里奚跳了起来,岁数大了,差点摔一跤。

　　老夫妻两个抱在了一起,老泪纵横。

"老婆,咱孩子呢?"哭了一阵,百里奚问。

"打狼去了。"杜九娘说。

原来,杜九娘这些年来带着儿子孟明视四海为家,乞讨度日。后来到了秦国,到处打工,养活儿子,一直把儿子拉扯大。虽然说从小吃不饱穿不暖,孟明视长大之后却身强体壮,长得一表人才,舞刀弄枪极有天分。平时就跟街上的一群无赖去荒野打猎,以此养活老娘。

前些日子,杜九娘听说秦国新来的庶长叫百里奚,心说苦日子总算熬到头了。可是又没有办法相见,正好百里奚府上招聘洗衣女工,于是前来应聘,又唱了那一首歌,这才一家团圆。

秦穆公听说了百里奚全家团圆的事情,非常高兴,拜孟明视为大夫,与蹇叔的两个儿子西乞术、白乙丙合称"三帅",掌管秦国军队。

百里奚、蹇叔和公孙枝如何改造秦国?基本上,参考齐国管仲的路子。

首先,发展农业,让百姓安居乐业。百姓富了,周边国家的百姓就纷纷来投奔,秦国一律欢迎,给房给地给安家费。那时候,地广人稀,人口就是力量。

于是,周边小国有主动要求归顺的,有秦国出兵占领的,秦国人口和土地同步增长。

与此同时,对全国人民进行教化,也就是用中原的礼仪来统一全国,提高人民的素质。

在扩张的同时,秦国保持必要的低调,以免引起周边大国特别是犬戎的注意。

秦国在悄悄地发展,也在悄悄地扩军。中原国家谁也没有想到,西边有一个将来的超级大国正在崛起。

让秦国去悄悄地发展,我们回过头来,继续看晋国的好戏。

第五十六章　武林第一高手

灭虢,灭虞,晋献公非常得意。

申生死了,骊姬也很高兴。可是,想起公子重耳和夷吾还在蒲城和屈城,骊姬就感到心头不安。

"重耳和夷吾合谋下毒,如今,申生已经伏法了,重耳和夷吾却还逍遥法外。老头子,手心手背都是肉,一碗水可要端平啊。"骊姬强烈要求把重耳和夷吾也都杀死,这样才算公平。

杀申生,献公就舍不得,可是最后申生自杀了。如今要杀重耳和夷吾,献公内心一样是舍不得,毕竟都是自己的儿子,而他们的罪状都是骊姬给安上的。可是,骊姬要死要活非要杀了他们,献公权衡利弊,最后咬咬牙:"好吧,我派两人去,命令他们自杀。"

派了两个什么人?两个太监。一个叫勃鞮(音低),一个叫景连。

两个太监,是不是太肉了一点?

什么叫大内高手?在有文字记载的历史中,勃鞮是第一个大内高手。说他是大内高手的祖师爷并不为过,尽管他一辈子也当不了爷爷。

勃鞮的武功有多高?要多高有多高,当时的天下第一高手就是他。与勃鞮相比,景连要略差一些。两人的分工情况是:勃鞮负责重耳,景连负责夷吾。为什么这样分工?因为天下人都知道,重耳手下高手如云。

勃鞮,字伯楚,又叫寺人披,天下武林第一高手。

欲练神功,挥刀自宫。据说,勃鞮练的就是九阴真功。

临行之前,骊姬对他们两人说:"要是两个公子不肯自杀,就勒死他们。"

消息,永远比人走得要快。

在勃鞮和景连出发之前,消息就已经传到了蒲城和屈城。

对于重耳和夷吾来说,申生的下场很可能就是他们的下场,怎么办?重

115

耳不是申生，夷吾也不是申生，他们知道自己应该怎样做。

重耳的团队

重耳，献公的二儿子，狐突的外孙。

关于重耳的年龄，历史上争议颇多。按《史记》的说法，"献公为太子时，重耳固已成人矣。献公即位，重耳年二十一"。那么，在献公二十二年，重耳已经四十三岁。

可是，按照《左传》和《国语》的说法，那一年重耳只有十七岁。

不管按照哪一种说法，都会有很多难解的疑团。

在这里，我们姑且按照《左传》的说法，也就是说，重耳十七岁，翩翩美少年。

公子重耳，性格豪爽，为人慷慨，处事果断，讲义气。因此，重耳有很多哥们，就连舅舅们都愿意跟着他混，吃香的喝辣的，有你的就有我的。

跟重耳关系最好的有五个人，《左传》的说法叫做"有士五人"，哪五个人？

请看 X 档案。

姓名：狐偃，字子犯
父亲姓名：狐突
年龄：三十八岁
家庭出身：大夫、公族
职业：士
民族：周翟混血
与重耳的关系：舅舅
技术指标如下——
战力：八十
谋略：九十九
忠诚度：一百
评语：老谋深算，诡计多端，是重耳队伍中的军师。

姓名：赵衰，字子余
祖父姓名：赵夙
年龄：二十八岁
家庭出身：大夫
职业：士

民族:周

与重耳关系:老师

技术指标如下——

战力:五十

谋略:九十

忠诚度:九十九

评语:稳重细致,正直谦恭,是重耳阵营中最受尊重的人。

姓名:先轸(音枕)

父亲姓名:先丹木

年龄:二十一岁

家庭出身:大夫、公族

职业:士

民族:周

与重耳关系:哥们

技术指标如下——

战力:九十

谋略:九十五

忠诚度:九十

特点:英武神勇,沉着机警,是天生的元帅材料。

姓名:魏犨(音抽)

父亲姓名:毕万

年龄:二十三岁

家庭出身:大夫

职业:士

民族:周

与重耳关系:哥们

技术指标如下——

战力:九十九

谋略:七十

忠诚度:九十

特点:力大无穷,勇猛无敌,性格暴躁。

姓名:狐射姑,字季佗

父亲姓名:狐偃
年龄:十八岁
家庭出身:大夫、公族
职业:士
民族:周
与重耳关系:表哥
技术指标如下——
战力:八十
谋略:八十
忠诚度:九十
特点:沉稳大气,胆识过人。

这五个人,是重耳的死党。这么说吧,重耳就是他们的组织。组织指到哪,他们就打到哪。

在这里,我们简称他们为"五常委"。除了"五常委"之外,重耳还有二十多个好兄弟,譬如胥臣、栾枝、介子推等,都是晋国著名的少年才俊,大家平时一块跑马打猎,吃吃喝喝,好不快活。自从重耳到了蒲,兄弟们就把蒲当成了安乐窝,没事就跑过去乐呵乐呵。

狐偃的分析

献公派勃鞮来杀重耳的消息传来了,谁传过来的? 栾枝。栾枝是谁? 晋国公族,不过是很远的公族。

栾枝从绛快马赶到蒲城,他没有找重耳,而是直接去找狐偃。为什么找狐偃? 因为狐偃在所有人中辈分最高,除了赵衰和狐射姑,其余的哥们都跟着重耳叫狐偃舅舅。但是,狐偃绝不仅仅是辈分高这一点优势,实际上他哥哥狐毛也在这里混。

狐偃的老谋深算让所有人都佩服得五体投地,比如赌钱,除非狐偃不跟你玩,否则钱都是他的了。所以,狐偃是这些人中的主心骨,谁有疑问都去找他,就连重耳也要听他的。

栾枝把自己打探到的消息说了一遍,狐偃点点头。

"开会。"狐偃立即召集会议,平时也都是他召集会议。

紧急会议一共七个人参加,分别是重耳、狐偃、赵衰、狐射姑、先轸、魏犨和栾枝。狐偃先让栾枝介绍了情况,然后让大家发言。

"怕他什么？他一个人来，我一巴掌拍死他。"魏犨第一个发言，他的脾气比较暴躁，身材高大，力大无穷。他是毕万的儿子，因为毕万被封在魏，因此他就姓魏了。

到这里，姓魏的读者请保持恭敬，魏犨就是你们的祖先。

"没错，宰了他。"狐射姑附和。

狐偃没有答他们的话，他转头问栾枝："栾枝，你看呢？"

"老魏，你力量大，我们都整不过你。可是，你知道勃鞮是什么人吗？天下武功第一。你虽然有力气，但是我相信，你在勃鞮面前走不了五个回合。"栾枝说。他平时住在绛，比别人更了解勃鞮。

魏犨一听，很不服气，刚要说话，一旁的先轸说话了："此人不可力敌，只能智取。依我看，不如设置陷阱，再布置二十名弓箭手，保准让他有来无回。"

狐偃看看先轸，点点头，但是还是没有说话。

"衰，你怎么看？"狐偃问赵衰。其实不用问他也知道赵衰会怎么回答。

"不好，公开抗拒君父，那是不对的。我看，还是跑算了。"果然，赵衰的话都在狐偃的预料之中。这么多人中，赵衰算是书卷气最重的。

到这里，同样请赵姓的读者保持恭敬，赵衰是前面说到的大夫赵夙的孙子，是赵姓的祖先。

每个人都算发过言了，狐偃这个时候问重耳："公子，你的想法呢？"

重耳笑了，这个时候他还能笑出来。每逢大事有静气，这就是重耳，他好像从来不知道惊慌。

"舅舅，我听你的，你说吧。"重耳笑着说。

狐偃也笑了，于是所有人都笑了。

其实每个人都知道，最后还是要听狐偃的。

狐偃说话的时候，大家都很注意听，这个老狐狸看问题总是那么准确。

"一个字，跑；两个字，快跑；三个字，拼命跑。"狐偃说话了，先把结论告诉大家，听得重耳在那里笑。"为什么？第一，赵衰说得对，对抗君父，那是不可以的；第二，就算我们杀了勃鞮，晋侯大军一到，我们还是要跑；第三，逃跑也是晋侯的本意，公子，你不跑，那才是对不起你父亲。"

重耳不笑了，所有人都感到困惑，这不是献公派人来杀他儿子吗？为什么说他想要重耳跑？

"大家想想，上一次公子从绛逃回，是谁向我们泄漏了消息？无名人氏，是一块包着布的石头砸到了窗户里，布上写着'速逃'；这一次呢？栾枝也是这样得知消息的。是谁在救公子？唯一合理的解释，就是晋侯自己。想想看，谁愿意杀自己的儿子？知子莫如父，别以为晋侯真的就相信自己的几个儿子合谋害自己，谁也不比谁傻多少。晋侯一面迫于骊姬压力，不得不同意问罪三位公子，另一方面，又在暗中给自己的儿子通风报信。"狐偃一口气说

完,然后扫视众人。

"那为什么申生死了?"栾枝问。

"晋侯三番两次暗示他逃走,他不走,即便这样,晋侯也没有出兵讨伐,申生之死,都怪他那个书呆子杜老师。"

狐偃把前前后后说了一番,大家都看重耳。

"舅舅说得对,要跑,要快跑。各位,今天收拾一下,备好车马,明天一早出发。"重耳的决断很快,不过,他还有一个问题,"各位,逃去哪里?"

"我看,去齐国。"赵衰率先建议,他的理由是:"齐国是大国,今后可以借上他们的力量。"

"我觉得,去楚国比较好。"先轸发言,他的理由是:"楚国,南蛮国家,如果我们去投奔,他们会觉得很有面子,必定欢迎我们。"

两个人的提议各自得到一个拥趸,栾枝认为赵衰的主意比较好,魏犨则是先轸的铁杆粉丝,对先轸那是佩服得五体投地,先轸说什么,他都支持。狐射姑没有表态,父亲在,他尽量少说话。

两边争论了几句,谁也不能说服谁。重耳一看,似乎谁说的都有理,一时半会争不出个结果来,怎么办?

"算了,几位别争了,占卜决定吧。"重耳建议,也算是命令。

这个时候,狐偃说话了。他心说:"都什么时候了? 你们还玩抛硬币,缺心眼啊。"心里那么想,嘴上这么说:"无卜焉。夫齐、楚道远而望大,不可以困往。道远难通,望大难走,困往多悔。困且多悔,不可以走望。若以偃之虑,其狄乎! 夫狄近晋而不通,愚陋而多怨,走之易达。不通可以窜恶,多怨可与共忧。今若休忧于狄,以观晋国,且以监诸侯之为,其无不成。"大意是:别扯了,占什么卜? 楚国和齐国是大国,又远,咱们落魄投奔,人家还看不起咱们。咱们啊,不如投奔北翟。北翟对晋国本来就很怨恨,人又傻,距离又近。咱们去了正好受欢迎,晋国有什么事情也能及时知道。

狐偃一番话出来,别人没得发言了。看见别人都不说话,狐偃问重耳:"公子,你认为呢?"

"好啊,听你的啊。我说的占卜,就是让舅舅决定的意思。"重耳又笑了,他就爱开玩笑,末了还加了一句,"舅舅,这可是去你的老家了,兄弟们的吃喝拉撒,你搞定啊。"

杀手来了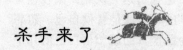

　　　　杀人有计划,但是,逃命是没有计划的。为什么这样说? 因为,你不知道什么时候危险就会降临到你的头上。

所以，逃命要快逃。

重耳以为自己已经够快了，但是，他还是慢了。

既然已经决定了，狐偃分配各人的工作：魏犨去准备车马，先轸上城巡守，加强戒备，狐射姑跟着赵衰清点库府，把需要带走的先挑出来。

狐偃自己带着栾枝去狐偃府上，一来吃饭，二来再问些情况。

众人都走了，重耳回到房里，躺在床上休息一阵。

大约过了一个时辰，重耳怎么也睡不着，干脆一骨碌起来，到院子里坐坐。

刚一出门，坏了，门口正站着一个人。谁？不认识。

但是重耳立即就知道是谁了，为什么？此人手提一口宝剑，脸上带着一股杀气，杀气之外还带着妖气，却没有一根胡须。

勃鞮，肯定是勃鞮。

"你找谁？"重耳问。他心里发慌，但是，脸上很镇定。

"公子重耳。"来人一说话，重耳就更加确定这是勃鞮。

"在里面睡觉。"重耳指指屋里，只要勃鞮进去，他就立马狂奔。

"哈哈，骗谁，你就是重耳。"勃鞮笑了。重耳不认识他，他认识重耳。他早就听说重耳遇事镇定，今天看见，发现果然如此。

重耳也笑了，这个时候，他还能笑出来。

"不是说明天吗？怎么提前了？想宴请你也来不及准备了。"重耳问。似乎眼前这个人不是来杀他的，而是来看望他的老朋友。

"既然公子都知道了，那就不要让我为难吧。有遗言没有？有的话，尽管说。"勃鞮才没心思跟重耳搭讪，直奔主题而去。

"不瞒你说，我已经派人去买毒药了，稍后就到，你进屋喝杯酒，我去撒泡尿就回来。"重耳说着，要走。

勃鞮见重耳要溜，急忙拦住。重耳想走，可是又不敢，生怕勃鞮急了出剑，那时就没办法了。所以，现在能做的就是拖延时间，以便自己的舅舅和兄弟们赶到。

勃鞮自然看出重耳的意图，他也知道重耳手下能人很多，所以来的时候没有大张旗鼓，而是悄悄地进城，又悄悄地跳墙进来。

"死都要死了，这泡尿就留着吧。也不用去买毒药了，我带了一瓶给你，保证吃下去就死，不死你来找我。"勃鞮说着，从怀里掏出一个瓷瓶来。

"不愧是大内的，服务意识一流啊，嘿嘿。"重耳又笑了，眼睛一面四处扫看，看有没有自己的人。勃鞮见重耳笑，又见他左观右瞧，心里不免有些打鼓，他也怕，毕竟这是人家的地盘。

眼看重耳东一句西一句跟自己泡，勃鞮明白，要让重耳自己动手基本上是没指望了。怎么办？勃鞮暗下决心，来硬的，直接打翻重耳，把药灌下去。

重耳看出来了，勃鞮马上要下手了。他不是束手就擒的人，可是，身边没有带武器。想跑回屋里去拿剑，又怕正好被堵在屋里。唯一的办法，就是跑。可是，跑，是跑不过勃鞮的。

"哈哈哈哈。"重耳突然放声大笑起来，笑得勃鞮莫名其妙。

"你笑什么？"勃鞮问。

"你猜。"重耳说。其实，大笑是没有办法的办法，一来拖延时间，二来如果附近有自家兄弟，也算是求救信号。

"猜？你在忽悠我。"勃鞮不是傻瓜，他要下手了。

"没有忽悠你，你回头看，我的兄弟们来了。"重耳说。他确实在忽悠勃鞮。

勃鞮回头一看，哪里有什么人，再回头，重耳已经迈出去了一步。可是，重耳再快，也没有勃鞮快，第二步还没有迈出去，勃鞮已经挡在了前面，而手中的剑就抵在重耳的胸前。

"公子，你忽悠我。"勃鞮面带微笑，就像猫捉到了老鼠。

可是，永远要记住"螳螂捕蝉，黄雀在后"这句话。

"忽悠你怎么了？"勃鞮的身后传来一个内力十足的声音，仅从声音，勃鞮知道那一定是个武林高手。

"舅舅。"重耳叫了一声，狐偃来了。

现在，形势是二对二。

狐偃手持长剑，他的身边，是他的哥哥狐毛。狐毛是个老实人，话不多，也没有什么主意，因此虽然辈分和岁数都是第一，平时却都是躲在角落里混吃混喝的角色，反而没有弟弟狐偃那么受尊重。

不过，狐毛的剑术极高，远远高于狐偃，尽管狐偃也算是一个高手。

狐家二兄弟联手，在江湖上颇有威名。

勃鞮只有一个人，一支剑，但是，他的剑始终不离重耳前胸，重耳就算成了他的人质。

因此，现在是二对二。

重耳在勃鞮手上，二狐兄弟不敢轻举妄动。勃鞮一手持剑，一手拿着毒药。他不敢一剑捅死重耳，因为他没有资格杀公子，他只能让公子"被自杀"，而捅死重耳显然不能说成是重耳自杀。同时他也不敢去攻击二狐兄弟，因为这样会放跑重耳。

所以，现在不仅是二对二，而且谁也不敢率先动手，大家一时僵在了那里。

趁大家还没有动手的机会，来看看狐偃为什么在这个时候赶过来了。

第五十七章　公子重耳

狐偃是什么人？是狐突的儿子。狐突是什么人？是北翟大名鼎鼎的老狐狸。当初两个女儿被抢，狐突就发现了问题，什么问题？北翟都是一帮傻蛋，没文化素质低，迟早会被晋国灭掉。怎么办？狐突的问题实际上跟舟之侨和宫之奇是一个问题，大家都是聪明人，当然就有同样的选择。于是，狐突索性率领全家投奔女婿了。

晋国人也知道狐突的才能，再说还是献公的老丈人，因此也混得不错。后来有了两个外孙重耳和夷吾。

人生就是这样，总是遇上岔路口，总是要做出选择。为了在晋国世世代代过好日子，狐突决定去辅佐申生，那是个好孩子。

"爹，申生不行，太弱，我觉得重耳不错，大气，你老人家为什么不帮重耳？"狐偃那时候问老爹，他的性格像老爹，聪明也像老爹，当年在北翟，就是著名的神童。

"孩子，狡兔三窟知道不？"狐突说，这个成语不是他发明的，但是意思是这么个意思，"我去帮申生，你跟你哥哥帮重耳，今后不论谁当国君，咱们不都还能过好日子吗？"

基本上，狐突的法子跟管仲和鲍叔牙的法子是一样的。

"那，夷吾呢？这小子够狠，保不定他能当国君。"狐偃问。夷吾也是他的外甥，也是狐突的外孙。

"别管他，那兔崽子是个白眼狼，靠不住。"狐突说。

就这样，父子分工，各守一边。

现在，话题扯回来。

忽悠第一高手

开完会,狐偃回到自己家中,就总觉得不妥,总觉得好像有什么地方不对。左思右想,突然醒悟过来:对了,逃命没有最快,只有尽快啊。杀手可不是上班族,每天准时上下班,他们是随时会到的。

想到这里,狐偃抓起剑来,叫上哥哥狐毛。兄弟俩不敢耽搁,急急忙忙来找重耳。

来到公子府,看门的说公子可能还在休息,这段时间没有外人来过。狐偃稍微放心一点,照例,狐偃来是不用通报的,因此二狐直接进去,也不用人带路,快到重耳卧房的时候,就听见重耳哈哈大笑。狐偃心中一个咯噔,他知道出事了,因为重耳的笑声听得出来十分勉强。

等到狐偃看见勃鞮,真是惊出一身的冷汗来:幸亏来得及时,晚来一步,重耳就"被自杀"了。那样的话,十多年的辛苦耕耘就都泡汤了。

"勃鞮,不是说好了明天来吗?你这么早来干什么?啊?"狐偃说话了,听那口气,在斥责勃鞮。狐偃这样做,第一要在气势上压倒对方,让对方不敢轻举妄动;第二,要试探对方的反应,好制定下一步的策略。

"我,我,是骊姬夫人催我早出发的。"勃鞮果然被狐偃的气势镇住了,尽管武功高强,但是身为太监,平时被使唤惯了,容易被吓唬住,不过勃鞮立即觉得有点没面子,提高了嗓音问:"你是什么人?敢如此说话?"

就这两句话,狐偃已经知道该怎样对付他了。狐突曾经对他说过,对付聪明人,要利诱;对付缺心眼的,要欺骗。勃鞮显然属于缺心眼那一类,狐偃决定激怒他。

"我是谁,我儿子知道。"狐偃说。

"你,你是狐偃?"勃鞮猜测,狐偃的大名他自然知道,出门的时候,二五还叮嘱他,一定要小心狐偃的诡计。到现在,他突然想起来了。可是这个时候说出来,就吃亏了。

狐偃一听,自己没看错,这小子确实缺心眼。

"你说对了。不过,你是谁,你儿子就不知道。"狐偃接着说。

"为什么?"勃鞮紧跟着问了一句,问完就发现上当了。为什么?他是个太监,怎么能有儿子?重耳忍不住笑了出来,舅舅也太坏了。

勃鞮看见重耳笑他,禁不住恼火起来,憋红了脸。

"狐偃,我奉了国君的命令来让公子自杀,你若是阻拦,连你也杀了。"勃鞮一边说,一边将左手中的药瓶放回怀里,似乎要动手。

狐偃不怕他动手,就怕他不动手。不过看这样子,他还有些犹豫。既然如此,再激激他。

"你牛什么?你以为你是谁?你以为你是昆仑大侠?说杀谁就杀谁?"狐偃作出一副很不屑的样子,顺口编了一个昆仑大侠。

"昆仑大侠?昆仑大侠是谁?"果然,勃鞮对昆仑大侠产生了兴趣,按照狐偃的说法,昆仑大侠不是比自己还要厉害?

"谁?天下武功第一高手。不服啊?看见我身边这个人了吗?昆仑大侠的师弟,昆仑季子是也,天下第二高手。"

"咦,那我呢?"勃鞮问。

"你?你要赢得了昆仑季子,就是天下第一,赢不了,就是天下第三。"

"那好,我们比划比划。"勃鞮蠢蠢欲动了,不过他看了看重耳,还有点犹豫。

"别看了,我给你保证,你要是赢了,公子就让你杀了;你要是输了,那就滚蛋。"狐偃趁热打铁,要让勃鞮出手。

"你发誓。"

"我发誓。"

古人发誓是很严肃的,所以,这一次勃鞮彻底放心了。

恶斗第一高手

勃鞮的剑向狐毛刺来,剑势之凌厉,狐家兄弟见所未见。狐毛使出全力接了第一招,但是他知道,自己在勃鞮手下走不了十招。

俗话说:行家一出手,就知有没有。一招之后,勃鞮就知道狐毛的功力了,他算江湖上的一流好手,但是,根本不是自己的对手。这个时候,勃鞮也就知道自己上当了。他回头看重耳,重耳可不是傻瓜,已经迈开步子逃命了。

勃鞮正要去追,狐偃的剑已经过来,没办法,只好接招。

"狐偃,你说话不算数。"勃鞮质问狐偃。

"我说话算数,可是腿在他身上,他要跑,我有什么办法?"狐偃回答。他可以不回答,可是他想拖住勃鞮。

以二敌一,狐家兄弟还是攻少守多,更糟糕的是,勃鞮竟然能够一边与狐家兄弟斗,一边去追重耳。最糟糕的是,勃鞮竟然就追上了重耳。

别看重耳年轻,可是公子哥儿毕竟平时锻炼少,他跑不快。跑出不到十步,被勃鞮从后面一把抓住了衣服,重耳急了,使劲去挣,无奈勃鞮抓得结实,就是不松手。重耳正在慌张,狐毛追了上来,劈头一剑,勃鞮用剑去格,刚刚格开,狐偃的剑又到了,勃鞮急忙低头,剑就从头上擦过去。狐偃剑势一变,顺势下压,只听"噗"一声,恰好将重耳的衣服切开,勃鞮手中只剩下一

块布,重耳撒丫子就跑。

就这样,重耳在前面跑,勃鞮在后面追,二狐左一剑右一剑,逼得勃鞮跑跑停停。重耳也是慌不择路,一路跑,竟然跑到了死路。前面是院墙,后面是勃鞮追来,怎么办?

狗急了跳墙,人急了跟狗没什么两样。

墙有一人多高,重耳蹦了两蹦,手抓不到墙檐。眼看勃鞮上来了,重耳真急了,拼尽全力向上一蹿,竟然抓住了墙檐,可惜的是,重耳没力气了,怎么也撑不上去。

这个时候,狐偃也急了,眼看着重耳在墙上干挣,这要被勃鞮追上,一剑捅穿屁眼,那可是神仙也救不了了。

"你咬住他。"狐偃对狐毛说了一句,然后什么也不顾,直接向重耳奔去,脚下一用力,飞身上墙,手一撑,已经到了墙上,之后一把抓住重耳的领子,就拎了上去。不等重耳站稳,一把推到院墙外面。之后,自己也跳了下去,因为他不知道外面是否还有勃鞮的人,他要保护重耳。

说时迟,那时快,勃鞮被狐毛挡了一下,但还是冲到了墙边,眼看狐偃把重耳拉上去,这回轮到勃鞮急了,也不管自己有没有资格杀公子了,一剑劈了过去。

这一剑贴着重耳的屁股,重重劈在墙上,生生劈下来两块砖。勃鞮也要纵身上墙,可是身后狐毛的剑又上来了。

勃鞮很恼火,自己升官发财的机会生生被狐偃和这个昆仑季子给搅了,看来,只能先杀了这个昆仑季子,再去追重耳了。

有了这样的想法,勃鞮下手可就是十二分的功力了。连环三剑出去,狐毛就乱了手脚,没办法,也只能硬着头皮扛着。十个回合,勃鞮判断得不错,狐毛也就只能抵挡十个回合。十个回合结束的时候,勃鞮一脚将狐毛踢翻在地,手腕一翻,就要结束狐毛的性命。

"去死吧!"就在这个时候,勃鞮听到一声暴喝,打雷一般从身后传来,随后就是风声。勃鞮叫声"不好",急忙低头,后脑一阵清风过去,还没来得及抬头,屁股上已经被踢了一脚,勃鞮一个滚翻出去,足有两三丈之外才停住,然后跳将起来,回头再看。

"唉。"勃鞮叹了一口气。

耍笑第一高手

院子里多了三个人，不用猜，都是重耳的兄弟，他们是魏犫、先轸和狐射姑，魏犫手持一条大铁棍，另外两人都是使剑。刚才就是魏犫横扫了一棍，大棍走空之后，一脚把勃鞮踹出几丈远。

勃鞮认识魏犫，因为整个晋国，使棍的就是魏犫一个人。那年头，有身份的人都用剑，只有魏犫觉得剑太轻，像玩具，因此用棍。魏犫的大棍在晋国一带也是十分闻名的，单从力量来说，没有人是魏犫的对手。

看见魏犫在这里，勃鞮只能自认倒霉，一个魏犫就不好对付了，何况他还有两个兄弟。

"你们对付他，我去看看公子。"狐毛从地上爬起来，魏犫几个人来了，他放心了。说完，狐毛纵身也上了墙，追赶重耳去了。

现在，以三敌一。魏犫本来就不服气勃鞮，现在自己人数占优，更加底气十足。

"臭太监!"魏犫在动手之前，先骂起来。

"你，你怎么骂人?"勃鞮尖着嗓子回了一句。

"骂你，老子还打你呢。"魏犫说着，大棍就挥了上来。

勃鞮的脸色气得铁青，也不说话，也顾不上对方人多势众，挥剑而上。一时间，四个人战在一起。

这一回勃鞮算是找了个苦差事，虽然自己武功高强，可是对面的三个也非善类，魏犫的大棍带着呼呼的风声，勃鞮的剑根本不敢碰，而先轸和狐射姑都是一流的高手，比狐毛只强不弱。三大高手围攻，勃鞮被打得浑身流汗，险象环生。

可气的是，这三位一边打，还一边损人。

"嘿，老兄，你叫什么名字?"狐射姑问勃鞮。

勃鞮瞪他一眼，没说话，他这时候哪里还有精力说话。

"他姓勃，叫勃鞮。"魏犫说。他以为狐射姑真不知道，心说开会的时候你干什么去了?

要说，还是先轸和狐射姑是好朋友。

"对了，这人姓勃，名鞮，字不起，哈哈哈哈。"先轸说，还有工夫笑。

"那不是勃不起? 哈哈哈哈。"狐射姑也发出坏笑。

重耳的这帮小弟中，黄段子一般都是狐射姑和先轸创造的，不过，一般都是先轸说出来，毕竟有父亲在，狐射姑还要扮扮深沉。

勃鞮被狐射姑和先轸取笑，气得直翻白眼。高手比武，最忌诲心浮气躁，勃鞮无意之中上了哥三个的当，一时气愤填胸，剑法散乱。三十多个回合过去，只听得"噔"的一声，勃鞮的剑还是被魏犨的棍给找到了，当时握不住剑，那把剑直接飞上天去。勃鞮一愣，被先轸一脚踢翻在地。紧接着，被踏上了三只脚。

"我数三二一，数到一，咱们一起剁了他。"狐射姑的主意多，能多坏有多坏。"三，二……"

数到二的时候，勃鞮绝望地闭上了眼睛。

狐射姑没有数一，他故意在拖延时间。等到他准备数一的时候，他发现，自己数不了了，狐偃来了。

"刀下留人。"狐偃的声音，于是，三个人都不敢下手了。

"这个死太监太可恶，为什么不杀了他？"魏犨问。

"此人虽然可恶，怎么说也是晋侯派来的，如果杀了他，那就真是对抗国君了。算了，让他走。"狐偃的大局观那是没得说，该杀的杀，不该杀的不能杀。

勃鞮战战兢兢爬起来，转身要走，狐偃又说："勃鞮，你把从公子身上割下来的那块布带走，就说公子逃命，追赶不及，只割下衣袂复命。"

勃鞮一听，这个办法挺好，也算是部分完成了任务，回去也有个台阶可以下。别说，狐偃这人还不错，我得罪他，他还帮我想办法。于是，勃鞮捡起那块布，急急忙忙回绛城去了。

勃鞮前脚走，狐偃随后宣布："立即动身，逃往北翟，魏犨、先轸等人保护公子，此地留下狐射姑和管家壶叔，收拾家当，随后赶来。"

车辆早已经准备好，公子重耳、赵衰、狐毛、栾枝等人已经在城外等候，狐偃带着魏犨和先轸前去会合，之后一同上路。第二天，狐射姑与壶叔押着车仗，随后赶到。

《史记》记载："献公二十二年(前655年)，献公使宦者勃鞮促杀重耳。重耳逾垣，宦者逐斩其衣袂。重耳遂奔翟，翟，其母国也。"

勃鞮狼狈逃回，硬着头皮去见献公。就说重耳闻风逃走，差点追上，结果切了衣角回来。

"嗯，知道了。"献公没说啥，好像根本不关心这事。

献公不关心，可是骊姬关心啊。

骊姬把勃鞮叫到自己房间里，一顿臭骂。最后说了："你这没用的东西，暂时放过你，要是人家景连完成了任务回来，对不起，你自己把那毒药喝了吧。"

128　　勃鞮很郁闷，他知道骊姬说话是算数的。怎么办？祈祷，祈祷景连杀不了夷吾。

祈祷有用吗？祈祷没用吗？

两天之后，有人来向献公报告："报告主公，景连死了。"

"嗯，知道了。"献公还是没有说啥，好像根本不关心这事。其实，不是不关心，而是献公早就预料到了所有的结果。

勃鞮很高兴，自己终于可以不用吃药了。可是，他也很纳闷，为什么景连会死呢？夷吾的手下根本就没有高手啊。

景连出马

景连的身手与勃鞮相比，是差了一个档次的。但是，他依然是天下一流的高手。景连知道，重耳手下太多武林高手，自己去了基本上就是白给。所以，他打定了主意，要是自己被派去让重耳"被自杀"，立马卷铺盖就逃，有多远逃多远。可是，他的运气不错，因为他被派去杀夷吾，而夷吾的手下没有高手。

景连高高兴兴上路了，一路上，他在替自己庆幸的同时，还在对勃鞮幸灾乐祸。"该死的勃鞮，能活着回来就算他运气好。"

幸灾乐祸是一件很爽的事情，但往往也是一件很危险的事情，因为幸灾乐祸者最终往往是倒霉者。

来到屈城，景连大大咧咧就到了公子府，以他的身手，他认为自己可以横趟公子府。事实上，也确实是这样。

公子府守门的一听是献公派来的特使，连通报也不用，直接带着景连就进去了。景连一看，挺顺利。

后面一直都这么顺利，夷吾正在跟师父郤（音细）芮喝茶呢，看见景连来，一问，说是父亲派来的，当时就看座。

"景大人，什么事？"夷吾挺客气，还一边让手下再上一个茶杯，倒满了茶，"哎，大老远的，辛苦了，喝杯茶，这是我专门派人从楚国买回来的，味道不错。"

景连一看，人家这么客气，还真有点不好意思下手了。茶接过来，闻了闻，长个心眼，没喝。

"公子，咱们明人不说暗话了。不好意思了，我来就是奉了公子君父的命令，请您自杀的。"话说得客气，好像请人吃饭一样。

"噢？"夷吾吃了一惊，似乎没有料到，然后叹了一口气，"唉，该来的总是要来的，只是想不到，来得这么快。"

郤芮在一旁，也是干瞪眼，半晌才说："公子啊，你的性命都是君父给的，君父要你死，还有什么想不通的呢？你等着，我给你找绳子去，早死早托生，你死了，我也跟着你死。"

说完，郤芮就要起身去找绳子。

景连一看，这师徒两个爽啊，不仅深明大义，而且绝不拖泥带水。真想不到，这一趟的功劳来得这么容易。

"别介，用绳子多没档次啊，我随身带了剧毒来，也是楚国进口的，据说是十多种蛇毒合成的。化在水里喝，保证喝下去就死，一点不难受。"景连拦住郤芮，从怀里掏出个小瓷瓶来，递给他。

在这里，景连是长了个心眼的，他也担心郤芮以找绳子为借口，出去搬救兵。

郤芮接过瓷瓶，很高兴，说："这个好，这个好，这个够两个人用吗？"

"别说两个人，全家用都没问题。"

第五十八章　公子夷吾

任何事情,太顺利都是有问题的;任何人,太真诚都是有问题的。

当你越是以为大功就要告成的时候,你就越危险。

记住,世界上,没有人愿意自杀,更没有人愿意"被自杀"。

对于杀人的人来说,就如同被杀的人一样,任何时候放松警惕都是危险的。自古以来都是如此,死的都是该死的,谁让你自己不小心?

杀人,杀技并不重要;杀人,重要的是杀心。

景连死了

郤芮手捧毒药,热泪盈眶。

"君父就是君父,想得就是周到,为公子准备了这么好的药,今世有缘,来世还要做父子啊。"郤芮把药递给夷吾,说得还挺感动,要不是亲眼看见,景连也不会相信世界上还有这样的人。再想想,杜原款和申生师徒不就是这样的人吗?看来,这师徒俩跟那师徒俩没什么区别。

再看夷吾,只顾激动,连话都说不出来了。

"公子,临死之前,你还有什么要求,尽管对景特使说。"郤芮对夷吾说。

"对,你说吧,能做到的,我一定做到。"景连有点感动,还有点冲动。

夷吾犹豫了一下,说:"我听说:君子虽死,必正衣冠。你们看我,这一身便服,不正规啊,怕到了那边给我爹多丢人啊。我想到里屋换一身正装,死得也有面子些,可以吗?"

"没问题,去吧。"景连连想都没想,同意了。

131

夷吾转身回了里屋,换衣服去了。外面,郤芮和景连有一搭没一搭地说话。

过了好一阵,不见夷吾出来,景连暗说不妙,看来自己疏忽了,夷吾一定是跑了。想到这里,景连急了,跳了起来,一脚踹开里屋的门,冲了进去。

映入景连眼帘的是一具尸体,夷吾的尸体。

夷吾的尸体就倒在地上,七窍流血,面色乌黑,手中还握着那个小瓷瓶。原来,夷吾不仅没有跑,而且自觉自愿地自杀了。

"差点冤枉了好人啊。"景连心想。别说,那一瞬间,还真有点惭愧。

郤芮在景连后面进来,看见夷吾死在地上,大吃一惊。他探下身去摸了摸夷吾的鼻息,确认他是死了。然后又拿起那个小瓷瓶,口朝下倒倒,空空如也。

"公子啊,你怎么就这样走了? 等等我啊,你怎么把药都吃完了,我吃什么啊? 呜呜……"郤芮欲哭无泪的样子,絮絮叨叨对着夷吾的尸体说。

景连退了出来,心里挺高兴。现在,只需要坐着等郤芮出来,看看他用什么法子自杀。看完之后,好回去复命。

等了一阵,郤芮还在里面哭,景连又觉得不好意思催,渐渐地,就觉得有些口干。顺手拿起桌上的茶,一口喝了下去。

味道不错,楚国的茶味道不错。

可是,味道不错的茶也是要命的茶。

"啊——"景连就感觉肚子发痛,越来越痛,痛得他不得不蜷起了身子。

"难道? 难道茶里有毒?"景连想说话,但是说不出来,他感觉口干舌燥。

就在这个时候,郤芮出来了,郤芮的身后,夷吾也出来了。

"你,你没有死?"景连想问,却说不出话来。

"哈哈,看来,楚国的毒药真是不错。"郤芮说话的声音。

"跟我们斗? 哼。"夷吾说话的声音。

再之后,景连就什么也听不见了,因为他死了。

正是:饶你奸似鬼,喝了老娘的洗脚水。

公子夷吾

夷吾,小狐姬的儿子,重耳的异母弟弟,也是狐偃的外甥和狐突的外孙。虽说是重耳的弟弟,可是夷吾实际上就比重耳小不到半岁。

《史记》记载:"献公子八人,而太子申生、重耳、夷吾皆有贤行。"这样看来,夷吾也不错。但是,贤行与贤行是不一样的,贤人与贤人也是不一样的。三兄弟,三种贤行。

申生是个谦谦君子，他很规矩，待人和气忠厚，对父亲唯唯诺诺。人们都很尊重他，但是未必喜欢他，更未必愿意和他交往。因此，申生的朋友不多。说来说去，一个书呆子。

重耳是我行我素的人，慷慨大方，不做作，从来不为小事计较，有一说一，有二说二。因此，重耳的朋友多，大家都愿意跟他一起混。重耳这个人，江湖义气的东西多。

夷吾不一样，对他有用的人，他交往；对他没用的人，他根本不屑一顾；他的贤行基本上是作秀，内心里，他心胸狭隘，生性多疑，心黑手狠。所以，他的朋友也不多，多数人讨厌他。用现在的话说，就是一个伪君子。

面对父亲的威逼，书呆子"被自杀"了。

面对父亲派来的武林高手，重耳拒绝"被自杀"，但是，他选择逃命。生命诚可贵，但是他不愿意对抗父亲。

而伪君子不一样，他拒绝"被自杀"，他还要杀掉来杀他的人。对于那些威胁到他的人，不论是谁，他的态度是：要我死，你先死。

所以，在得知自己将要"被自杀"的时候，夷吾与师父郤芮商量对策。

郤芮是什么人？晋国公族，不过也是比较远的公族。郤芮的父亲叔虎被献公封在郤邑，因此全家改姓郤，叔虎就是郤姓的得姓始祖。而郤芮后来被夷吾封在冀，因此史书上又称为冀芮，郤芮是冀姓的得姓始祖。

郤芮这人，聪明，但是有一点跟夷吾一样，是一伪君子。可以说，师徒二人相得益彰。所以，师徒真是有缘分的。

"师父，老不死的要派人来杀我，怎么整？"夷吾问。现在，他把父亲称为老不死的。

"谁整我们，就整死谁。"冀师父说。

于是，师徒两个定计，假装情愿自杀，献茶毒死景连。如果景连不喝，就毒死一个长得像夷吾的手下，制造夷吾自杀假象，使景连放松警惕，喝茶中毒而死。

计策非常成功，景连就这样死了。

"整军备战，老不死的不会善罢甘休的。"夷吾下令。

夷吾跑了

知子莫如父，献公预料到了会是这样的结果，因此，他一点也不意外。尽管不意外，献公多多少少对夷吾还是有些恼火。毕竟，你逃命就可以了，为什么要把派去的人杀了呢？

一年之后，一来是骊姬成天絮絮叨叨，二来是献公也觉得该给夷吾一点颜色看看，省得这兔崽子不知道天高地厚，于是下令：右行大夫贾华率军讨伐屈城。

为什么要派贾华？贾华又是个什么人物？

贾华在七舆大夫中排名第二。那么，什么是七舆大夫？

按照《周礼》，各级领导人出行的车队规模是有限制的。天子出行，随行车辆十二乘，十二个大夫随行。公爵级的诸侯，随行车辆九乘，九个大夫。也就是说，宋国国君这样的，出门九乘车随从；侯爵伯爵这个级别的诸侯，出门七乘车随行，七个大夫。齐国晋国国君这样的，出门七乘车随从。子爵男爵这样的诸侯，出门五乘车随从，五个大夫。

因此，献公出门七乘车、七个大夫随从，这七个大夫，就叫做七舆大夫。遇上打仗，七舆大夫就是上军的七个将军，协同保护献公指挥作战。有种说法认为七舆大夫是下军的人马，此说很难成立。一来，下军在曲沃；二来，贾华等人地位很高也很受献公重用，不是下军的人马可以做到的。

七舆大夫是哪七个人？左行共华、右行贾华、叔坚、骓颛、累虎、特宫、山祁。

贾华，晋国名将，右派。作为七舆大夫中的第二位，贾华出马，也就意味着献公是下定决心要拿下屈城的。

贾华的部队很快来到了屈城，离城三十里扎营，然后贾华派人悄悄地进城了。

贾华的人来到公子府，直接找到了夷吾和郤芮。

"公子，贾大夫大军明天攻城，劝你今晚赶紧走，否则玉石俱焚，贾大夫回去也不好交代。"贾华的人这样通报，好心好意。

"什么？贾华牛什么？让他来。"夷吾一点也不领情，他以为自己的城池固若金汤。

"好吧，贾大夫说了，明天攻城，我们会留下西门，要跑请走西门。"贾华的人留下这样一句话，走了。

"贾华，一个傻瓜，还不知道谁逃跑呢，哈哈哈哈。"夷吾大笑，郤芮也大笑。

不过，郤芮在晚上开始收拾行装。

一切都在贾华的预料之中，夷吾的性格他是知道的，他嘴上决不会服软，除非你拿刀子放在他的脖子上。但是，他自己心里是清楚的，所以他一定收拾了行李。

贾华并不想杀他，因为他知道献公其实也不想杀自己的儿子。于公于私，放人都是最好的选择。

第二天，贾华率军攻城。城上，是夷吾的部队，也就是屈城保安大队的水平。基本上,正规军和保安队之间的战斗不会持续太久。

作为一个久经战阵的大将,贾华可以在半个时辰之内拿下屈城。可是,他决定换一种打法。

晋军弓箭手向城上射箭,城上保安大队哪里见过这样的阵势?一个个都缩了头。晋军迅速逼近城墙,但是并不架设云梯,而是用粗大树干撞击城墙。

没有人想到,看上去厚实的城墙被一下子撞出一个大窟窿来。窟窿里面,填埋着干枯腐烂的木头。随后的事情很简单,点火。

晋军全部后撤,然后大家看火。只见火焰腾腾而起,顺着城墙向两边扩散。城上,烟雾腾腾,根本不能站人。一个时辰过去,屈城一面墙被烧垮。

什么是豆腐渣工程?这就是豆腐渣工程。

"士芳,你永远活在晋国人民心中。"贾华说。士芳已经死了,可是,他留下的豆腐渣工程还是为保持晋国的领土完整作出了贡献。

战斗就这样结束了,夷吾和郤芮开西门逃跑,该逃跑的时候,他们绝不会犹豫。

跑去哪里?这是个问题。

"师父,咱们也跑去北翟,投奔重耳怎么样?"夷吾想到了姥姥家。

"不好。你们兄弟俩跑去同一个地方,好像商量好一样,那就证明你们确实串谋了,老不死的肯定还要讨伐。依我看,不如投奔梁国。梁国和秦国是同姓国家,跟秦国关系好,到时候我们还能借上秦国的力量。"郤芮毕竟是老师,想得远一些。

于是,师徒二人逃往梁国。

攻打北翟

奚齐一天天长大,眼看十三岁了。献公让荀息做他的师父,因为他知道荀息这个人靠得住。

骊姬每天都在盼望奚齐快一点长大,培植自己的力量,这样才能接献公的班。可是,奚齐还是长得太慢,当然,这不怪奚齐。实际上,奚齐是个好孩子,聪明、英俊,还很懂事,献公也很喜欢他。

问题是,时间不等人。献公的身体状况一天天差下来,那是随时心肌梗塞或者脑膜炎的。如果献公鞠躬尽瘁了,骊姬孤儿寡母的,重耳和夷吾在外面虎视眈眈,那可就危险了。尽管优施会表演,可是抗不住真刀真枪啊。怎么办?

"老公啊,你要为我们娘儿俩考虑考虑未来啊。到时候你一闭眼走了,我们靠谁去？重耳和夷吾那还不把我先奸后杀，把奚齐大卸八块？老公啊，你一定要把那两个白眼狼给办了啊。"两年多来，骊姬不定期地在献公面前来这一段。一开始，献公哼哼唧唧装听不见，可是现在这是个现实的问题，而且越来越现实了。

威胁来自哪里？献公盘算。夷吾实力不足，再加上梁国是个小国，不足为虑。重耳手下一班英雄豪杰，北翟的实力不差而且是重耳的姥姥家，将来为重耳出头那是顺理成章的事情。所以，真正的威胁来自重耳。

献公派人把里克请来了，他准备派里克攻打北翟，杀死重耳。可是，当里克来到的时候，献公又觉得说不出口，对自己的儿子赶尽杀绝，这似乎说不过去。所以，他临时改变了主意。

"老里，翟人最近总是侵犯我们的边境，我想要教训他们。这样，你率领下军讨伐北翟。"献公给了这么一个命令，讨伐到什么程度并没有交代。

里克也不敢多问，领了命令回家了。

通常，晋国出兵有两个目的，一个是抢女人，一个是抢地盘。而抢地盘这样的事情，通常都是献公亲自领兵。这一次，献公说了个词是"教训"，怎么个教训法？打一巴掌也是教训，砍一刀也是教训。

那么，献公究竟想干什么？

每当这个时候，里克就会请丕郑过来。打仗，里克是晋国第一把刀。但是说到计谋，那还是人家丕郑心眼多。

里克把情况对丕郑说了一遍，丕郑思索片刻，眼前一亮，他明白了。

"我问你，打败了北翟怎么办？抢女人还是抢地盘？"

"我不知道啊。"里克心说，我要知道，找你来干什么？

"都不是，主公的意思，是要杀死公子重耳。"

"那他为什么不直说？"

"因为说不出来，把自己的儿子赶尽杀绝，毕竟不是什么光彩的事情。"

"那我应该直捣北翟，杀死重耳？"里克问是这么问，他绝对不会杀重耳。

"你傻啊？"丕郑说。他跟里克是哥们，习惯了这么说话，"依我看，主公也不是一定要杀死重耳，只要我们击败翟人，让他们不敢帮重耳攻打晋国，主公就满意了。"

"那我该怎么办？"

"率军进攻采桑，击败翟人之后，就可以撤军了。"

采桑，北翟的地盘。

里克率领晋国下军攻击采桑，大夫梁由靡为御，虢射为车右。三下五除二，北翟就顶不住了。于是，北翟军队败退。

梁由靡驾着车就要追，里克连忙给叫住了："哎哎，梁司机，刹车刹车。"

主帅下令，司机只好刹车。不过，梁司机觉得不理解。

"敌人已经溃败了，为什么不乘胜追击？"梁由靡觉得有些奇怪，从前遇上这样的情况，里克都恨不能追到人家家里去。

"唉，算了算了，谁没有老婆孩子啊？人道主义嘛，何必呢何必呢。"里克说。好像挺慈悲。

梁司机还是不理解，连虢射也不理解，唠唠叨叨说些"这不是示弱吗"之类的屁话。里克瞪了他们一眼，于是这两个人不说话了。

"这两个蠢货，这是政治斗争，你们懂个屁。"里克心中暗骂。

就这样，里克率军击败北翟军队，然后收兵回国。

果然，献公什么话也没说。

投靠组织

转眼又是一年，到了献公二十六年（前651年）。这一年，恰好是齐桓公举行联合国大会的那一年，也就是葵丘盟会。

晋献公对于联合国这类组织历来没有兴趣，认为那都是骗吃骗喝的事情而已。可是，这一次他的态度改变了。

"我要加入组织。"献公说。

如果加入组织没有好处，谁会加入组织呢？没有人。

所以，任何申请加入组织的人，都是怀有目的的，见得人或者见不得人的。

献公为什么要加入组织呢？他的目的是什么？好处是什么？

奚齐岁数太小，而荀息实力有限。如果加入了组织，把奚齐托付给以齐桓公为核心的联合国组织，那不是就找到了强有力的靠山？当今天下，还有比齐桓公及其联合国更可靠的组织吗？

所以，献公收拾了一些礼品，到八月（农历）出发了，特地让荀息同行，以便与管仲等人建立私人联系。

也不知道是开会的日期提前了，还是献公在路上耽误了。总之，献公走到半路，人家那边会议已经结束了。可巧，献公遇上了准备回洛邑的宰孔。

"老弟，你怎么才走到这里？晚三秋了，代表大会都结束了。"宰孔认识献公，作为周王室的太宰，叫献公老弟倒也合适。

"啊。"献公傻眼了，满怀希望而来，谁知道连组织是什么样都见不到，那是遗憾得抓耳挠腮。"哎，这怎么回事？我老糊涂了？老哥，下一次联合国大会什么时候召开？"

　　宰孔一看，晋献公好像很失望，于是安慰他："没赶上就算了，齐桓公现在喜欢四处惹事，北面讨伐山戎，南面讨伐楚国，西面来开这么个会，东面不知道要干什么。老弟你别跟着他凑这些热闹了，专心管自己国内的事情吧。"

　　献公并不认同宰孔的话，可是，认不认同又能怎样呢？献公很失望，阴差阳错，错过了组织的怀抱。

　　献公本来就是抱病上路，一路上辛苦颠簸不说，此时又受到巨大的精神打击。回到绛，献公就病倒了。

　　到了九月，献公知道，自己是看不到十月的第一缕阳光了。

第五十九章　小小鸟之死

那一天,阳光明媚。

阳光明媚的日子,该死的还是要死。

献公在一次回光返照之后,知道自己熬不到乌云遮住阳光的时候了。遗嘱早已经立好,但是,献公还有两个问题等待答案。

"请荀息和夫人来。"献公发出最后的命令,他各有一个问题要问他们。一个严肃的,一个不严肃的。

什么问题?

献公最后的问题　

荀息首先被请了进来,他是奚齐的师父,献公把奚齐委托给了他,也就是后来的所谓托孤。为此,献公已经把荀息任命为上大夫。

"我把奚齐托付给你了,你会怎么去做?"献公问,气息微弱。

"我会竭尽全力,忠贞不贰。不成功,则成仁。"

"那,什么是忠贞?"献公又问。

"为了国家利益,有条件要上,没有条件,创造条件也要上,这是忠;保护新国君,永远不变心,这就是贞。"

"好,你退下。"献公也不知道自己对这个回答满不满意,反正满不满意都一样。

荀息退下,骊姬进来。

"夫人,我有一个隐藏很久的问题,不好意思问别人,但是如果我没有得

到答案,我会死不瞑目。"献公说。

"那您说吧,看我是不是知道答案。"

"说是树上七个猴,地上一个猴,怎么正确答案是总共两个猴呢?"原来,献公记着荀息当年的脑筋急转弯呢。

"嗨,那不是树上七个猴,是树上骑着个猴,实际上树上只有一个猴。那可不总共就是两个猴?是荀息给你讲的吗?是优施讲给他听的。"

"该死的荀息,你忽悠我。"献公喃喃自语。说完,闭上了眼睛。

献公正式鞠躬尽瘁了。

晋献公,公正地说,是一代雄主。晋国能够迅速壮大,成为中国北方最强大的国家,晋献公居功至伟。晋献公在位二十六年,并国十七,服国三十八,战十二胜。其中除虞、虢、焦、耿、霍、杨、韩、魏八国是姬姓诸侯,还有不少戎狄部落。

心黑手狠是晋献公的特点,他能一口气灭掉两个公爵国家,即便楚国这样的南蛮国家也没有胆量做。他消灭公族,更是其他诸侯国家闻所未闻。他害死了自己的太子,还把儿子们统统驱逐出境。

作为父亲,晋献公够狠。但是,再狠的父亲也不愿意亲手杀死自己的儿子。因此,献公一直在设法避免害死自己的儿子们。在这一点上,良知尚存。

左派、右派、中间派

看上去,左派势力占了上风,荀息和二五主持朝政,好不风光。但是,左派是脆弱的,因为他们没有实力。俗话说:枪杆子里面出政权。这话放在两千多年前,同样是正确的。

枪杆子在谁的手中?中间派。

中间派是谁?里克。里克的手中不仅有晋国下军,还有晋国上军,为什么这样说?因为上军的七舆大夫都是他的人,都唯他的马首是瞻。

当此之时,拉拢中间派,打击右派,建立广泛的统一战线,这是左派唯一的也是最紧要的任务。可是,荀息没有认识到这一点。从这一点说,他不是一个成熟的政治家。

荀息的精力,都用在了安排葬礼上。

重视死人,而忽视活人,是一定要受到惩罚的。

一段时间以来,里克的心情就不大好。论资历、论实力、论能力、论成绩、论身高、论腰围,甚至论酒量,不管论什么,上大夫都应该是他的而不是荀息的。所以,他很不爽。

一个人不爽的话,就会有想法。

到献公鞠躬尽瘁之后,荀息也不说上门安慰一下勾兑一下,里克的心情就更不爽,感觉自己被彻底遗忘了。其实,如果这个时候荀息能够上门致意,给点好处给点尊重,假惺惺要把上大夫让出来等等,后面的事情也许就不会发生了。

所以,任何时候都一样,一旦改朝换代,第一件事情就是拜山头,让有实力的人都觉得你跟他好,让没有实力的人以为你跟有实力的好,那就妥了。

里克原本就是右派,跟重耳的关系最好。如今想想,自己军权在手,动个小指头就能把奚齐、荀息都给废了,再把重耳弄回来,岂不是更好?

想到这里,里克决定去荀息那里探探风声。

就这样,你不来,我去。里克去找荀息了。

问题是,人家找你和你找人家,完全是两种意义。

"老荀,辛苦啊,跑上跑下的,注意休息啊。"见面之后,照例还要客套几句。

"可不是咋地,主公托付了,光荣而艰巨啊。"荀息回答,以为里克是专程来慰劳自己。

两人又寒暄几句,进入正题。

"三公子之徒将杀孺子,子将如何?"(《国语》)里克问。意思是:听说三公子的人马,也就是右派,准备杀掉奚齐,你准备怎么办?

荀息看了里克一眼,他做梦也没有想到,准备"杀孺子"的就是眼前这个说别人要"杀孺子"的人。想了想,荀息说:"死吾君而杀其子,吾有死而已,吾蔑从之矣。"(《国语》)意思是:献公死了,又要杀他的儿子,连我一块杀吧,我是不会跟他们一块干的。

里克一听,放心了。如果当时荀息说"你知道是谁?我先灭了他们。"那样的话,里克还真有点发怵。如今荀息说话说得像个软蛋,最大的本事就是"不跟他们一块干",连反抗都免了。你说,这样的人怕他什么?

回想一下,当初优施通过"我是一只傻傻鸟"来试探里克,结果里克示弱,导致骊姬可以肆无忌惮陷害申生。应该说,里克汲取了那一次的教训,借鉴了"我是一只傻傻鸟"的经验,以同样的办法来试探荀息。结果呢,他发现荀息就是一只傻傻鸟。

尽管荀息是一只傻傻鸟,但是看在多年朋友的分上,里克还是希望拉他一把,所以他说:"如果你死了,奚齐立为国君了,那就很值得啊;可是,如果你死了,奚齐还是被废了,你不是白死吗?何必要死呢?"

"不然,我已经答应了主公,说话要算数的,就算死,我也不能掉链子。"荀息坚持要死,不死不罢休的样子。

不管怎样,里克探清了左派的思路。

心里有底了,里克派人去请丕郑来,看看右派是怎么想的。

"三公子之徒将杀孺子,子将如何?"里克问。还用问荀息的那段话。

可是,丕郑不是荀息,他是丕郑。丕郑不吃这一套,他笑了,然后问:"三公子之徒,就是老里您吧?"

里克服了,尽管他一向就很服丕郑,这次他还是要强调一下他服了。原本想探对方的底,结果一下子被对方看透了自己的底牌。所以,里克也笑了。

"我问你,荀息怎么说?"丕郑接着问。也不知他是料到里克已经摸了荀息的底,还是看见里克去了荀息那里,总之,他的问题一出来,就显示出高水平来。

"他说要为奚齐死,奚齐死,他也死。"里克老老实实地说。他怀疑丕郑是明知故问。

"老里,那你就努力干吧。咱哥俩是什么人?咱们筹划的事,哪有过不成功的?这样,我来帮助你一起行动。你呢,跟七舆大夫在国内做内应,我去翟国煽动他们出兵,再联络上秦国摇旗呐喊。那时候,咱们说谁行谁就行,不行也行;说谁不行谁就不行,行也不行,谁给咱们好处多,咱们就让谁当国君;谁要是不给好处,去他的,靠边凉快去。那时候,晋国不就是咱们的天下?"丕郑描绘了一幅宏伟蓝图给里克,很诱人啊。

里克一听,不对啊,弄来弄去,这不成了发国难财?你说左派觉悟高吧,右派也不能这么反动啊。

"老丕啊,虽然我很佩服你,可是这几句话我就不佩服。人为财死,鸟为食亡,没错,是这么回事。可是,也不能眼中只有利益啊。咱们是什么人?国家高级公务员啊,不能把自己等同于一般群众吧。咱们要为这个国家的前途着想啊,怎么能发国难财呢……"里克发表了长篇大论,有理有利有节,说得十分激昂,感觉自己从来没有这么高尚过。

掌声,虽然稀稀落落,但是很真诚。丕郑在笑,他一直在笑。

"老里啊,真想不到,你这么有才,这么深明大义啊。我刚才说的,不过是试探一下你。看来,你不为利诱所动。好,咱们联手行动。"丕郑也很激动,里克现在又成了右派。

两双大手握在一起。

左派在行动

如果以为左派和右派的斗争就这样轻易结束的话,那就太天真了。

尽管都是左派,荀息瞧不起二五,认为他们都是奸佞之人;尽管瞧不起二五,可是,他们毕竟都是左派,是一个战壕里的战友。

二五听说里克找了荀息,他们的政治敏感度是比荀息要高的,他们意识到一定有什么事情要发生。于是,二五联手来找荀息。

"荀总理,您为了晋国日夜操劳,夜以继日,不舍昼夜,辛苦啊,大家都说您是晋国的好总理啊。"梁五习惯性马屁先拍上一段,随后东关五也拍了一段:"是啊,荀总理。这段时间,要是没有您的正确领导,晋国早就乱套了,您真是德高望重、德艺双馨啊。"

荀息一听,差点乐了,东关五竟然把拍优施的马屁用到自己身上了,德高望重也就算了,什么叫德艺双馨啊?尽管不喜欢他们,荀息知道还得依靠他们,因此也很客气,寒暄几句,问:"两位大夫,找我有什么事?"

"听说里克来找您了,不知是什么事?"东关五问。

荀息也没隐瞒,把里克来说的那些话都说了一遍。二五一听,大事啊,可是荀息看上去好像一点也不在意。

"总理啊,我们觉得,里克不是个什么好人。要么拉拢他,要么杀了他。"梁五直接出主意,别说,这个主意很正点。

"不用吧,里克,中间派啊,好人。"荀息不同意,他挺信任里克。

二五一看情况,不再说话了,走了。为什么这样?一来,荀息很偏,很难说服他;二来,荀息和里克关系不错,若是荀息去里克面前说一通,把哥俩出卖了,岂不是很无聊?

荀息不行,怎么办?找大师去。

二五和优施是比较投缘的,最近两人少有见到优施,因为献公死了,优施花在潜规则上的时间和精力就比较多。按理说,这个时候去打搅人家,那就有点不解风情了。可是,事态紧急,二五也管不了那么多,直接派人进宫,把优施给请出来,大伙商量对策。

"哎呀妈呀,太好了,要不是你们请我出来,我还真没法脱身。再这么过几天,我非精尽人亡不可。"优施还挺感谢二五,这话倒不是虚的,他瘦得厉害,可见得在后宫那是没日没夜地伺候骊姬姐妹两个。

二五开了几句"能在花下死,做鬼也风流"之类的玩笑,进入正题。

两人把里克找荀息的事情说了一遍,又说荀息不作为,如今大家都在一条船上,必须尽快搞定里克,否则就很危险。

说到里克，优施立即想起来"我是一只傻傻鸟"，那个老右派那天晚上的惶恐给他很深的印象，以至于从那以后优施就认定里克是一个软蛋。

"里克，很难对付吗？"优施问。

"很难。"二五说。

"交给我了，今天晚上就搞定他。"

"真的？"二五显然不信。

"明天听我的好消息吧。"

二五还是不信，可是，不信又能怎样呢？

你算是个什么鸟？

作为一个艺术家，优施是无与伦比的。在《杀生》大戏中，优施的导演才能和表演艺术都得到了充分的发挥。

可是，艺术家就是艺术家，他们毕竟不是政治家。

优施显然没有意识到时代已经变化，里克所依靠的树固然已经枯萎，可是，自己所依靠的大树也已经轰然倒塌。现在，里克再也不用怕谁。

正因为对形势判断的错误，优施以为凭借自己的表演艺术，凭借另一首鸟歌，就可以让里克乖乖就范。他错了，而犯错一定是要付出代价的。

晚上，优施来到了里克的家。里克原本已经忘记优施，这个时候他想起来了，想起自己当初在优施面前很没有面子，他就有一种冲动。

两人坐下，里克的老婆让人摆了酒菜，两人就喝了起来。几个黄段子下来，优施就觉得机会来了。

"老里，最近我又写了一首歌，唱来给你听听。"优施把里克叫成老里，里克心说：你他妈算个什么东西？不过是个戏子，也敢这样叫我？

里克很生气，不过他想听听优施的歌，忍住了。

"唱来听听。"里克说。

优施听不出里克话里的讽刺，清了清嗓子，开始唱歌。

歌名：我有一只小小鸟

唱法：流行风格

小时候我记得自己有一只小小鸟，

想要飞却怎么样也飞不高，

曾经有一天他栖上了枝头，

那树却轰然地倒掉，

144

他飞上了青天才发现自己变得无依无靠。

每次到了夜深人静的时候他总是睡不着，
他怀疑是不是只有他的明天没有变得更好，
未来会怎样究竟有谁会知道，
幸福是否只是一种传说他永远都找不到。
我有一只小小小小鸟，
想要飞却飞也飞不高。
他寻寻觅觅寻寻觅觅一个牢固的树梢，
这样的要求算不算太高？

所有知道他的名字的人啊你们好不好，
晋国是如此的小我们注定无处可逃，
当他尝尽人情冷暖当他决定为了他的理想燃烧，
生活的压力与生命的尊严哪一个重要？
我有一只小小小小鸟，
想要飞却飞也飞不高，
他寻寻觅觅寻寻觅觅一个牢固的树梢，
这样的要求不算太高。

歌声高亢，清冽入肺。与从前那首《我是一只傻傻鸟》相比，又是另一种味道。

可是，这一次里克没有听得入迷。他也没有问优施这首歌是什么意思，很明显，优施以为里克现在没有依靠，建议他投奔左派阵营，栖居在奚齐的树梢上。

优施唱完，看里克没什么反应，有点没趣，自己喝了一碗酒。

"阿优，我最近也创作了一首歌，处女作啊，唱给你听听。"里克也喝了酒，抹了抹嘴巴，也不等优施说话，自顾自唱起来。

歌名：你算是个什么鸟
唱法：原生态风格，也就是俗称的吼
哎嗨，哎嗨——
一飞冲天是大鹏鸟哎，喽喽嗖，
布谷布谷是布谷鸟哎，喽喽嗖，
晚上捉老鼠是夜猫子哎，喽喽嗖，

冬天没毛是寒号鸟哎,喽喽嗖,
整天只会床上混哎,
你算是个什么鸟?什么鸟?

哎——
住在树上的是麻雀啊,唧唧喳,
住在房梁的是乌鸦啊,唧唧喳,
住在山顶的是燕子啊,唧唧喳,
住在屋檐下面的是蝙蝠啊,唧唧喳,
大树倒了小树还是苗,
你这个鸟何处能落脚哎?能落脚?

哎嗨——
什么鸟啊什么鸟?
什么鸟啊什么鸟?
管你是只什么鸟,
老子让你今天晚上成死鸟哎,喽喽嗖。
嗨,喽喽嗖。

　　歌声难听,令人作呕。优施却呕不出来,因为他听得明明白白,里克要让他今晚成死鸟。
　　"老里,你这只鸟,嘿嘿,搞笑啊。"优施搭讪一句,准备找机会告辞回家。
　　"搞笑?当初你一首傻傻鸟让老子吃苍蝇,不爽了这么多年。现在你还敢来上门唱小小鸟,你以为你是什么鸟?以为主公死了,你上了主公的床,就是主公二号了?告诉你,晋侯这棵大树倒了,奚齐这个兔崽子这棵小树我要弄折他,你这只小小鸟,老子不会让你见到明天的太阳。"里克趁着酒劲,一通狂骂,骂完了,对外面喝一声,"来人,把优施拉出去砍了。"
　　扑通。优施跪下了,哀求:"我只不过是个艺人,饶命啊,饶命啊。"
　　当晚,集导演、演员、歌唱家于一身的伟大的艺术家优施不幸遇难,享年四十五岁。被杀害之后,优施被埋在了里克家的后花园里。在优施被埋葬的地点,后来长出一棵参天大树。奇怪的是,从来没有一只鸟在这棵树上落脚。
　　正是:不管黑鸟白鸟,保住小命才是好鸟。

第六十章　机关算尽一场空

优施做梦也没有想到，傻傻鸟里克竟然会唱"你算是个什么鸟"。同样，他没有想到里克会这样干净利索地杀人。优施更没有想到的是，他帮里克下定了决心。

里克一向不是一个很果决的人，就像这次，想要动手，却犹犹豫豫，先是向荀息摸底，然后又向丕郑咨询。也就是荀息弱一点，否则早就先下手为强了。

可是，一怒之下杀了优施，里克知道自己没有退路了，这决心下也得下，不下也得下。

分清形势，下定决心，这是脑力活；杀人，体力活。里克擅长的就是体力活，决心下了，下面就简单了。

杀奚齐

《左传》记载："冬十月，里克杀奚齐于丧次。"

在献公死后不到一个月，也就是杀死优施的当天晚上，里克派了一名武林高手下手了。晋国是出武林高手的地方，这一点在后面我们会看到很多例证。里克派出的武林高手叫什么没有记载，也不重要。那是一次非常简单的行动，以至于我们无法为此次行动命名。我们来推演一下这样的谋杀场景。

深夜，高手大摇大摆来到丧次，即奚齐为献公守丧居住的茅屋。

"什么人？"大内侍卫问，睡眼惺忪。

"宫里的，太后怕公子晚上睡觉冷，让我送床被子来。"高手怀里抱着一

147

床被子。

"进去吧,别把公子吵醒了。"大内侍卫说。

高手推开门,借着微弱的灯光来到奚齐床前,十三岁的奚齐睡得正香。高手将被子盖在奚齐身上,又为他把脖子处的被角掖好。顺手,高手的两根指头在奚齐脖侧上方轻轻一按,那是什么位置? 颈动脉窦和迷走神经的位置。高手就是高手,连让你哼一声的机会都不给。

高手从容出来,从容上车,从容离去。

第二天,奚齐迟迟没有起床,直到中午,婢女进去探望,才发现公子已经硬了,体温降到气温,又凉又硬。

那么,为什么大内侍卫对高手竟然没有一点警惕? 理由很简单:高手是女的。

奚齐就这么莫名其妙地死了。自杀? 被自杀? 自然死? 被自然死?

荀息第一时间得到报告,他知道,这是右派的谋杀。

左派会议,地点:后宫;出席人:荀息、骊姬、梁五、东关五。

"唉,主公啊,我辜负了您的信任,公子死了,我也死。"荀息仰天长叹,拔出剑来,他要自杀。

"总理啊,你不能啊。"二五一起上前,一人一只胳膊,把剑给夺了下来。

"你们让我死吧,奚齐死了,我活着还有什么意思呢?"荀息还要死。

骊姬哭了半天了,十三岁的孩子,犯了什么错? 就被右派给"自然死"了。十三岁啊,养一个孩子不容易啊。

"荀总理啊,一个奚齐倒下去,千万个奚齐站起来。奚齐被他们害死了,可是,我们还有悼子啊。"擦干了眼泪,骊姬决定化悲痛为力量。悼子是谁? 骊姬的妹妹小骊姬三年前生了一个儿子,就叫悼子,不知道为什么取了这么一个倒霉的名字。至于悼子究竟是献公的儿子,还是优施的儿子,谁也不知道。

荀息一听,对啊,奚齐死了,悼子在啊。

"好,立悼子为国君。"荀息又来精神了。

三岁小屁孩,还在尿炕的年龄。这个年龄,自然不用守丧。好在晋国也不是那么守周礼的国家,荀息也不管那么多了,匆匆忙忙,草草埋葬了晋献公。一转眼,十一月份了。

杀悼子

148　　这一天,阳光明媚。

阳光明媚的日子，该杀人还是要杀人。

埋葬了献公，现在可以正式立悼子为晋国国君了。荀息精心布置了登基现场，对他来说，这是个大日子，需要隆重而且庄重。

所有卿大夫全部到场，除了装病多年的狐突之外。

上大夫荀息宣布悼子为新任晋国国君，随后，奶妈把悼子抱出来，放在了国君的宝座上。

"哇。"悼子哭了，活这么大岁数，从来没见过这么多人，特别是这么多男人，他一边哭一边喊："娘，娘哎，娘哎。"

娘没有来，说起来，现在他娘算是谁还没有弄清。生他的是小骊姬，可是太后是骊姬。如果能活下去的话，他的娘可能要算是他大姨妈才对了，他亲娘反而会变成小姨妈。不过，这一切都不会发生了，因为他的生命到今天就要结束。

"荀总理，根据周礼，有嫡立嫡，无嫡立长，申生死了，重耳还在，怎么轮得上这个乳臭未干的小孩子？抱他走。"里克大声说道，手按宝剑。

里克身后，七舆大夫一个个都怒目圆睁，手握剑柄。其余的人见右派势力强横，也都纷纷随声附和。这个时候再看二五，两人吓得不敢吱声，缩在一边。

"胡说，主公遗命，谁敢违抗？"只有荀息毫不畏惧，大义凛然，义正词严，铿锵有力，精神饱满，视死如归，不畏强权，胆大心细，勇往直前……

用了这么多形容词，可是，形容词再多，又有什么用呢？这个时候，实力才是决定性的。

"屠岸大夫，还等什么？"里克一声喝令，从大夫群中走出一个人来。只见此人身高八尺，虎背熊腰，谁？屠岸夷。屠岸夷是晋国著名的武林高手，原本是左派东关五的跟班，最近认清形势，果断投靠里克。在所有大夫之中，屠岸夷是地位最低的一个。此时听到里克号令，挺身而出。

屠岸夷直奔悼子而去，荀息拔剑阻拦，哪里拦得住？被屠岸夷一把推开，一个箭步来到国君宝座前，将悼子一把抓起。下面的镜头儿童不宜，插播广告一分钟。

广告回来。

悼子死在地上，血流满地。

荀息傻了眼，他跪在地上，对天号哭："主公啊，我愧对您啊。我死之后，不敢见您啊。"说完，荀息横剑在脖子上。

镜头转向二五，二五低下了头。

血，飞溅出来。下面慢镜头，荀息缓缓倒下。再来一次，荀息缓缓倒下。

镜头转向后宫，骊姬跳井身亡，小骊姬披头散发，又哭又笑，裸体狂奔，她疯了。

机关算尽太聪明，反误了卿卿性命。

这段历史，《左传》评述："君子曰：诗所谓'白圭之玷，尚可磨也。斯言之玷，不可为也。'荀息有焉。"

啥意思？君子说了，《诗经》里说："白璧之瑕，尚可磨掉；言语之失，不可追回。"荀息就是这样的人啊。

讲了什么道理呢？就是别乱答应别人，答应了做不到，连命都会搭上。

左派被消灭了，中间派不存在了。

俗话说：党外有党，党内有派。党外无党，帝王思想。党内无派，千奇百怪。

当只剩下右派的时候，右派本身就会分裂。当左派不再存在，右派也就不再存在。

现在，派没有了，但是，党产生了。晋国卿大夫分为了两党：重耳党和夷吾党。

重耳党的代表人物是里克、丕郑、七舆大夫，而夷吾党的代表人物是吕省（又叫吕甥、吕怡甥）、虢射、郤称和梁由靡等四五个人，一眼就能看出来，重耳党的实力远远强于夷吾党。

"小崽子死了，荀息也死了，大家认为，谁该继位？"里克说。他依然手按剑柄。

二五缩着脖子躲在人群的最后，哪里还敢说话？就是夷吾党的人，此情此景，也知道不能说话。

"我看，非公子重耳莫属。"丕郑说。七舆大夫纷纷附和，其余的人要么跟着说好，要么不敢吭声。谁也不是傻傻鸟。

"好，既然大家一致同意，那就拿绢过来，大家签名。"里克拍板。早有人取了绢过来，里克令人在上面写上："敬爱的公子重耳，国不能一日无主，全体卿大夫一致建议请您回来主持大局，继承君位。"

之后，里克先签名，在场的每个人都签了名。基本上，这就相当于后来的"表态"。大家都签了名，里克看了一遍，把绢收了起来。

"老里啊，我看，再请狐突签个名吧。"丕郑建议。

"不用了，我们都签名了，还不行啊？他都退休了，不用管他。"里克说。往常，遇上事都要问丕郑，偏偏今天在众人面前耀武扬威，故意不听丕郑的，要挣点面子。

丕郑一看，这么多人，也不好说什么。

"好，屠岸夷，还是派你去，到翟国迎请公子重耳回来。不要耽搁，现在就去。"里克发号施令了。屠岸夷听了，接过签了名的绢，急忙出去，备车马前往北翟。

150　　丕郑张了张嘴，似乎有话要说，犹豫一下，没有说出来。

重耳拒绝归来

重耳在北翟的日子过得很幸福，姥姥家的人对自己还真不错，真没把自己当外人。而一帮兄弟都从晋国来追随自己，大家吃吃喝喝嘻嘻哈哈，似乎跟在蒲没什么区别。

别说，翟人虽然没文化，可是待人很真诚。

父亲死了，重耳还真是有些伤心，毕竟是自己的父亲。重耳这人重感情，尽管自己是被父亲赶出来的，他还是体谅父亲的难处。

"兄弟，我给你派兵，出兵晋国，抢回宝座，怎样？"北翟国主主动来找重耳，说起来，哥俩还是表兄弟。

"别介，父亲刚刚去世，我就出兵攻打回去，大逆不道啊。算了，看看再说吧。"重耳这样回答。回到住处一说，狐偃拍拍他的肩膀："小子，你真行。"

晋国的形势也让重耳关心，不过也说不上是特别关心，因为一切都有狐偃在盯着，该干什么，狐偃会提出来的。

这一天重耳正在睡午觉的时候，突然有人来报："公子，晋国大夫屠岸夷前来求见，说是要请公子回去继位。"

"什么？"重耳吃了一惊，倒不是因为继位的事情，而是因为屠岸夷这个人。在晋国的时候，重耳就知道屠岸夷，这个人不仅武功高强，而且是个左派爪牙，基本上跟勃鞮是一类货色，不同之处仅仅在于屠岸夷不是个太监。所以一听到屠岸夷，重耳还真有点害怕。

心里怕，可是表面上不能表现出来。好在兄弟们都在隔壁睡觉，重耳立即派人把魏犨给叫起来，一同接见屠岸夷，也算是个保护。至于其他的兄弟，也都爬起来，躲在屋子里偷听。

"请进来。"重耳下令，把屠岸夷给请了进来。

屠岸夷进来，叙过礼，先把那签名的绢递上来。然后重耳一边看，他一边把刚刚发生的宫廷政变说了一遍，免不得把自己夸得花儿一样。

"你，不跟二五混了？"重耳问。

"嗨，我弃暗投明好多天了。"屠岸夷说，似乎很自豪。

现在，重耳放心一些了。

"那，你来的意思，就是请我回去当国君？"重耳问，明知故问。

"国乱民扰，得国在乱，治民在扰，子盍入乎？吾请为子鈇。"屠岸夷说。

啥意思？国家动乱，民众受到惊扰，动乱时才有得到君位的机会，民众受到

惊扰时反而容易治理,你何不回国来呢?让我们为你回国肃清道路吧。

重耳一听,屠岸夷说得有道理啊。可是看屠岸夷这个人,左看右看就是觉得不踏实。

"你等等,我问问我舅舅。"重耳说,随后转身进了里屋,狐偃赵衰几个早就在里面偷听着呢。

重耳把大致的情况说了一遍,然后问:"舅舅,回去行不行?"

"不行。服丧期间不哀痛却想求得君位,难以成功;乘国家动乱之机想回国执政,将有危险。因为国丧而得到君位,就会视国丧为乐事。动乱而得以回国,就会把动乱当做喜事。这些都显然与喜怒哀乐的礼节相违背,还怎么来训导民众呢?民众不听从我们的训导,还当什么国君?"重耳没有料到的是,狐偃竟然反对,这么好的机会,狐偃竟然不要。

"舅舅啊,如果不是国丧,谁有机会继承君位?如果不是动乱,谁会接纳我?机不可失,时不再来啊。"重耳有点急,觉得舅舅有些迂腐了。

"我听说,丧乱有大小之分。大丧大乱的锋芒,是不可以冒犯的。父母故世是大丧,兄弟间钩心斗角是大乱,如今你正处于这种境地,所以很难成功。"狐偃坚持他的理论。

重耳听不下去了,心说你怎么变杜原款了?从前你不这样啊。

"舅舅,不是我说你,你这话都是书呆子说的,我不爱听。"重耳说完,转身要出去,显然,他不想听狐偃的。

见重耳要走,狐偃一把把他拉了回来。

"小子,大道理你不听,舅舅给你讲点小道理吧。"狐偃有点生气,心说我这小九九本来不想说,你非逼我说出来啊。没办法,狐偃只好把自己的真实想法说了出来:"我问你,这签名上,有没有你姥爷的名字?"

"没有。"重耳脱口而出。原本他倒没注意,狐偃这么一说,他想起来上面没有狐突的名字。

"咱们在外,老爷子在内,谁更清楚朝廷的情况?老爷子没有签名,说明他认为我们不该回去,这是第一。第二,屠岸夷是个什么东西?里克派他来请我们回去,这不明摆着不把我们放在眼里?我听说里克这人很贪,我们回去,顺他意还行,不顺他意,他杀你跟杀奚齐有什么不同?回去,不是不可以,但是太冒险,不值。"狐偃这一番话,算是说出了真正的顾虑。原本不想说得这么明白,用大道理忽悠大家了事,现在不得不说了出来。

这下,重耳信了,舅舅确实比自己高明一大截。

道理明白了,重耳的决策还是非常迅速的。

"承蒙你的好意,来看望我这个逃亡在外的人。父亲在世时,我不能尽洒扫的义务。父亲去世后,又不能回去操办丧事而加重了我的罪过,而且玷辱了大夫们,所以冒昧地辞谢你们的建议。安定国家的人,要亲近民众,处理好邻国的关系，还要体察民众的情绪以顺应民心。如果是民众认为有利，邻国愿意拥立，大夫们都服从，我重耳才不敢违背。"重耳对着屠岸夷说了一堆大道理，中心思想就三个字：不回去。

屠岸夷听得发呆，大道理懂不懂无所谓，可是多少人盯着这个宝座，拼命往上凑，送到你的手上了，你不要？

带着无奈和困惑，屠岸夷回去了。

丕郑当初想说未说的，就是不应该派屠岸夷，而应该派七舆大夫中的一位去见重耳。

事实证明，丕郑比里克高明太多了。

启动第二人选

重耳不肯回来，这几乎出乎所有人的意料，只有丕郑叹了一口气，他觉得这不奇怪。

里克有点傻眼，他怎么也想不通重耳为什么不回来。问题是，重耳不回来，怎么办？这国君的位置不能空着吧？

重耳党没主意的时候，夷吾党就看到了机会。

"老里，你看，重耳不回来，可是，国不可一日无君啊，现成的夷吾就在梁，为什么不请夷吾回来？"吕省、郤称和梁由靡结伴来找里克，人多嘴杂力量大啊。

里克不愿意，可是人家夷吾党说得有理啊，想要反驳，还真没有太多话可说。那三个人见里克好像无话可说，于是你一言我一语，说得个天花乱坠。最后里克也不知道是听腻了还是听糊涂了，终于点了头。

"试试看吧。"里克表态了，自己也不知道试试看是怎么弄法。

那哥三个见里克松了口，高兴得几乎晕过去，一通马屁过去，然后回去商量下一步的行动纲领了。

世界上的事情是这样的，手中把握大把机会的人，就会不珍惜机会；相反，好不容易争取到机会的人，就会很认真地对待，就会想尽办法把机会变现。

现在，夷吾党的几个兄弟得到了机会，经过紧急商讨，决定由吕省和郤称亲自前往梁国迎请夷吾回国就位，梁由靡待在绛，随时掌握事态发展。

分工一定，吕省和郤称立即出发前往梁国。

第六十一章　连环计

夷吾在梁国混得也不错,他那两把刷子在晋国没人待见,可是在梁国就能把梁国国君忽悠得云里雾里,直接忽悠成老丈人了。

献公刚死的时候,夷吾高兴坏了,跟郤芮一商量,两人去找梁国国君去了,要借兵攻打晋国。

"爹,机会来了,借兵给我吧,拿下晋国,您老人家就是晋侯的老丈人了。"夷吾满怀希望,还幽了一默,以为老丈人会很支持。

"什、什么? 打、打、打晋国?"梁国国君一听,话都说不利索了,做梦也不敢想打晋国啊。当时,也不管什么女婿老丈人之类了,梁国国君一口拒绝,说什么也不干。

为此,夷吾在暗地里把老丈人骂到祖宗八代,可是没用啊,还是干瞪眼。

在得知里克派人去请重耳的消息之后,夷吾很失望,甚至有些绝望,郤芮开解他也没有用,几天时间,夷吾感觉很糟糕。

祖国来人了

这一天,阳光明媚。

为什么总是阳光明媚?

尽管阳光明媚,夷吾的心情还是不好。

就在这个时候,吕省和郤称到了。说起来,郤称还是郤芮的弟弟。看见他们,夷吾心中陡然又燃起了希望。

"公子,大利好,大利好啊。重耳不肯回国,现在,我们力推公子继位,里

154

克也答应了,赶快收拾收拾,咱们上路吧。"吕省和郤称带着好消息就来了,当时把重耳为什么不肯回国,他们又怎样费尽九牛二虎之力说动了里克等说了一遍,恨不能立即拉着夷吾就走。

夷吾一听,喜出望外,真恨不得上车就走。可是激动之余他镇静下来。"多谢几位大夫,不过,你们等等,我先问问师父。"

夷吾让人安排水果点心给吕省和郤称,自己去找师父郤芮商量。

"师父,吕省和郤称来了,说要接我回去继位,老师你看怎么样?"夷吾问。他把刚才的事情大致说了一遍。郤芮一听是这两个兄弟,先放心了,都是自己人啊。

"公子,这事没那么简单,我们要认真规划一下。国家动乱民众惊扰,大夫们没有主心骨,这个机会不能失掉,这是原则。不是动乱你哪有机会回国继位? 不是民众有危难,何必要立君以安民? 幸好你是国君的儿子,所以找到你了。不过话说回来,晋国公子不止你一个,凭什么就是你啊? 就算你回去了,你又凭什么坐得稳当啊? 重耳不肯回去,一定有他的考虑。"到底不愧是师父,郤芮比夷吾冷静多了。

"那、那,那我们也不回去?"夷吾问。这他可不甘心。

"当然要回去,不过,回去之前,要先做点铺垫。"郤芮笑了,他成竹在胸。

"什么铺垫?"

"我们要争取秦国和里克的支持,有他们内外支持,我们就可以放心回去了。"郤芮的落脚点在这里,思路清晰。

"可是,我们凭什么让他们支持我们?"

"贿赂,给他们好处。问天下英雄,谁不贪财?"郤芮的办法也很鲜明,就是给田给地。

"可是,重耳他们不会也用这个办法?"

"不会,重耳的师父赵衰是个书呆子,他这人太正直,不会想到这样的办法。"

"可是,我舅舅也想不到?"

"能想到,但是狐偃心高气傲,要他去巴结别人给人行贿,他不会干。"别说,郤芮这人看人一绝,对赵衰和狐偃的分析令人信服。

"可是,师父,咱们哪有田地去贿赂他们啊?"

"承诺,公子你当上晋侯,晋国的田地不就是你的吗?"

"可是,那是祖上留下来的,给别人我不甘心啊。"

"现在,那些田地都不是你的,你有什么好心疼的? 等到是你的,给不给还不是你决定?"郤芮笑了。原来,他要玩的是空手套白狼,空头支票,现在承诺你,到时候一翻脸,谁还认识谁啊?

一连串的"可是"之后，现在夷吾终于理解了师父的意图。

"师父，我真的好崇拜好崇拜你啊。"夷吾动情地说，他又一次服了。

师徒定好了调，郤芮又布置了具体操作方案，两人出来见吕省和郤称。

大家都是亲戚朋友，都是跟着或者准备跟着夷吾的人，所以也就没什么好遮遮掩掩的，寒暄之后，大家坐地，讨论下一步的行动。

基本上，郤芮的看法得到了一致赞同。

"既然这样，咱们也别表现得太急太没有品位，该装的还是要装，该演的还是要演。各位，我有一个迂回之计，如此这般，既能回国，还很有面子。"郤芮当下把自己的计策讲出来，大家都说好，于是按着计划，分头行事。

第一计　故作清高

吕省和郤称从梁国回去，立即召开卿大夫大会，当然第一个把里克给请去了。

大家到齐，吕省开始汇报前往梁国的经过，说夷吾跟重耳一样，不愿意借着国家的灾难回来，对父亲的去世，夷吾伤心欲绝、终日以泪洗面，等等。

吕省一番话出来，大家都很吃惊，大家都觉得夷吾这个人比想象中要贤很多啊，这么孝顺，这么仗义，这么知情达理，比重耳也不差啊。

总之，人们对夷吾的印象一下子好了很多。

"都不回来，那怎么办？"里克有点傻眼，原先还不情愿让夷吾回来，现在人家自己不回来了，倒弄得里克还挺怀念他。

一时间，大家都在想主意，出什么主意的都有，但是都不太靠谱。最后，还是吕省出了个主意，大家都觉得不错。什么主意？

"君死自立则不敢，久则恐诸侯之谋，径召君于外也，则民各有心，恐厚乱，盍请君于秦乎？"（《国语》）这就是吕省的主意，什么意思呢？就是说国君已死，我们不敢擅自立一个新君。时间拖得太久又怕被诸侯算计，直接从国外迎来公子，又怕民众意见不一，加重国家的动乱，何不请求秦国帮助我们立国君呢？

大伙一听，这个主意好，秦穆公是献公的女婿，够资格。再说，秦穆公跟谁也不熟，不会偏袒谁。

里克也觉得这个主意还可行，反正也没有其他更好的办法了。

"谁去趟秦国？"里克问。

"我去。"梁由靡抢先发言。

"那就你了。"里克想都没想，把这活派给了梁由靡。

第二计　借胎下蛋

梁由靡高高兴兴出了一趟公差，他知道干革命要跟对人，他很高兴，看来自己是跟对了人。

来到秦国，秦穆公亲切接见。说了几句不痛不痒的问候语之后，梁由靡开始说自己的来意。

"上天降灾祸于晋国，到处是流言蜚语，波及先君的几位公子。他们为此忧伤害怕，被迫流亡国外，无所依托。如今我们国君鞠躬尽瘁了，我们也不知道谁回去继位比较好，请您帮助我们选定一个，并且帮助他继承君位·啊，您对晋国的恩德，那真是如江水滔滔，绵延不绝。"梁由靡这一套说法早就准备好了，非常的外交语言。

秦穆公听完，明白了，现在就是你们自己定不了国君，请我帮你们决定。想想，这事于公于私似乎都没什么坏处。你们的公子们现在是运动员，请我来当裁判，我把谁吹赢了谁都要感激我，我还能吹黑哨，多好啊。

"那行，没问题，你先回去，我这边就开始操作。"秦穆公答应得挺爽快，招待了一顿饭，打发梁由靡先回去。

梁由靡临走之前，秦穆公问他："哎，你们自己觉得谁好一些？"

"夷吾啊，又善良又贤明，大家都喜欢他啊。"梁由靡说。秦穆公不问他还想说呢，现在正好说出来。

秦穆公点点头，心里有了个基本的印象。

秦穆公挺重视这件事情，一来这是中原诸侯第一次求自己帮忙，有面子啊；二来也想以此来讨夫人的欢心。别说，秦穆公自从娶了晋献公的女儿做夫人之后，对夫人那是言听计从，爱得死去活来。

梁由靡走后，秦穆公立即召见大夫孟明视和公孙枝，具体讨论这个问题。

"晋国动乱，君主人选无法确定，因此请我来帮他们确定，我也答应了。现在，我准备派人去重耳和夷吾那里，观察哪一个适宜立为新君。你们看，派谁去比较合适？"

其实，之所以要找他们两个人来，是因为这两个人都在晋国生活过，所以希望他们中间的一个人或者干脆一块去。孟明视明白这个意思，刚要请缨，公孙枝抢先开口了："派公子絷去吧，公子絷聪敏知礼，待人恭敬，善于洞察。聪敏能够熟谙谋略，知礼适合派做使者，恭敬不会有误君命，洞察就能判断立谁为君。我觉得，我们都不如他合适。"

秦穆公一听，对啊，公孙枝说得有道理，从前出使国外都是公子絷，每次

都能出色完成任务，这次派他去挺合适啊。

就这样，秦穆公决定派公子絷去做考察工作。

从秦穆公那里出来，孟明视对公孙枝说："主公原本的意思是让我们去啊，你怎么推掉了？"

"孟明视啊，这种事情费力不讨好，万一我们去了，推荐的人当了晋君，今后晋君再跟秦国干起来，我们岂不是成了罪人？所以，这样的事情只能公子絷去干啊。"公孙枝说道。原来他想得更深。

"就是就是。"孟明视恍然大悟。

第三计　行贿受贿　

公子絷安排的行程是先远后近，先去考察重耳。

来到北翟，公子絷找到重耳，自我介绍了一遍，然后也不说废话，直接进入主题。

"我的国君派我来慰问你的逃亡之忧，以及丧亲之痛。我听说：得到国家常常在国丧的时候，失掉国家也常常在国丧的关头。机不可失，时不再来，请公子好生考虑。"这话说得够直接了，公子絷几乎就等于对他说"回国吧"。

重耳首先表示感谢，但是他不敢立即回答，于是找个撒尿的借口，偷偷溜出来找狐偃，把公子絷的话转达了一遍。

"不可以。你爹死了，你怎么能因此而受益呢？不好，说出去，人家会笑话我们的。走我们的路，让别人去争吧。"狐偃说，又是一通大道理。这一次，重耳索性也不再深问了，他知道狐偃的话肯定有道理。

于是，重耳再来见公子絷，对他说："实在感谢，感谢万分。可是，我重耳是流亡在外的人，父亲死了，我不能因此而得利啊，呜呜呜呜……"

说完对着晋国的方向跪拜，然后站起来哭泣。

公子絷一看，重耳这人不错啊，因为只是考察，所以也没劝他。

公子絷就在重耳这里住了一个晚上。晚上，重耳除了派人来伺候之外，并没有来回访他。第二天，公子絷上路，去考察夷吾了。

到了梁国，公子絷感觉轻松很多，因为梁国国君跟秦国同宗，这里的生活习惯、语言等都与秦国一样。不过，更让他感到轻松的是夷吾的热情接待。

夷吾早已经探听到是公子絷来，早早准备了各种好吃的好喝的候着，礼品也准备好了。

公子絷来到的时候，夷吾已经在门外等候，家里的奴仆们则穿上盛装，挥舞花环，站在道路两边，口中不断地欢呼："欢迎欢迎，热烈欢迎；欢迎欢迎，热烈欢迎。"

公子絷一看，忍不住笑了。

两人寒暄过了，夷吾请公子絷进门，落座，亲自倒酒，热情得一塌糊涂。

公子絷开门见山，把跟重耳说的话对夷吾也说了一遍。

夷吾听了，也觉得不能贸然回答，也找个撒尿的借口溜出来，找师父郤芮给出主意。郤芮听了夷吾转达的公子絷的话，对夷吾说："机会，一定要抓住。流亡流亡，跟流氓差不多，再流亡下去，就真成流氓了。也别装什么清高了，该争的就得争。去吧，一直朝前走，不要向两边看，就按既定方针办吧。"

按既定方针办，夷吾心里有底了。

夷吾再回来见公子絷，对公子絷跪拜磕头。

"公子啊，我为什么总是泪流满面？因为我对祖国充满感情。要是我有幸回去，我一定不辜负您的期望。给我一个机会，我会还您一个奇迹。"夷吾挤出几滴眼泪来，把台词背了一遍。

公子絷听得发愣，没听过这么肉麻的话啊。

"这个，你的话，我一定转告我家主公。"公子絷说，没有表态。

到了晚上，夷吾偷偷去找公子絷。为什么偷偷去？因为要行贿。自古以来，行贿都是私下的。

"白天有话不好说，晚上来拜会您。您看，您对我这么好，我的想法也就不敢瞒您。这么说吧，我承诺把汾阳一带的百万亩田地赐给里克，他已支持我做国君了。丕郑也已支持我做国君了，因为我承诺把负蔡一带的七十万亩田地赐给他。秦侯如能帮助我，那就是顺理成章水到渠成了。我如果能回国坐上宝座，一定奉上黄河以西的五座城邑给秦侯。另外，您看，我带来了黄金八百两、白玉制作的装饰品六对，礼太轻，不敢用来报答公子，请赏给左右的随从吧。"夷吾来的时候扛了个大箱子，说完话，打开箱子，礼物都在里面。

公子絷一看，这不是行贿受贿吗？我一国家公务员，特高级公务员，我至于吗？当时想退掉，可是看看黄金白玉，色彩真好，纯度高工艺好，怎么看怎么喜欢。

"那，我尽力吧。"公子絷说，收下了礼物。

在有文字记载的历史中，夷吾向公子絷行贿，大概是中国历史上最早的行贿受贿了。所以，行贿的祖师爷为公子夷吾，受贿的祖师爷则是公子絷。

第四计　假装亲民

公子縶回到秦国，第一件事是把那个箱子给放回家里。之后，来向秦穆公复命。

公子縶把这趟经过原原本本说了一遍，不过那一箱礼品的事情就略过去了。

"我支持公子重耳，重耳仁德。不贪图继承君位，爱自己的父亲。还光明磊落，不当面一套，背后一套。"秦穆公的判断很准确，基本上，他喜欢重耳更多一些。

公子縶撇了撇嘴，他要发表自己的意见了。

俗话说：拿人手短，吃人嘴软。下面，看看公子縶的表现就明白这俗话是多么有道理了。

"主公啊，我不同意你的话。如果辅立晋君是为了成全晋国，那么立重耳未尝不可。可是，依我看，晋国强大对我们没什么好处，不如咱就吹一回黑哨，立夷吾。这小子肯定治理不好晋国，到时候还不是要听咱们摆布？而且，人家还送五座城池给我们。咱们名利双收，为什么不干？"拿了人家的礼物，公子縶可不就要帮着人家说话？

秦穆公哪里知道公子縶受贿了，还以为他是真心为了秦国考虑呢。想想，公子縶说得还真有道理。

不过，秦穆公还是比较谨慎，想了想，对公子縶说："这样，基本就内定公子夷吾了。不过，我还要亲自了解一下夷吾的情况，你让他们派一个人过来，我要问些问题。"

基本上，秦穆公这人不坏，即便被公子縶蹿唆着吹黑哨，也觉得不能黑得太过分，顶多吹个四六哨。所以，他决定还是要看看，夷吾要是太差了，那也不行。

第二天，公子縶派人去梁国向夷吾转达了情况，同时要求夷吾派人来秦国接受面试。谁来？肯定是郤芮。

果然是郤芮，郤芮一到，公子縶立马带他去见穆公，一路上介绍穆公的性格爱好和可能的面试题目等等。

基本上，面试题目都被公子縶猜中了，郤芮在路上早就准备好了标准答案，因此每个问题的回答都让穆公满意。

最后一个问题，穆公问："如果你们回去，有谁是可以依靠的？"

"我们流亡在外，说实话，国内没什么朋友。夷吾这孩子，从小不欺软怕硬，也不喜欢报复人，豁达大方啊。据说，我们流亡在外这段时间，国人都很怀念他,老百姓都很愿意他回去。唉,除了这些,夷吾也就没有其他可以依靠的了。"郤芮的回答很巧妙,夷吾在上层确实没什么人缘,瞎编容易露馅,所以干脆强调"我们依靠人民"。

穆公听得直点头,这下放心了。此前,他还担心自己辛辛苦苦弄回去一个暴君,没过几天给推翻了,自己就太没面子了。

第六十二章　忽悠秦国

事情就这么定了。

秦穆公派公孙枝率领三百乘战车前往梁国,在那里与夷吾会合,然后护送夷吾前往晋国继位。

晋国方面,里克得到了夷吾的空头贿赂,转而支持夷吾继位。狐偃没看错里克,这人确实很爱财。丕郑也接到了空头贿赂,他知道自己已经无法扭转乾坤,因此默认了这个结果。

就这样,晋国方面准备好了各种仪式,专门等待新国君驾到。

公孙枝和夷吾抵达绛城,晋国卿大夫们接着准备登基典礼。就在这个时候,突然又来了一队人马。大家一听,麻烦了,是不是翟国派兵把重耳也给送回来了? 怎么办? 这非打起来不可啊。如果打起来怎么办? 站在哪一边?

宁可杀错人,不可站错队啊。

背信弃义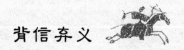

还好,来的这队人马不是翟国军队,是齐国军队。怎么齐国军队来了?

原来,齐桓公早听说晋国在新立国君的问题上遇到了难题,身为盟主,即便晋国没有加入联合国,也应该义无反顾地帮助他们啊,何况大家还是世世代代的亲戚。所以,齐桓公亲率大军出发,要来晋国帮助确立新君。可是走在路上,听说秦国已经帮助确定了夷吾。齐桓公一看,自己没有过来的必要了,但是还是派个人过去吧。于是,齐桓公自己带领大军回国,派隰朋率一百乘战车前来帮助协立新君。

知道了是怎么回事，夷吾很高兴，这下等于联合国也承认自己的地位了。其他人也都放下心来。

刚刚迎接了隰朋进城，把齐国军队安置好。突然，城外又是一阵尘烟，又是一队人马杀到。谁？难道这次是重耳？大家又有些紧张，不过夷吾很放心，甚至很高兴，他倒盼着这是重耳来，正好这边可以出动晋国军队、秦国军队和齐国军队，趁机就把重耳给杀了，永绝后患。

不过，这一次夷吾有点失望，因为来的不是重耳。不过他也挺高兴，因为来的是周王室派来的大夫王子党，奉周王之命前来帮助晋国确立新君。

这下好了，有周王室、联合国盟主齐国和舅子国家秦国三家支持，夷吾的位置算是稳若泰山了。即便重耳不服，有想法也没办法了。

登基仪式进行得十分隆重，因为有王室在，因此更加正规一些。

现在，夷吾正式改称晋惠公。

登基典礼结束，周王室军队和齐国军队班师回国。可是，秦国军队没有走。继续保护晋惠公？不是，是等着要河西的五座城池呢。

坐在晋侯的宝座上，惠公的感觉是不一样的。除了兴奋之外，他还有点犯愁，那五座城池，给，舍不得；不给，又答应了人家。

怎么办？

晋惠公立即召开御前大会，探讨这个问题。

首先，郤芮介绍了事情的缘起，他当然不会说这是自己当初主动贿赂秦穆公的，而是说这是秦国开出的要挟条件，不得已而答应。如今实在不想给，看大家什么看法。

吕省第一个发言，过去他没什么资格发言，现在敢第一个发言了。

"那时候答应他们是被迫的，而且那时候河西五城根本就不是主公的，就算答应了，也是白扯。如今我们自己当家做主了，凭什么给他们？不能给。"吕省旗帜鲜明，建议不给。

"说话要算数，我觉得还是给。"里克第二个发言。

"不行，给了五城，晋国损失太大，今后黄河以西就都成秦国的了。"郤芮第三个发言，他从一开始就没有准备给。

"早知道这样，答应人家干什么？"里克有些生气，郤芮从前在自己面前跟个孙子一样，现在好像根本不把自己放在眼里。

"里大夫，你这样为秦国说话，你是秦国大夫还是晋国大夫？你不是为了秦国，是为了你得到汾阳的那块地吧？"郤芮说话真是毫不留情面，一句话，把里克受贿的事情给揭了出来。

在场的人们都看着里克,心中都在说:"这该死的,原来是受贿了。"

里克没话说了,他看看丕郑,丕郑低着头,从一开始就没有准备要说话。要说,还是人家丕郑聪明。

惠公想了想,说:"这样行不行? 咱们不全给,给一两座怎么样?"

"不好,"吕省又发言了,"给一两座跟不给没区别,反正都不守信用了,还不如一座不给。"

"可是,如果不给,怎么跟人家说呢?"惠公有点发愁,毕竟还有个面子问题。

"这样,咱们派人去秦国,也别说就不给了,就说刚刚上任就给,大夫们都不同意,缓一缓,过阵子再给。拖着他们,最后就拖黄了。"郤芮发话,算是最后定调。

回想一下当初郑国跟宋国之间,也是这样。看来,历史有的时候真是惊人地相似。再看看世界和中国的近代史和现代史,有些事情似乎就在眼前。

现在,有个新的问题:派谁去秦国?

郤芮自己不敢去,怕秦穆公一怒之下,把自己给宰了;吕省也不敢去,梁由靡也不敢去。总之,夷吾的死党们没人敢去。

"我去。"终于有人挺身而出了。谁? 丕郑。

晋惠公并不喜欢丕郑,也并不愿意让他去。但是,既然别人都不愿意去,也只能让他去了。

就这样,丕郑意外地成了晋惠公的首任特使。

丕郑为什么想去呢? 他难道不知道这一趟很危险吗?

丕郑的计划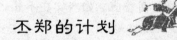

丕郑是个聪明人,他从一开始就不愿意夷吾回来,可是里克这个二百五这段时间自信心过度膨胀,什么事情不商量就自己做主,结果一步错步步错,现在成了这么个结果。眼看着惠公和他的亲信根本就不把里克这一伙人放在眼里,那些空头支票更是想也不要想了。

刚刚回来就这样,今后里克和自己还有好日子过? 依惠公的性格,说不定哪一天就赏给自己一包耗子药,让自己"被自杀"了。

所以,丕郑已经下定了决心,必须把惠公干掉,否则,被干掉的就是自己。

而现在,丕郑已经敏锐地看到了机会。

丕郑随同公孙枝来到了秦国。公孙枝也是没有办法,惠公说了要过一阵子再给河西五城,请他先回去。那时候没有电话也没有互联网,也没办法请示组织,所以,只好领着人马灰溜溜离开晋国,回到秦国。

公孙枝带着丕郑就去向秦穆公汇报工作了,两人先是汇报了整个的登基过程,又说王室和齐桓公也有派人参加。秦穆公听了挺高兴,觉得自己办的第一件事情就挺成功。

之后,实质性的东西上了台面。

"河西五城移交了吗?"秦穆公问,脸上的笑容还没有消退。

"正要报告主公,晋侯说本来想立即交出河西五城的,可是大臣们都不干,没办法,要缓一缓,过一段时间再给。"公孙枝说话了,看看丕郑,接着说:"不过,依我看,晋侯想赖账。"

"是吗?"秦穆公的脸色立马变得难看,他问丕郑。

"是的,晋侯让我来,就是这个意思。"丕郑很严肃地说。他看着穆公,似乎在嘲笑他。

穆公受不了了,受骗的感觉非常糟糕。

"该死的夷吾,言而无信,让老子吃苍蝇。好啊,既然如此,我先杀了你,然后讨伐晋国。"秦穆公愤怒了,他要先杀了晋国使者,出一口恶气。

丕郑笑了,他一点也不惊慌。

"主公,要杀我容易,我也料到会被杀。可是,主公难道不想知道,为什么我明知要死还要来呢?"丕郑问道。

"为什么?"

"因为我也跟主公一样讨厌夷吾这个混账,我自告奋勇前来,就是想跟主公商量,怎么干掉夷吾,扶立公子重耳。"反正没有外人,丕郑把自己的目的直截了当地说了出来。

"嗯?"穆公听了,倒有些出乎意料,他看看公孙枝,想听听他的意见。

"主公,丕大夫所说的都是实话,他一向就不赞成夷吾回去。"公孙枝在旁边作证,他对晋国的情况倒是很了解。

"好,你把你的想法说来听听。"秦穆公下令。

丕郑的主意是这样的。

惠公手下,最能干的就是郤芮、吕省和郤缺,没有他们,惠公就是个睁眼瞎。所以,请秦穆公给晋国发个请柬,就说想要在秦国搞个秦晋两国高层联谊会这么一个活动,请上述几位过来,一来增进双方了解、加强感情,二来也是现场指导一下秦国的各方面建设。等这三个哥们过来了,把他们或者扣留或者干脆一刀一个。

之后,秦国起兵进攻晋国,拥立公子重耳。而丕郑和里克在晋国内部接应,这样内外夹攻,一定能够推翻惠公。

"这个主意不错。"秦穆公表示赞同,公孙枝也认为具有可行性。

于是,秦穆公派大夫冷至和丕郑去晋国,一方面对晋惠公的"缓期交城"

表示理解,另一方面递交邀请函,请郤芮、吕省和郤缺前往秦国交流指导。

计划不如变化快

想法挺好,主意看上去也挺可行。可是,变化总比计划快,自古以来就是如此。

丕郑高高兴兴和冷至回到了晋国,上朝之前,先回了一趟家。在家里,听到了一个坏消息,一个非常坏的消息,一个最坏的消息——里克被杀了。

"里克怎么死的?"丕郑惊讶得合不拢嘴,怎么说里克也是晋国的国防部长,怎么说也没有可能惠公刚上任几天就开杀戒吧?

丕郑的儿子丕豹把事情说了一遍。

原来,丕郑走之后,里克很生气,也很郁闷,难免有些怨言。

"该死的夷吾,要不是老子,哪里有你的今天?"里克越想越气不过,他知道,惠公给秦国的河西五城是空头支票,给自己的汾阳的田地必然也是空头支票。其实,里克不缺那点地,但是被骗的感觉很不爽。

里克是有军权的,并且在军队中有号召力。依他的想法,反正已经杀了两个国君,再杀一个也不算多。有这样的想法,可是里克的决断力不够,这时他想起丕郑来了,可是丕郑去了秦国。怎么办? 里克天天派人去丕郑家里看丕郑回来没有,另一方面,频频接触七舆大夫,准备起义。

里克没有想到的是,他的一举一动,都看在郤芮的眼里,郤芮派了武林高手盯梢,把里克的情况摸得清清楚楚。

"里克想造反了。"郤芮得出这样的结论。

有了结论,郤芮立即来找惠公汇报。

"主公,可靠线报,里克勾结七舆大夫和丕郑,准备造反。"郤芮报告,并且把自己这些天搜集到的情报介绍了一遍。

"这,没确凿证据啊,人家关系好,走动多,也正常啊。"惠公听了半天,觉得没那么复杂。

"主公啊,大意不得啊。你想想,里克本来就跟重耳关系好,现在又埋怨我们忽悠他,能不恨我们? 就算他没有准备造反,一定也想造反。"反正郤芮是咬定了里克要造反。

惠公想想,师父好像历来都没看走眼过,说不定里克真想造反呢?

"那,那怎么办?"惠公问。

"杀!"

"这,刚上任几天,就杀大臣,这传出去,名声不太好吧?"惠公还有顾虑。

"名声算什么？命才要紧啊。到时候命都没了，还要名声干什么？"郤芮有点急了。

"好，师父，听你的。"

杀人，往往不取决于实力，而取决于杀心。

里克被紧急召见，据说是惠公准备讨伐山戎。

"为什么讨伐山戎？"里克一路上在想，没有想明白。他做梦也没有想到，那只不过是在骗他。

来到朝廷，里克就觉得有点不对劲，朝廷里的几个大臣都是惠公的死党，执戟卫士明显比平常多，而自己的人一个也没有。没办法，事到如今，也只能硬着头皮进去了。

"老里，据说最近挺忙啊。"惠公没说讨伐山戎的事情，阴阳怪气先来这么一句。

里克一听，更加觉得不对劲，勉强笑笑，没有说话。

"串联得怎么样了？"惠公接着问。

"主公，串联什么？"里克装糊涂，心中说不妙。

惠公没有说话，只是笑。周围，郤芮等人也都在笑，阴森森的笑。

里克下意识地向四周看看，四周，执戟卫士都盯着自己。

"完蛋了。"到这个时候，里克已经明白自己今天会是个什么下场了。

惠公已经没有兴趣再绕弯子了，也没有兴趣去跟里克争论他是不是想要谋反。惠公觉得，一切都明白说出来或许比较好，反正，这里也没有外人，谁是什么德性，大家都知道。于是，惠公说了一段历史上很有名的话："微子则不及此。虽然，子弑二君与一大夫，为子君者不亦难乎？"（《左传》）

啥意思？没有老兄你，我就坐不到这个位置上，可是，你毕竟杀了两个国君和一个大夫，当你的国君，我不是很为难吗？

里克说："不有废也，君何以兴？欲加之罪，其无辞乎？臣闻命矣。"

啥意思？我不杀那两个，你怎么能上来？要找我的罪名，怎么会没有理由呢？我知道我该怎么做了。

"欲加之罪，何患无辞？"这句成语，就来自里克这里。

里克知道自己必死无疑，争辩不过是自取其辱；反抗不仅没用，还会连累家人。所以，最好的办法，就是"被自杀"。

惠公没有准备毒药，也没有准备绳子，他知道，里克是个战将，他不需要这些，他有自己的方式。

果然，里克拔剑而出。

欲加之罪　何患无辞

里克就是这样死的。

"别人呢？别人没事？"丕郑有些紧张，他问丕豹。

"没事，晋侯说了，不干别人事，还专门派人来安抚我们。"丕豹说。

"你觉得没事了吗？"

"我觉得有问题，他们似乎是要稳住我们，爹，我看，咱们跑到秦国去吧。"

"这么跑了，我不甘心。这样，我先去问问共华，如果不是十万火急，我还想冒一次险，完成我们的计划。"丕郑真的不甘心，混了一辈子，混到要逃离祖国，流亡海外，他确实不甘心。

丕豹很担心，又劝了父亲几句，可是丕郑已经下了决心。

"这样，你准备好车马，先出城找地方躲起来，一边派人在朝廷周围探听消息，若是我有什么不测，你立即逃往秦国。"丕郑临走之前，出于保险，做了最坏的打算。

丕郑带着冷至，来到了共华的家中。共华是谁？七舆大夫的第一名，左行大夫。

两人见面，共华又把里克被害的事情说了一遍。

"共大夫，你看，如果我现在去朝廷，会不会有危险？"丕郑征询共华的意见。

"不会吧。我们几个都没有事啊，这段时间你又在秦国，找什么理由害你呢？"共华认为没问题，他没有听见里克临死前的那句"欲加之罪，其无辞乎"，否则他就不会这么想了。

丕郑点点头，他知道很危险，但是，他决心去冒这个险。

看见丕郑回来，惠公很高兴。看见丕郑回来，郤芮、吕省几个人也都很高兴。看见他们那么高兴，丕郑心里咯噔一下，这不是好兆头。

丕郑首先汇报了这趟去秦国的经过，说是秦穆公热情招待，虽然不太高兴，但还是接受了晋惠公的解释，答应缓期交城。对此，惠公表示满意。

随后，丕郑把冷至领来见了惠公。冷至转达了秦穆公的问候，之后递交了邀请函，希望郤芮、吕省和郤缺能够在近期前往秦国，展开友好交流和指导工作。

看了邀请函，郤芮笑了。

"冷大夫，你先去国宾馆休息，我们商量之后答复你。"惠公把冷至先打发走了，留下丕郑继续汇报工作。

丕郑知道，大事不妙了。

郤芮先说话了："奇怪，咱们拖延交城，秦国人不仅不生气，反而很高兴，而且还来客客气气请我们过去友好交流和指导工作。他们以为我们是傻子啊，这分明就是个陷阱，要骗我们过去，把我们都害了，然后他们再勾结重耳，攻打晋国。丕大夫，看来，你这一趟收获不小啊，说说吧，你们是怎么定的？谁出的主意？"

别说，郤芮都猜中了。其实，倒不是他特别聪明，即便丕郑没有这样的计策，郤芮也会这么说。

丕郑比里克聪明，他知道，人家就是要杀你，你说什么都是废话。与其争辩，不如什么也不说。

丕郑直接抽出剑来。

有人说，怎么那会儿里克抽剑，现在丕郑又抽剑，难道见国君的时候可以带剑？不错，那时候，见国君的时候可以带剑。

惠公和郤芮吓了一跳，丕郑不争辩就出剑，是不是要拼命？几个人急忙都去摸剑，剑还没摸到，那边丕郑的剑已经到了脖子，一道血光，丕郑倒在地上。

大家都惊呆了，愣了半天，谁也没见过自杀这么爽快的人。

这么说吧，丕郑那一下子，把哥几个都给雷倒了。

"老丕，痛快。"惠公忍不住赞叹起来。

惠公一赞叹，那哥几个还真有点吃醋。一吃醋，就要起坏心眼。

"主公，丕郑虽然死了，他儿子丕豹的才干不比他差，斩草除根啊，否则后患无穷。"这是吕省的坏主意。

可惜的是，吕省的坏主意早已经被丕郑料到。

丕豹跑了，跑去了秦国。

第六十三章　继续忽悠秦国

杀了里克，杀了丕郑。现在，轮到了七舆大夫。

其实，惠公在杀掉里克之后就想把七舆大夫一网打尽，可是郤芮劝住了他。郤芮良心发现？不是。

"主公，暂时留下七舆大夫，里克死了，他们没什么威胁了。但是，杀了他们，丕郑一定不会回来了。"郤芮的心思在这里，七舆大夫成了诱饵，引诱丕郑这条大鱼回来的饵。

大鱼被杀了，饵还有存在的价值吗？

共赐，共华的哥哥。共赐在第一时间知道了丕郑被害的消息，他知道，下一步就该轮到自己的弟弟了。于是，共赐以最快的速度来到了弟弟家中。

"兄弟，丕郑被害了，下一个一定是你，快逃吧。"共赐气喘吁吁来到，让弟弟逃命。

"我不走，丕大夫入朝，是我告诉他不会有事的，等于是我害了他。害了他，而我逃命了，这样的事情我不做。你走吧，我在家里等死。"共华竟然不走。

不一会儿，惠公派人来召共华。共华来到朝廷，看见七舆大夫已经凑齐。

后面的事情不必再说，七舆大夫全部被害。

想当年，贾华曾经放惠公一条生路，如今反而被惠公所害。

有的人，该杀的时候不能手软。你不杀他，他总有一天会来杀你。

泛舟之役

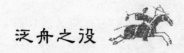

秦国瞎忙活半天，没有得到任何好处，反而跟晋国像仇人一样，从那以

后再也不往来。惠公也很高兴秦国不来，给河西五城的事情基本上就不了了之了。

可是世上的事情就这么怪，你两个不往来了，一定要找点什么事情让你们继续往来。

惠公登基之后，晋国连续三年旱灾，就是晋国历史上有名的"三年自然灾害"，号称百年不遇。在晋惠公的英明领导下，晋国人民进行了艰苦的抗旱救灾工作，可是没有取得胜利，由此也证明晋惠公的领导其实并不英明。

到惠公三年(前648年)，晋国陷入了全面的饥荒，怎么办？

"借吧。"郤芮说。

"跟谁借？"惠公问。周边国家的关系都不太好，到这时候，跟谁借？

"秦国啊。"郤芮的脸皮真的够厚，连惠公都觉得脸上有点发热，忍不住说："咱们忽悠了人家，人家会借给咱们吗？"

"怎么不会？按理说是不会，可是秦国就是一群土包子，实心眼，忽悠一次，还能忽悠他们第二次。反正忽悠过一次了，现在不忽悠白不忽悠。再说了，如果他们不借，我们不是就可以理直气壮地不给他们河西五城了？"郤芮整个就是个大忽悠，认准了秦国人比较实在。

"那行吧，那麻烦师父走一趟吧。"惠公说。历来的习惯都是谁提建议派谁去，所以这个活直接就派给郤芮了。

郤芮一听，笑了。

"主公啊，你这是叫我送死去啊。你想想，秦侯最恨的人就是我了，我要去了，非把我剁了不可。这样吧，派虢射去，秦侯不认识他，最多给赶回来，不会要命。"郤芮算得挺清楚，这类冒险的事情推给了虢射。

于是，晋惠公派虢射前往秦国借粮。虢射那是一万个不愿意去，硬着头皮，领了差旅费和礼物，很不情愿地上路了。

虢射来到秦国，见了秦穆公，送上了礼物，之后提交了"借粮申请书"。

秦穆公一看，该死的晋惠公从前欠的债还没还，现在又来借粮？想不给，又觉得不够人道主义；想给，又有点不甘心。于是，把百里奚、公子絷、公孙枝和丕豹都叫来商量，丕豹这个时候也是秦国的大夫。

穆公把情况大致介绍了一遍，然后征求几位大夫的意见。

"我觉得应该借。以往的事情，是夷吾这混账不对，以致晋国遭到这样的报应，老百姓们都恨他。但是，如果我们不借粮，晋国的老百姓反而会恨我们见死不救。如果借了呢，晋国老百姓会感激我们，今后晋国国君若是与我们做对，连晋国老百姓也不会答应。"公孙枝第一个发言，认为该借，赤子之心啊。

"我反对，夷吾这混账就是个白眼狼，对他怎么好，他都会咬你。借粮给他们，到时候反而增加怨恨。"公子絷不同意，他恨死了晋惠公。

"我认为该借。天灾人祸，哪个国家都有可能发生，扶助友邻，发扬人道主义，这是每个国家都应该无条件去做的。"百里奚认为该借，他从人道主义角度出发。

"借，借他妈个头。主公，晋侯无道，我建议趁他们灾荒，发兵讨伐无道。"不用猜，这个发言的是丕豹，杀父之仇啊。

每个人发言完毕，穆公想了片刻，进行总结性发言。

"唉，要说晋侯这王八蛋呢，饿死他也不冤枉。可是，他是饿不着的，受苦的是晋国老百姓。百里大夫说得对啊，人道主义啊。"穆公真是个心地善良的人，他决定借粮。

秦国发船，满载着粮食，顺黄河运往晋国，这次借粮行动史称"泛舟之役"。

虢射回到晋国，受到热烈欢迎，被认为忽悠成功。其实虢射心里明白，这全是因为人家秦国人心肠好。

再次背信弃义

什么叫做天道循环？

第二年，晋国大丰收。但是，秦国闹旱灾了。结果，秦国人民的抗旱救灾斗争也没有取得胜利，换句话说，秦国人的吃粮问题发生了困难。

按理说，就算秦国没有发生旱灾，晋国也应该还粮食了；或者说，如果秦国不是上一年支援了晋国，人家的粮食也能熬过去。

秦穆公派公孙枝到晋国去借粮。

"好啊，按去年的数，给秦国运过去，也算是咱们的泛舟之役。"晋惠公看了秦国的借粮申请，没犹豫。

郤芮没有说话，显然他有想法。他没说话，虢射说话了。

"主公啊，不能给啊。你想，咱们欠了他们五座城，还欠了粮食，只还粮食，那不是还欠着城吗？他们不是还要怨恨我们吗？与其如此，何必还给他们粮食呢？"虢射基本上全盘照搬了郤芮的思维方式，一番话出来，听得郤芮直笑。

旁边公孙枝听见虢射这么说话，气得几乎跳起来，当时强压住火，指着虢射的鼻子大骂："虢射，你难道忘了去年在秦国的那副可怜兮兮的样子了吗？你说这样的话，不怕生小孩没屁眼？"

晋国大夫庆郑也看不下去，对晋惠公说："主公，欠了人家地，又欠人家粮，说什么也该还粮啊。否则，天理难容啊。"

晋惠公没有理他，而是看看郤芮，郤芮笑笑，没有说话。不过，晋惠公已经知道答案了。

"公孙枝，你走吧，我们没有粮食给你们。"晋惠公这样决策。

公孙枝气得发晕，一路上大骂回国。

晋惠公和他的领导团队，一个字：绝。

奶奶的！

为什么要用这句骂人的话开始？

因为这是秦穆公的第一反应，向来以斯文自诩的秦穆公终于忍不住了。何止秦穆公，所有秦国人民都忍不住要骂人了。何止秦国人民，全世界人民恐怕都要骂出来了。

"该死的夷吾、该死的郤芮、该死的虢射、该死的晋国人！见过不要脸的，没见过这么不要脸的。全国紧急动员，我要讨伐晋国。"秦穆公气得吐血，他知道世界上有无耻的，可是万万没有想到还有这么无耻的。他有吃苍蝇的感觉，而且是绿豆苍蝇，而且苍蝇的脚上还有蛆。

他要出这口气，要出这口恶气。

秦国的大夫们跃跃欲试，一个个都义愤填膺，他们要跟晋国人拼了。

"不可莽撞。"百里奚说话了。大家都很激动，但是百里奚明白，可以激动，但是千万不能冲动。

"你不愤怒？"公子絷问。他气得双手发抖。

"我愤怒，但是，我们正在闹饥荒，此时出兵，军心不稳，后援不继，必然不是晋国的对手。我想，晋国正希望我们出兵呢，不能上他们的当。君子报仇，不要急在一时，这笔账我们记下，到时候一起讨还。"百里奚说得有理有据。大家虽然气愤，还是觉得他说得不错。

秦穆公点点头，现在他冷静了很多，他觉得百里奚是对的。

"唉，晋国啊，我夫人那么贤惠，公孙枝这么正直，怎么夷吾这帮人就这么无耻呢？唉，人和人的境界咋就这么大差距呢？"秦穆公叹一口气，刚才骂了晋国人，如今说几句好话，好让夫人和公孙枝有面子些。

秦穆公真是一个好人。

讨伐晋国

一年的时间，秦国东拆西借，节衣缩食，终于熬过去了。

老天爷开眼，第二年秦国丰收了。

过完冬，秦穆公请大家守岁，好吃好喝。夜半钟声敲响，春天到了。

"春天来了，我有一个心愿，一个埋藏了一年的心愿，各位猜一猜是什么？"秦穆公站起来，对卿大夫们说。

沉默，没有人说话。不是没有人知道，是大家都在运气。

秦穆公感到奇怪，他扫视众人，等待有人说出答案。

这个时候，公子絷也站了起来。

"大家说，主公的心愿是什么？"公子絷高声问道。

"讨伐晋国！讨伐晋国！"所有人发出同样的声音，激昂高亢，直刺云霄，在雍城的夜空久久回荡。

所有人，憋了一年的气，在这一刻迸发出来。

"是男人，就要讨伐晋国！"秦穆公说道。他的眼里，几乎迸出血来。

讨伐晋国。

谁说春秋无义战？

晋惠公六年（前645年）秋天，秦军起战车四百乘，讨伐晋国。所有卿大夫都要求上战场，就连老迈的百里奚和蹇叔也奋勇请战。

秦穆公亲自领军，以百里奚为中军参谋，大将白乙丙、西乞术为先锋，公孙枝和公子絷分领左右两军，祭拜了祖庙，然后浩浩荡荡，杀奔晋国。国内只留下蹇叔主内，孟明视巡边，辅佐太子罃（音英）守国。

秦军上下，可以说是恨晋国入骨，不用动员，一个个就十分卖命。而晋国人都知道自己的国君对不住秦国，在内心都存有愧疚。因此，秦军进入晋国，三战全胜，颇有当年周武王伐商的意思。

秦军摧枯拉朽，长驱直入，以闪电战的态势直达韩原（今陕西韩城）。

晋惠公万万没有想到，老好人秦穆公竟然来真的了。

紧急会议，晋国召开紧急会议。

"秦国鬼子侵略我国，深入我国境内，怎么办？"晋惠公问。

庆郑第一个站了出来，他要发言。丕郑死了，现在又有一个庆郑。晋国这个国家很有意思，他们似乎从来不缺乏能人，随时随地都有人才。

174　"吾深其怨，能浅其寇乎？非郑之所知也，君其讯射也。"（《国语》）庆郑这样说。啥意思？我们得罪人家得罪得很深，怎么能让人家不深入我国境内呢？我是不知道该怎么办了，你问虢射吧。

庆郑的话是明显的气话，你不知道该怎么办，还说这些干什么？

虢射在一旁听到，不高兴了。

"哎，老庆，你这怎么说话？我当初不都是为了国家利益吗？再说了，秦军来了，这是意料中的事啊，还有什么选择？打呀，怕他们个头啊。"虢射倒挺硬，主张迎战。

这两个吵架，晋惠公没理他们，他问郤芮："师父，您看呢？"

"俗话说：蜂刺入怀，解衣去赶，既然来了，当然是打回去。"郤芮也主张打。

惠公一看，大家主张打，那就打。

"师父，那好，您亲自领军吧。"惠公把任务拍给了郤芮，原以为师父挺乐意的，谁知道师父当时就叫了起来："主公，我老胳膊老腿的，哪会打仗啊！别，还是你亲自出马，我在这里守家吧。"

惠公有点不高兴了，看在师父的面上，没说什么。没办法，师父不肯去，只能自己去了。

可是，这个时候，问题来了。

元帅，元帅在哪里？大将，大将在哪里？

晋国最能打仗的就是里克，可是，里克被杀了；晋国最著名的战将就是贾华那一拨七舆大夫，可是七舆大夫也给杀完了。现在该用人了，才发现能用的人都给杀完了。

"芮也，使寡人过杀我社稷之镇。"（《国语》）晋献公后悔极了，这个时候他抱怨郤芮当年撺掇他杀里克和七舆大夫了。

郤芮没有说话，在心里，他突然有一种无名的恐惧：惠公的抱怨会不会仅仅是一个开始？

晋国大军终于还是组成了。

晋惠公亲自领军，中军大将为大夫韩简。韩简的封邑就是韩原，眼下等于秦军侵略到了他的地盘，所以他是红了眼的。想想看，当年张学良有多么想打回东北，韩简就有多么想打回韩原。整个晋国卿大夫中，或许只有韩简是真的有必胜决心的。

出军之前，晋惠公以占卜的方式来决定谁来出任御者，结果很不巧或者说很巧，最适合人选竟然是庆郑。

"切，这个衰人。"惠公叹一口气，他不喜欢庆郑，因为庆郑太直，说话不给面子。惠公决定不让他当司机，选择了郤步扬当司机。

郤步扬，步姓的得姓始祖。

司机确定了，又占卜决定戎右，最佳答案一出来。晋惠公又叹了口气："切，怎么又是这个衰人？"

就这么巧，最佳人选还是庆郑。

"老子偏偏不用他。"晋惠公也是赌口气，偏偏要用家仆徒作戎右。

庆郑听说了，笑得喷饭。

庆郑的忠告

晋国大军浩浩荡荡，离开绛城，前往韩原迎击秦军。

晋惠公这是第一次领军出征，心中忐忑不安，也不知道是祸是福。大军刚出城门，庆郑的车就跟上来了。

"主公，等等，等等，有问题。"庆郑叫住晋惠公，好像有什么紧急事情。

"什么事？"晋惠公有点不耐烦。

"主公，你要换马。"

"为什么？"晋惠公更不高兴了，心说不让你给最高领导人当司机，你不高兴了？要出什么妖蛾子？

"你这马是郑国的马，不是晋国的马。历来打仗都要用本国的马，一来熟悉地形，二来适合本地的地势条件。现在你用郑国这种破马，一旦打起仗来，他们就会愤怒暴跳，呼吸急促，血管膨胀，表面强大，内心虚弱。到那个时候，你就后悔都来不及了。"庆郑说。虽然用词有些夸张，但是确实有理。

晋惠公的马确实不是晋国的马，而是郑国送来的郑国马，这种马非常著名，称为小驷。小驷的特点是身材矮小，步伐平稳，跑不快，但是坐在车上很舒服。这么说吧，典型的后宫马，平时走马看花，这样的马最合适。基本上，这种马跟驴比较接近。

这要是别人提出来的，晋惠公说不定也就听了。可是偏偏是庆郑说的，惠公偏偏就不听。

"老庆，看好自己的马就行了，这马你看不惯，我用惯了，舒服，你知道什么是舒服吗？"晋惠公话里带着讽刺，一点面子也不给庆郑。

费老大劲赶上来提合理化建议，谁知道热脸贴上了冷屁股，庆郑灰溜溜地走了。

"该死的，让你舒服，等打起仗来你就知道什么叫舒服了。"庆郑心里骂道。

韩原，龙门山下。

秦国大军，战车四百乘；晋国大军，战车六百乘。

按照兵家的常识,敌军远来,利于速战。晋国军队最好的战略是防守,等到敌军无粮撤退,再尾随追击。可是,惠公哪里懂这些?

晋军多,秦军少,晋军的战略依然应当是严守阵脚,等待对方的士气下降,然后利用人数的优势发动进攻。而秦军人少士气高,利于混战速战。可是,晋惠公不懂,手下几个亲信也不懂。

"韩简,你去侦察一下敌情。"惠公给韩简派了活,因为这里的地形他比较熟悉。

韩简去溜达了一圈,回来的时候脸色非常难看。

"老韩,有什么收获?"惠公问他。

"收获? 秦军的士气比我们高十倍都不止啊,我看这仗没法打。"韩简垂头丧气,得,最有信心的人也垮了。

晋惠公半天没说话,他这时候很后悔,后悔当初听了郤芮的话而亲自领军。可是事到如今,想不打也不行了。

"唉,说起来,这事情怪我爹。"想了半天,惠公想起他爹来了,好事想不起来,坏事想起来了。"想当初秦侯来晋国求亲,算命的就算过,说是我姐姐嫁给他不吉利,这个大舅子将来会对晋国不利。可是老头子不信,非把我姐姐给嫁到秦国。你看,应验了吧?"

韩简差一点哭出来。

见过不要脸的,没见过这么不要脸的。

"主公啊,我听说算命也不是凭空来的,而是有迹可循的。自己干坏事干多了,自然就会是受报应的命。《诗经》说得好啊:百姓的灾祸,并不是天降的,都是那些当面阿谀奉承、背后互相攻击的小人造成的。"韩简说话也没客气,说完,拍拍屁股,走了。

晋惠公叹了一口气,他认为韩简说的是郤芮和虢射等人。

"奶奶的,不知道还能不能活到明天晚上了。"韩简一路走,一路自言自语。

第六十四章　秦晋大战

晋惠公六年(前645年)九月十四日,正好是中秋之后的一个月。这一天,阳光明媚。

可以想象,到了晚上,月光也会明媚。

阳光明媚,月光明媚,再加上秋风送爽,打仗的心情会不会好一些？总之,这是一个很适合打仗的日子。

秦晋大战开始了。

晋惠公掉坑里了

两军对圆,秦军一个个都红了眼,想起去年一年吃糠咽菜,就恨得牙根发痒。按程序,原本应当双方国君在阵前斗斗嘴,然后开始动手。这次好,连骂战都省了,秦军直接就开始冲锋了。

晋军本来就士气低落,看见秦军冲锋,一个个都有些害怕。这个时候,强弓硬弩守住阵脚的话,还有得打；偏偏晋惠公也下令冲锋。

这个仗没法打,真是没法打。两军稍一接触,晋军就开始溃败。于是,一场混战。龙门山下几十里的战场,到处都是秦晋两国的军队。

屠岸夷仗着自己力大无穷,倒撞过去,迎面遇上秦国大将白乙丙,两人交手,竟然棋逢对手。于是,从车上打到车下,最后扭打在一起。拼到筋疲力尽,双双摔进一个大坑中,在那里倒气。

惠公亲自冲锋,还射了两箭,射完之后发现事情有点不妙,怎么办？逃命吧。

"快跑快跑。"惠公急了，前面驾车的司机郤步扬听到惠公要逃，急忙调转车头。车头刚转过来，迎面杀来秦国大将公孙枝，郤步扬当时就慌了手脚，把那四匹郑国小驷直接给赶坑里去了。也不知道怎么就那么巧，这坑里竟然还有水，是一泥坑。两个多月没下雨，方圆几十里就这么一个泥坑，被惠公赶上了。

郤步扬一看，直接给郑国小驷上鞭子了。可是没用啊，郑国小驷就那么点力气，折腾几下，越陷越深，索性打死都不动了。郤步扬没辙了，他知道，这要是晋国的马，一蹿就上去了。

公孙枝一看，差一点笑出来。当下也不客气，跳下车来，直接赶过来捉人。晋惠公也没办法，也只能下车，郤步扬和家仆徒两人下车，双战公孙枝，竟然还是招架不住。

四周，秦军看见晋惠公掉坑里了，纷纷杀过来。

正在危险关头，救星来了。谁？庆郑。

庆郑听说晋惠公被困，急忙来救，奋勇杀了进来。可是杀到近前，庆郑哭笑不得。为什么？因为他看见郑国小驷在坑里，磨磨蹭蹭上不来。再看郤步扬和家仆徒哥俩，两个人不是公孙枝一个人的对手。

"该死的晋侯，要是听我的，怎么会这样？郤步扬和家仆徒这两个白菜，什么时候会打仗了？"庆郑暗想，看到这个场面，倒觉得很解气很过瘾，反而不想救晋惠公了。

"老庆，载我载我，载我！"晋惠公在坑里大声喊叫，看那样子很可怜。

"救，还是不救？"那一刻，庆郑的脑子里闪过许多画面。

如果救他，自己的车就要给他，自己就完蛋；如果不救他，他肯定被秦国人活捉了。

如果救他，他今后会怎样对自己？这个时候，庆郑想起了里克，想起了贾华，也想起了惠公抱怨郤芮的场景。

"去他妈的，去死吧。"庆郑最终这样决定。

"忘善而背德，又废吉卜，何我之载？郑之车不足以辱君避也。"(《国语》)庆郑大声拒绝了，啥意思？你忘恩负义，又废了吉卜，不用我做车右，为什么又想搭我的车？我庆郑的战车不值得委屈你来避难！

庆郑说完话，又杀出重围。身后，听到晋惠公凄惨的"救命啊"的声音。

晋惠公被捉

　　秦穆公也是身先士卒，一路追杀。可是，他的运气不好。

　　晋军虽然溃败，但是，韩简和他的近卫部队并没有溃散，相反，他们始终保持队形。可巧，遇上了秦穆公。

　　秦穆公的车右是大将西乞术，算得上是秦国排名前三的勇士，可是，跟晋国大将韩简相比，他还差一个档次。几十个回合，西乞术被韩简一戟捅下车来。

　　晋军一拥而上，要活捉秦穆公。秦穆公身边卫士拼命抵挡，眼看抵挡不住。

　　"老天啊，你真是瞎了眼啊，怎么我反而要成俘虏了？"秦穆公欲哭无泪。

　　正在这个时候，突然听见附近山坡上喊声大起，只见一群野人手持大棍、铁杈等杀奔而来。什么是野人？不是今天所说的那种什么都不穿、人话也不会说的野人。那时候的野人，就是没有正当职业、没有正当土地、也没有人管的人，今天叫做自由职业者。

　　几百号野人杀来，大家都愣了，他们究竟是谁的朋友？谁的敌人？在这一刻，双方都希望这些人是自己的队伍，尽管放在平时，谁也不愿意有这样的朋友。

　　野人们的大棍究竟砸向了谁？晋军。

　　现在，秦军再加上野人，晋军在人数上已经处于劣势。但是，野人的战斗力是有限的，而且，秦穆公依然在晋军的包围之中。换句话说，野人的到来，仅仅是缓解了秦穆公的压力，危险依然存在。

　　韩简咬咬牙，挥舞长戟向秦穆公杀去，没有人能抵挡他。

　　就在这个时候，秦穆公的救星来了。谁？庆郑。

　　"韩简，快去救主公，主公要被活捉了。"庆郑大声喊道。

　　"啊，快，快去救主公。"韩简一听，赶紧率领手下去救晋惠公。

　　秦穆公终于松了一口气。

　　韩简跟着庆郑赶到的时候，只看见晋惠公已经被五花大绑，押上了秦国的车，郤步扬、家仆徒也都被活捉。

　　"老庆，你看，都是你，刚才不是你喊，我们就捉了秦侯了，到时候还能把主公换回来，这下可好，两头落空。"韩简埋怨庆郑。

　　庆郑没说话，心说："这是老天开眼，活该啊。"

180　　仗打到这里，已经没什么打头了。两边各自收兵，不同的是，秦军高唱得胜歌，晋军灰头土脸，垂头丧气。

自从晋国建国以来，这是输得最惨的一仗。

秦军收拾战场，西乞术虽然被刺落，好在受伤不重。白乙丙被找到的时候，已经奄奄一息，被救回秦国，几个月后方才痊愈。而同样奄奄一息的屠岸夷被当场砸死，成了烈士。

大胜之后，秦国军队没有乘胜追击，而是班师回朝。

那么，那些野人是怎么回事？从哪来的？为什么要帮秦穆公？说起来，还有一段故事。

原来，年前秦穆公在岐山一带打猎。到晚上发现丢了几匹马，令手下出去找，结果发现几百野人正在那里吃烧烤马肉。手下急忙回来汇报，建议立即派兵剿灭盗马的野人。

说起来，秦穆公真是心地仁慈，想了想，说："算了，人家一定也是饿得不行了，谁没有饿的时候？况且，就算杀了他们，马也救不活了。这样吧，我听说马肉是凉性的，光吃马肉不喝酒，那要伤身体的，派人给他们送些酒过去。"

就这样，野人们不仅有肉吃，而且有酒喝，这个感动啊！

"我们偷吃了最高领导人的马，他不仅不收拾我们，还给我们送酒，这是什么精神啊？这是人道主义、大公无私、大义凛然、大方慷慨啊！不行，我们一定要找机会报答他。"野人们一边吃肉，一边喝酒，一边发誓要报恩。

这一次，听说秦军讨伐晋国，野人们一商量，扛着锄头就跟过来了，正好碰上秦穆公被围，算是报了一回恩。

"唉，看看人家野人，再看看晋侯。看来，有文化不等于就有良心啊。"秦穆公感慨，把晋惠公的四匹小马烧烤好了赏赐给野人们，当然，还有酒。

秦军撤军，晋国大夫们一看，跟着国君出来，现在国君被带到西面去了，兄弟们自己还有脸回国吗？算了，大家学习百里奚吧。

就这样，秦国大军在前，晋国大夫们一个个披头散发，手拄拐杖，背着帐篷，跟在后面。韩简、庆郑、虢射等，全都跟着。

秦穆公听说晋国大夫们都跟上来了，挺感动，心说晋国大夫们还真行，很够意思，可是怎么就出了晋惠公这么个王八蛋呢？

"公孙枝，你去一趟吧，告诉他们别跟着了，就说我之所以把晋侯带到西面，不过是为了叙叙旧罢了，不会过分的。"秦穆公不忍心看着晋国那帮兄弟这么受罪，让公孙枝把他们劝回去。

公孙枝于是去看望那帮兄弟，把秦穆公的意思转达一遍，劝大家回去。

大家一听，既然秦穆公发了话，大家何必还受这个罪呢？于是大家跪在地上对天发誓："上有苍天，下有大地，天地人都听到了秦侯的话，说话要算数啊。"

这样，大家回家了，等待秦国的消息。

晋惠公的命运

晋国，国君被捉，现在是郤芮当权，暂时立太子圉为临时国君。

"我们要想尽一切办法把主公救回来，有条件要救，没有条件，创造条件也要救。"郤芮表面上这样说，内心里，恨不得惠公就死在秦国。

在这一点上，郤芮跟庆郑的想法倒是一样的。

基本上，是个晋国人就在祈祷秦国人宰了晋惠公。

秦国人会怎样处置晋惠公呢？

晋国人在思考的问题，也是秦国人在商量的事情。

"各位，我正义之师所向披靡，活捉了夷吾这个王八蛋。我们来商量一下怎样处置他。四个选择：第一，宰了他；第二，放逐到西边去放羊；第三，放他回国；第四，好好对待他，送他回去恢复他的君位。现在，开始抢答。"秦穆公召开庆功宴，庆功宴上，讨论这个问题。

第一个抢答的是公子絷，所有人当中，最恨晋惠公的就是他，他始终在后悔自己当初接受了晋惠公的贿赂。所以，公子絷的答案可想而知："我选择答案一，宰了他。让他去养羊太便宜他。"

第二个抢答的是公孙枝，作为晋国人，他毕竟还是不希望晋国国君太没面子，所以他选择了答案四。"主公，有道是，冤冤相报何时了？晋国对不起我们，我们已经在韩原大胜他们，连他们的国君也捉来了。我觉得，这样就行了，已经给了他们教训。现在，该是我们表现大度的时候了，否则诸侯会对我们有看法的。"

"不行，一定要宰了他，让重耳作晋国国君。"公子絷一定要出口恶气。

一时之间，大家你一言我一语，选什么答案的都有，不过多数人都选择答案一。

争论一番之后，最后还要最高领导来定调。

"我的看法，夷吾这混账简直就不是个人，杀了他都算便宜他。我打算，把他洗干净了，杀了祭祖。然后，扶立重耳为晋国国君，大家看怎么样？"秦穆公更狠，他选择的是答案五。

182

绝大多数人赞成，少数人弃权。

"好。"秦穆公就要宣布最后答案,晋惠公眼看就要成粉蒸肉了。

就在这个时候,晋惠公的救星来了。

秦穆公这个人,属于从小就特向往中原文化的那么一个文学青年。长大之后,就梦想着能娶一个根正苗红的中原老婆。可是,秦穆公在选择对象的时候出了一点偏差,他跟晋国结为了亲戚,却不知道晋国这个国家其实跟秦国一样属于二胰子中原文化,那也是一个杂交文化。

不管怎么样,秦穆公还是很自豪能够娶到穆姬这样的老婆。

基本上,老丈人是个糊涂虫,舅子是个无赖。但是,在秦穆公的眼里,老婆永远是正确的。

而事实上,穆姬也确实是个很贤惠的人,她继承了母亲的性格,还有母亲的学识。

从秦国和晋国交兵的那一天起,穆姬就在为双方加油。她就像住在陕西的山西球迷一样,当陕西队与山西队交手的时候,她的心情是复杂的。

到晋惠公被活捉之后,穆姬的心情就很不好,那毕竟是自己的兄弟,而晋国毕竟是自己的祖国。

"我要救我的兄弟,否则,我也不活了。"穆姬这样决定,她断定秦穆公会杀了晋惠公。

于是,穆姬令人在宫里堆上了一堆柴火,然后让人去告诉秦穆公:"你要是杀我兄弟,我就自焚。不仅我自焚,还要带着我的孩子自焚。"

穆姬的孩子是谁?一共是四个孩子,其中有太子罃。

秦穆公怕老婆

"玩自焚?"秦穆公的第一反应是开玩笑,可是看看使者的样子,他知道这不是开玩笑。

秦穆公有点傻眼,放过晋惠公吧,不甘心;宰了他吧,自己的老婆要自焚。为了一个不要脸的晋惠公,就破坏了自己的家庭幸福,值吗?晋惠公不过是一颗老鼠屎,老婆那才是一锅鸡蛋汤啊,为了一粒老鼠屎,打坏了一锅汤,合算吗?

所有的道理,秦穆公在一瞬间都想明白了。其实,所有的道理都无所谓,最重要的,秦穆公爱自己的老婆,而且,还有点怕自己的老婆。因为,怕老婆往往是因为爱老婆。

可是,在这么多人面前,总要给自己找个台阶啊。

"得晋侯将以为乐,今乃如此。且吾闻其子见唐叔之初封,曰'其后必当大矣',晋庸可灭乎?"(《史记》)秦穆公给自己找了个台阶,他说什么? 他是说:本来抓晋惠公回来,是为了出口气,可是如今闹到我要家庭破裂,妻离子散,值吗? 再说了,我听说当年唐叔虞刚刚封在晋国的时候,其子说"他的后代一定很强大",其子都这样说,我们能把晋国怎么样呢?

秦穆公的话说出来,大家没话说了。其实人人都知道秦穆公怕老婆,老婆都给结论了,秦穆公要做的无非就是寻找论据。刚才那番话,就是论据了。

基本上,不杀晋惠公已经是定了。也就是说,现在的标准答案只有两个:放回去或者送回去。

别人不说话了,公孙枝就要说话了,因为他是唯一答对的人。

"主公,既然不杀晋侯,那就干脆好人做到底,友谊地久天长吧。放他也是放,送他回去也是放,不如送他回去。不过,这次不能这么轻松就饶了他。首先,把欠我们的地盘给我们,其次,让他把儿子送过来当人质。"公孙枝出了这么个主意。

"好主意。"所有人都说好,确实是好。人情也送了,实惠也有了,最高领导的老婆也可以满意了。

对这个方案,秦穆公很满意,他把晋惠公安置在灵台,等待处置。

郤乞的担忧

晋惠公被带到了灵台,怕得要死,几次求见秦穆公,都被拒绝。这个时候晋惠公才知道后悔,天天发誓:如果老秦放了我,我一定把该给人家的给人家,决不赖账。

也许是发誓有用,没几天,就听说秦穆公准备把自己送回去,继续发展秦国和晋国之间业已存在的友好关系。

"兄弟们,我们就快回家了。哼,等我回去,先杀了庆郑。"晋惠公就是这样一个人,有恩不报,有仇必报。这不,想到回国,第一件事就是报仇。

几个一块被俘的兄弟都很高兴,至少可以回家了,不用去西面放羊了。可是高兴完之后,郤乞有点担心,担心什么?

"主公啊,我看还是别高兴得太早了。"郤乞说。晋惠公瞪他一眼,有些不高兴了,心说你这人怎么这么晦气?

"为什么?"晋惠公压着火问。

"你想啊,过去这么多年你得罪了多少人? 别说庆郑不欢迎你回去,我看郤芮也未必欢迎你,更别说别人了。基本上,就算秦侯送你回去,我担心晋国的大夫们也未必肯接受你。"郤乞说话够直,虽然不好听,但句句是实话。

晋惠公本来不高兴,听了郤乞的话,禁不住倒吸一口凉气。不高兴是不高兴,但是事实就是这样啊。别说没什么人欢迎自己,就是自己的儿子太子圉,跟自己一模一样的,看上去就是个白眼狼,说不准他就会跟郤芮这帮人合起来把老爹害了呢。

"那、那怎么办?"晋惠公顾不上生气了,连忙请教。

"我也不知道。"郤乞只有问题,没有答案,他转头问郤步扬和家仆徒:"你俩有什么想法?"

那两个也都摇头。现在,晋惠公急了。

"你们快想办法啊,谁想出办法来,我赏给良田十万。"晋惠公开始利诱。

"我们是真没有办法啊。"那三个人一起说,原本还想想办法,现在听说有奖赏,谁也不想办法了。为什么?因为有里克和丕郑的先例了。

见大家都不想办法,晋惠公哭了。

"呜呜呜呜,想不到,我竟然有家难回啊。算了算了,也别让秦侯放我了,就让他杀了我吧,或者让我去西面放羊吧,呜呜呜呜……"晋惠公一边哭,一边说,倒真让人听着有点伤心。

这哥几个一听,心说你要真死在秦国了,我们不也回不了家?算了算了,大家都在一条破船上,没办法也要想办法了。

想了半天,还是郤乞想出一个没有办法的办法。

"这样吧,我找个借口先回去,找吕省想办法。"郤乞的办法就是找人想办法。为什么找吕省?因为现在只有吕省是靠得住的了。

基本上,也就只有这么个办法了。

第六十五章　忽悠晋国人民

第二天,晋惠公向灵台看守所提出请求,说是郤乞的老婆预产期到了,这几天临盆,希望能够本着人道主义立场,放郤乞回晋国。

"等他老婆生产之后,一定自觉回来。"晋惠公强调。

看守所很快将晋惠公的请求报到了秦穆公那里,秦穆公当时就同意了。

"老婆生孩子,男人当然应该在身边。快回去,派辆车送他。"秦穆公下令,多好的人哪。他没有想到的是,郤乞的老婆早就死了。

郤乞就这样回晋国了,临出发之前晋惠公嘱咐他:"告诉吕省,如果他想出好办法了,我回国之后,赏他十万亩良田。"

吕省的策略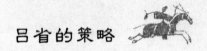

郤乞悄悄地回到了晋国,他没有回家,直接来到了吕省的家。

"你怎么回来了?"吕省吃了一惊,郤乞回来了,惠公是不是也回来了?

"找个清静地方,我有重要事情要说。"郤乞加了小心,不想让太多的人知道自己回来了,弄不好自己被人杀了也未可知。

吕省急忙找了个隐蔽的地方,两个人这才开始说话。

郤乞把秦穆公准备放人的事情说了一遍,之后又把自己的顾虑说了一遍,最后说:"算来算去,主公觉得老吕您才是最值得信任的人,办法又多,因此派我回来请教你。"

郤乞留了个心眼,没把晋惠公悬赏的事情说出来。他担心说出来之后,吕省会打退堂鼓。

吕省听了,挺高兴,没想到自己在惠公心目中的地位比郤芮还高。士为知己者死啊,既然这样,可要好好想办法。

想了半天,吕省一拍大腿:"有了。"

别说,吕省真是个人才。

吕省派人去召集国人,都到朝廷前面的广场,听一听从秦国回来的郤乞介绍惠公的情况。全国人民都想知道啊,于是从大夫到士农工商,呼啦啦去了几万人。大伙心想:看看这王八蛋过得怎么样,如果他要回来的话,直接把朝廷给烧了。

看看人到得差不多了,郤乞站在一个高地,大声说话了:"女士们、先生们,各位领导、各位来宾,大家早上好。今天,阳光明媚,万里无云。"

说到这里,下面开始起哄,这不都是废话吗?

"别说套话了,直接进正题吧,大家都忙着呢。"吕省急忙在一旁提醒,郤乞点点头。

"君使乞告二三子曰:'秦将归寡人,寡人不足以辱社稷,二三子其改置以代圉也。'"郤乞高声说道。什么意思呢? 这个意思:惠公让我回来告诉大家,说是秦穆公决定把惠公送回来,可是惠公觉得自己给晋国丢人了,没脸回来了,希望大家另外找个合适的人,取代公子圉担任晋国国君。

大伙一听,哇噻,传说中的高风亮节啊。想不到,一向不要脸的晋惠公现在这么有骨气,这么有傲气,这么知耻了。原本大伙准备开骂并且扔臭鸡蛋的,现在都不忍心了。

紧接着,郤乞又胡编乱造一些晋惠公在秦国如何威武不能屈、宁死不低头的事迹,说得有鼻子有眼,大家禁不住对惠公另眼相看了。

一通忽悠,全国人民被感动了。有史以来,全国人民都是很容易被忽悠的,都是很容易被感动的。

可是,仅仅有感动是不够的,还需要冲动。而仅仅是感人事迹,显然不足以让大家冲动。所以,忽悠之后,还需要实实在在的利好出台。

"主公深深地感到对不起自己的人民,他为此感到内疚和惭愧,决定在自己去西面放羊之前为自己的人民做一点什么。因此,在我回来之前,主公特地授权我把土地分给大家,具体细则如下……"郤乞大声宣布着。其实,这不是惠公的决定,而是吕省的主意。

广场沸腾了,整个晋国沸腾了。

土地啊,还有什么比土地更为重要的?

土改了,这大概是中国历史上的第一次土改运动。为什么这样说? 我们顺便介绍一下周朝的土地制度。

周朝土地制度

根据考证,周朝的土地制度为井田制。但是,此说长期有争议。

之所以叫做井田制,是因为将农田按南北向和东西向划分成井字形,因此称为井田。井田又分为公田和私田,公田直接属于天子或者诸侯,实际上相当部分公田是分给公卿大夫做采邑,而私田分给平民耕种。一般来说,公田是好田,私田则差一些。公田由奴隶和农民共同耕种,农民需要首先集体耕种好公田,然后才能耕种自己的私田。公田的收成中一部分上交国家,其余归采邑拥有者。而私田只需要上缴象征性的税,其余归自己。

不论公田还是私田,都是国家所有,个人不得买卖。国家不仅可以随时收回,也会采取轮换制度,以体现公平原则。说起来,这似乎很像我们的人民公社。公田就是人民公社的田,私田就是自留地。

而所谓的野人,就是没有公田也没有私田,而是自己在野外开荒的人。开荒在那时属于违法,但是多半没有人去管。

到春秋时期,随着人口的增加和铁器在农业中的应用,实际上土地的开发和交易的需求增加了,因此私有化和开荒合法化的要求日益高涨。

现在,我们来看看郤乞给大家的好处。《左传》记载:“晋于是乎作辕田。”

对于这句话的解释,自古以来众说纷纭,直到今天也说不清楚。但是有一点,这肯定是给大家实惠了,而且是在土地上的实惠。

一种说法是将地块重新切割,以便于“辕”的使用,也就是说便于牛耕。但是,这样的说法很受质疑,理由很简单,这对于大家来说并非实质性利好。何况,晋国是否采取井田制至今也未有定论。

实际上,对于人们来说,真正的利好应当是私有化或者开荒合法化。但是,至今人们的公论是,土地私有化始于一百年之后的鲁国“初税亩”。

那么,究竟“作辕田”是个什么样的天大利好,能够让人们把对晋惠公的怨恨化为感恩呢?根据笔者的推测,辕田与井田应当是并列的两个概念,“作辕田”解作将开荒合法化更合理些。也就是说,新开荒地可以不用按照井田的划分方式,而是谁开发谁划分,土地使用权归谁。

这样的好处对于所有人来说都是一个大利好,所以大家才会都感激。

趁着大家都激动的时候,吕省召集卿大夫们开会了。

“我们国君因败亡在外而愧疚,他并不为自己忧愁,而是为群臣担忧,这不是伟大的品德吗?这么好的国君,我们难道不应该爱戴吗?可是,这么好的国君还被关在国外,我们难道就这么等待吗?"吕省的话很有煽动性,大家都还沉浸在激动之中。

"我们做些什么才可以让国君回来呢?"大家激动地说。没人想到这些都是吕省在忽悠大家。

"韩原会战失败,晋国的武器装备都完了。如果我们增收赋税,修治武器,用来辅佐太子,并作为国君的后援,让四方邻国听到后,知道我们失去国君又有了新的国君,群臣和睦,武器更多,友好的国家就会支持我们,敌对的国家就会害怕。"吕省接着忽悠。

"好,好。"大家响应。

"晋于是乎作州兵。"(《左传》)晋国开始改革兵制,建置州兵来扩充军力。什么是州兵? 历来也是说法不一。不过有一点可以确认,这一定是扩充晋国军力,大致是除了原先的上下两军之外,地方武装正式纳入正规军建制,相当于武警部队配备了解放军的装备,随时准备上战场。

郤芮为什么这段时间没有出场? 据说病了。当然,谁都知道是装病。

晋惠公回国

从九月初晋惠公被捉,到十月底晋国作辕田作州兵,将近两个月时间,吕省为惠公做好了铺垫,晋国老百姓很欢迎惠公回去,而且,晋国的军力已大大恢复。

这个时候,吕省有底气了,他决定去秦国把惠公给迎请回来。

"老郤,你老婆生完孩子了,也该回秦国销假了。"吕省跟郤乞开个玩笑,于是哥俩高高兴兴,前往秦国迎惠公回来。

到了秦国,郤乞主动去销假,说是老婆生了,还生的是双胞胎,多谢秦侯关照。秦穆公知道了,还挺高兴,觉得郤乞说话算数。

吕省直接去找秦穆公,就迎请惠公回国一事进行磋商。还好,秦穆公讨厌的是郤芮和虢射,对吕省倒没有什么坏印象。

两人见过礼之后,秦穆公就问:"晋国现在的人心怎么样? 晋国人民团结吗?"

秦穆公这人实在,他觉得晋国没有国君,一定处于动乱之中。

对于这个问题,如果回答"真是很乱",那就不及格。秦穆公有可能想:既然这么乱,干脆灭了你们算了;如果回答"一点不乱,大家团结在太子圉的周围",那也不过仅仅及格,秦穆公可能会说:既然你们没有惠公更好,干脆别放他回去了。

那么,怎样回答是最好的答案呢?

且来看看春秋的智慧。

"不团结。"吕省回答得很干脆。

"为什么?"秦穆公问。他觉得很好奇,弄不懂吕省究竟是太直爽还是太缺心眼。

"一般群众觉悟低,只知道怨恨秦国侵略晋国,不去想晋国有多么对不起秦国,他们一门心思想拥立公子圉做国君,说要联合齐国和楚国,找秦国来报仇。可是我们公务员阶层不一样,我们素质高啊,我们善于批评和自我批评,我们反省啊,一反省就发现这事情全赖我们国君,秦国那是正义之师啊,所以大家说今后一定要听秦国的,要报答秦国的大恩。就因为意见分歧大,我们用了很长时间来对一般群众进行教育和引导,一直到一般群众也提高了觉悟之后,这才敢过来迎请我们的国君啊。"吕省的话里透露出一个信息:如果放了惠公,晋国人民感激您;如果不放,晋国人民就联合楚国齐国来对付你。但是,表面上的话说得委婉动听,还带着拍马屁的意思。可以说,这一段话就是软硬兼施,胡萝卜的背后还带着大棒。

"你不来,我本来就要送晋君回去。晋国的人怎样看待晋君的前途?"

"一般群众认为君上一定会被宰了,公务员们则不这么认为。"

"为什么?"

"嗨,一般群众只是怨恨秦国,不考虑自己国君的罪过,所以这么认为。公务员了解您的慈善,知道您不会做出破坏两国友好关系的事情啊。"

"嗯,有道理。"

秦穆公被吕省给忽悠了,于是改变对晋惠公的待遇,从软禁改为贵宾待遇,安排他搬进国宾馆,按照诸侯的礼遇对待,并且立即安排送晋惠公回国事宜。

从士芳、荀息、丕郑,到郤芮、吕省、庆郑,晋国的人才真是层出不穷,不过,与后面将要出来的人物们相比,他们又逊色了许多。

十一月,秦穆公派公孙枝带兵送晋惠公回国,路过河西五城,当场交割,就算今后想赖也赖不掉。

惠公要回来了,郤芮很不高兴,但是还要装得很高兴,也不敢再装病了。

可是,有一个人就麻烦了。这个人不仅得罪了晋惠公,而且他非常了解晋惠公是个什么人。这个人是谁?庆郑。

"兄弟,快逃命吧。"庆郑的朋友蛾折劝他。

"我不走,我听说:'军队战败了,应该为之而死。主将被俘了,也应该为之而死。'这两样我都没有做到,又加上误了别人救国君的机会,致使国君被俘,有这样三条大罪,还能逃到哪?我准备等待处罚。"出乎意料,庆郑竟然

190

不肯逃走。

庆郑为什么不跑？他真的想死？没有人真的想死。如果要死，他早就可以死，而不用等到现在。

想想看，在他的心里，晋惠公就是一个无耻之徒，对于这个无耻之徒，庆郑连救他都不肯，难道还心甘情愿被他杀死？显然说不通。

那么，我们只好说，庆郑是要赌一把，他要赌晋惠公不杀他。

按照庆郑的想法，如果自己在这里等死，而惠公又赦免了他，那么两个人都会得到一个好名声。既然这是一个双赢的结局，惠公为什么不呢？

还有一个很重要的原因，那就是庆郑被吕省忽悠了，他以为惠公真的悔过自新了，真的宽宏大量了，真的批评和自我批评了。

跟惠公这样的人，永远不要去赌运气。

庆郑之死

晋惠公回到了晋国，来到绛城郊外的时候，他不走了。

"主公，怎么不走了？"

"不行，我要不杀了庆郑这个王八蛋，我就不进城。"晋惠公说。一路上，他什么也没有想，就想着回来之后要杀了庆郑。

大伙一听，合着惠公没有一点反省的意思，满脑子都是报复人啊。没办法，到了这个地步，也只能顺着他了。

"主公啊，咱们还是进去吧，庆郑听说你回来，八成跑了。"有人劝惠公。

"不行，他肯定没跑。家仆徒，你先进城看看，庆郑没跑的话，把他给我叫来。"惠公死活不肯进城。别说，他看人挺准，料定了庆郑不会跑。

公孙枝也没办法，只好在城外扎营。另一边，家仆徒进城去找庆郑，顺便告诉大家惠公回来了，快去城外迎接。

不一会，卿大夫来了一大堆，一个个嘘寒问暖，好像挺怀念惠公。惠公心想：你们这帮兔崽子，你们就装吧。

大家正在那里虚情假意，家仆徒带着庆郑来了。大伙一看，都有点吃惊，吃惊庆郑为什么不跑。

"主公，你，吃了吗？"基本上，庆郑就这么问候了一下。大家都有点尴尬。

惠公的脸色很难看，他根本不理会庆郑的问候。

"你知道你有罪吗？啊？你还敢留在都城，你胆儿肥了？"惠公上来就这两句，杀气腾腾。

"我知道我有罪，三大罪状。第一，当初我劝主公报答秦国的恩德，可是没有说服主公。第二，劝主公不要用郑国小驷，也没有能够让主公相信。第三，招呼韩简来救主公，却没有能够成功。三大罪状在身，所以我在这里等待就刑，以便让天下知道主公执法严明。"庆郑列出了自己的罪状，听得惠公哑口无言。这哪里是三大罪状，这分明是三大功劳啊。

换了别人，就该说："你说得对，我错了。"可是惠公是这样的人吗？

惠公没话说，不等于没有办法。转头一看，梁由靡在旁边呢，惠公说："梁大夫，你替我说说，庆郑究竟有什么罪。"

惠公知道，梁由靡跟庆郑不对眼。果然，梁由靡早就憋着要发言呢。

"庆郑，你忽悠谁呢？啊？我说你有三大罪状，你看看对不对。第一，主公在坑里让你去救，你竟然拒绝。第二，我们哥几个正要捉住秦君，捉住之后就可以把主公给换回来了。好嘛，关键时刻你来一嗓子，表面看是让我们救主公去，实际上呢，放跑了秦君。第三，主公被捉了，大家不死也带伤，你看看你，毫发无损，好像旅游一趟。这三条罪状，够你死吗？"梁由靡基本上也就是强词夺理，不过勉强也说得过去。

"嗯，你说说，你服吗？"惠公高兴了，对庆郑说。

"我直言劝谏，尽到了臣子的责任。主公要杀我，是主公的决定。我没有什么好抱怨的，来吧。"庆郑嘴上不抱怨，心里挺后悔。

"砍了。"惠公才不管你抱不抱怨，就要下手。

看到惠公要杀庆郑，大家都有点心寒，蛾析第一个站出来为庆郑说好话："庆郑主动认罪接受刑罚，这样的人为什么不赦免他呢？叫他领军去报秦国的仇不是很好？"

惠公没说话，梁由靡抢先说了："不行，我们用一个罪人去报仇，不是让人家笑话？再说了，我们与秦国已经讲和了，怎么能背信弃义呢？"

梁由靡说到这里，惠公插了一句："是啊，诚信啊，我们要讲诚信啊。"

几乎所有人都想笑，"诚信"两个字从惠公的口中说出来，真的很有搞笑的效果。

忍住笑，家仆徒也为庆郑求情，他以为凭着这三个月来与惠公的荣辱与共，说不定可以给个面子。"主公，当臣子的甘愿受刑，当国君的不计较前嫌，这样的名声不是比杀了庆郑更好？不是双赢？"

"嘿，名声？名声是什么东西？双赢？不杀庆郑，我就输了，赢什么赢？啊？"惠公这个人，你跟他讲名声，那不是对牛弹琴吗？惠公训斥完了家仆徒，叫司马说，"喂，司马说，愣着干什么，砍了砍了，我不想再看到这个人。"

就这样，庆郑被杀害了。

庆郑临死，大义凛然，视死如归。

愿赌服输，大概说的就是庆郑这样的人。可是，再怎么视死如归，还是赌输了。

第六十六章　刺客又来了

杀了庆郑,惠公爽了,下令进城。

可是,你爽了,有人不爽了。你想进城了,有人不想让你进城了。谁?公孙枝。

"哎,别介。咱们还是先在城外把事情办了吧,办完事我走了,你爱怎么进城怎么进城。"公孙枝说。什么事? 人质的事。

按照原来的计划,公孙枝应该把惠公送回晋国都城,然后举行个什么仪式,最后把公子圉带回秦国做人质。可是刚才看惠公杀庆郑,公孙枝就知道这孙子还是那副德行,根本没有任何悔改。如果让他进城去了,到时候晋国军队一集结,他肯定就不认账了。那时候别说把公子圉给带回去,自己能不能活着回去还不好说呢。

所以,公孙枝临时决定就在这里把事情办了,在晋国不作停留。

惠公一听,知道公孙枝起疑心了,心说我的算盘怎么被你看出来了?没办法,现在自己还在人家手里,不想装孙子也得装。好在,儿子一大把,送一个就送一个,反正都是白眼狼。

"喂,去个人把公子圉给我叫来。"惠公急着进城呢。

"不用叫了,外面候着呢。"有人回答。原来,公子圉早就来了,只因为这里人多,不好相见,因此在外面等着。

"进来进来,快点进来。"惠公下令。

不多时,公子圉进来了,同时进来的还有公子圉的妹妹妾。有人一定要问,怎么好好一个公主,取个名字叫妾?

原来,当初惠公做了梁国的女婿,一胎生下一对双胞胎来。找算命的一算,说是男孩子今后当不了国君,女孩子只能给人当妾。惠公一听,既然算

命的都这样说了,这两个贱种就取两个贱名吧,男孩子就取名圉,意思就是放马的,也算是个正当职业;女孩子就取名妾,就是小老婆,直接给定性了。惠公这个人,连自己的儿女都这样对待,可想而知是个什么货色了。

公子圉知道老爹回来了,只得去迎接,偏偏妾吵着闹着也要去,所以就这么一块来了。

"圉,这些日子当代理国君,爽大了吧?既然你来了,也就别回去了,跟着你公孙叔叔去秦国当人质去吧。妾,你既然也来了,干脆跟你哥哥一块去吧,啊,伺候你姑姑去算了。"惠公看见公子圉就不高兴,心说老子在秦国受罪的时候,这白眼狼不知道把我的后宫美女们睡了多少呢,活该让你也去秦国体验生活。看见女儿也烦,索性把女儿也送了,还对公孙枝说:"看见没有,我买一送一,放心了吧?"

摊上这么个爹,也够倒霉的。

你自己愿意多送,公孙枝自然照单全收。从此以后,公子圉在秦国做人质,妾在后宫当个侍女,跟着姑姑混。

师父也害怕

庆郑杀了,儿子女儿也送走了,现在,惠公大大方方、高高兴兴回到了绛城,坐在朝廷的宝座上,心情还真是不错。

卿大夫们都来了,这时候谁敢不来?郤芮也不装病了,或者说也要装着带病上朝了。

基本上,惠公说了些无关痛痒的话,大致是说大家这段时间也辛苦了,过几天摆摆功劳,给大家发点什么过年的礼物之类。大家把这话都当放屁,反正是不指望有什么奖赏。至于给吕省的悬赏,惠公根本没提,好在吕省根本就不知道。

大会开完,大家回家,这边继续开小会。小会就是惠公那几个心腹,郤芮、吕省、梁由靡、虢射那几个,相当于政治局常委会。

常委会上,惠公重点表扬了吕省、虢射和梁由靡那几个,没表扬的就是郤芮一个人。郤芮看在眼里,知道事情有点不妙。

"师父啊,这段时间您老人家辛苦了,不容易啊,辅佐公子圉就像辅佐我一样卖力。"惠公的话里带着话,摆明是说你想帮着公子圉取代我。

"啊,这个,啊,应该的,应该的。"郤芮有点发慌,他知道这个白眼狼什么都干得出来,别说自己只是个师父,就是他亲爹,他也敢杀。

那几个也不是傻瓜,一看事情好像有点不妥,连忙把话头岔开。兔死狐悲啊，谁也不愿意看着郤芮被杀掉。

"啊，主公，有件事情我要汇报。"吕省说。一边说，一边想该汇报什么事情。

"你说。"惠公对吕省很客气。

"啊，这个，"到这个时候，吕省想起来了，"主公蒙尘那段时间，公子重耳蠢蠢欲动啊，我看，要早点对付他。"

说到重耳，惠公倒真的认真起来。说起来，那是他哥哥，名声比他好，手下还有一帮能人，这可是最危险的潜在敌人。

"嗯，怎么对付他？"惠公问。

"我看，派人去杀了他。"郤芮答话了，这可是个表现的机会，"我们可以派勃鞮去，他是武林第一高手，再纠集几个兄弟同去，神不知鬼不觉杀了重耳，咱们还可以不用背杀兄的恶名，主公你看怎么样？"

"好主意啊。"惠公高兴了，心说师父总有好主意，看来还是不要轻易杀他。

当时，这个任务就交给了郤芮。

郤芮回到家中，派人把勃鞮找来。

"你找几个高手，三天之内出发，前往北翟刺杀重耳。如果成功，金钱美女大大的有。"郤芮给勃鞮分派任务，却忘了勃鞮要美女没什么用。

尽管要美女没用，勃鞮还是很高兴地接受了任务，自己找人去了。

勃鞮刚走，郤芮就叫来一个心腹手下。

"你赶紧出发，前往北翟找重耳，就说是狐突派你通风报信，勃鞮三天内要去行刺，赶紧逃命。"郤芮吩咐，手下收拾行囊，急急忙忙走了。

为什么郤芮要给重耳通风报信？理由很简单。如果重耳被杀死了，惠公没有敌人了，他想杀谁就杀谁。如果重耳不死，惠公就还需要这些人来帮他。

所以，放走重耳就等于保全自己。在这一点上，郤芮看得非常清楚。

重耳的幸福生活

很久不说重耳了，重耳这段时间在干什么？

总的说来，重耳的生活是幸福的。

那一天重耳从蒲逃命到北翟，老婆孩子都没顾上。为什么没顾上？

那时候重耳还没有正式成亲，所谓的老婆，不过是侍候他的婢女而已，名叫逼姞。既然只是婢女，怎么说是老婆孩子？因为那个婢女已经上了重耳的床上并且怀上了重耳的孩子。可是，既然有了孩子，身份就应该提高为妾，就应该带走了。问题是，怀是怀了，还没生出来。在这样的情况下，孩子虽然是重耳的孩子，孩子他妈还是婢女身份。一方面，身份不够；另一方面，

大着肚子不太方便。所以，只好老婆孩子都不带走了。

重耳随行的就是狐偃那几个人，第二天，狐射姑才押着行李过来。之后，陆陆续续，来了几十个兄弟，胥臣、介子推、颠颉等都跟着来了。

还好，北翟国主翟君是重耳的表哥，一家人不说两家话，热情招待，给房给地给车。

待时间不长，翟君很喜欢跟这帮弟兄们一起吃喝玩乐。这天喝多了，翟君说："我听说咎如国君的两个女儿很性感，抓来给公子做老婆怎么样？"

"好啊好啊。"大家都很高兴，就这么定了。

第二天，北翟出军，为重耳抢老婆。

"老弟，抢老婆这样的事情，我借兵给你们，但是还是要你们自己去抢啊。"翟君说了，这是规矩。

"那当然。"狐偃本来也没指望他们什么，当时把指挥权给了先轸，说起打仗，没人比先轸厉害。

果然，先轸领着翟兵，三下五除二打败了咎如，别的也不要，就把两个女儿给抢回来了。

两个女儿，大的叫叔隗，小的叫季隗，果然都很漂亮。

"哪，师父还没老婆呢，我怎么能独享呢？"重耳这人就是这点好，好东西不会独占，当时把姐姐给了赵衰，自己娶了妹妹。

其他的兄弟，也都陆陆续续娶了翟国的老婆，过上了小康生活。

这小康日子一过就是十二年，大家的意思好像就这么过下去了，感觉做个旅翟晋侨也挺好。

其实，如果晋惠公不派人来刺杀重耳，说不定重耳就真的在北翟老婆孩子热炕头，老死在这片荒蛮的土地上了。

可是，命运就是这样。什么叫树欲静而风不止？

狐偃的深谋远虑

郤芮的人很容易就找到了狐偃，把勃鞮要来刺杀的情况说清楚了。

"三天之内就到，快逃命。"来人说完，匆匆走了。

狐偃听到这个消息，不敢大意，急忙去找重耳。

"公子，夷吾这个混账又派勃鞮来刺杀你了，据说有五六个顶尖高手，三天内就到，没办法，逃命吧。"狐偃直接就建议逃命，除了害怕勃鞮行刺之外，狐偃其实早就想走，他看出来了，小康生活让大家都没什么志向了。

"逃命？"重耳有些意外，这里的生活其实很舒适，兄弟们吃吃喝喝、玩玩闹闹,小日子挺滋润。可是突然就要逃命,想不通啊。

"不逃命怎么办?勃鞮的身手你是见过的,他又邀请了几个武林绝顶高手,而且,他们在暗处,我们在明处,要逃过他们的毒手可以说难上加难。"狐偃一半是真话,一半是吓唬,总之,就是要重耳逃命。

重耳想了半天,似乎也只有逃命这一条路了。

"唉,想过安生日子也过不成。"重耳叹了一口气,他是真不想走。

"公子啊,你别怪我说你,你看你,贪恋一时的舒服,远大志向都抛到一边了。就算勃鞮不来,咱们也该动一动了。"狐偃倚老卖老,批评重耳不思进取的小资思想。

"哎,舅舅,你这话我反对。你别说我了,上次我爹死的时候,你劝我别回去,可是你看人家夷吾,人家回去了,现在不也过得挺好?"重耳想起这件事来,总觉得当初如果不听舅舅的就好了。

狐偃其实早就知道重耳在这件事情上有些想不通,不仅他想不通,多数人都想不通,平常在暗地里也都埋怨狐偃当初太小心。现在既然重耳说出来了,正好说这件事情。

"公子,你不能跟夷吾比啊。"

"我怎么不能跟他比?"

"你想想,如果当初你回去,里克、丕郑这些人一定邀功请赏,你给不给?给,他们势力就更大;不给,他们就会勾结夷吾害你。那么我问你,夷吾可以不用罪名就杀里克、丕郑和七舆大夫,你能做到吗?"

"我,我做不到。"

"你不杀他,他就可能杀你。夷吾可以不死,不等于你就可以不死。你要有他那么无耻,你回去也行。可是,在无耻方面,你能跟他比吗?"

"我,我不能。"

一段对话,狐偃把重耳说得哑口无言。想想看,晋国这么乱的局面,似乎还真就是夷吾这样心黑手狠的人能够掌控。

"那,夷吾被秦国人捉走,不是咱们回去的机会吗?舅舅为什么没有想办法?"重耳又提出第二个问题,不过,语气已经很缓和,他怀疑狐偃也有什么正确答案等着自己。

"我不是没有想过,但是,那不是我们的机会。首先,当时的形势还是太乱,而且,夷吾的实力仍然很强,我们又缺乏内应;其次,秦侯确定了要送夷吾回去,就算我们回去了,我们的实力也无法与秦国军队对抗,最后还是要逃。既然如此,何必回去呢?"狐偃的分析还是那么透彻,重耳不得不服。

所以,现在重耳决定还是听舅舅的。

"舅舅,我们逃到哪里?"重耳问。

"齐国。"

"齐国？原先你不是说不能去齐国？"

"情况不一样了。"

"怎么不一样？当初你说齐国是大国，不能以逃难的身份去，如今有什么变化？我们不还是逃难？"

"当初那么说，是我骗大家的。现在这里没有外人，我跟你说真正的原因。当初之所以不去齐国，是因为管仲还在。以管仲的眼力，他必然能够发现我们这些人中藏龙卧虎，赵衰那是最佳上卿的材料，管仲一定会把他培养成接班人；先轸是天生的元帅，王子成父的帅印肯定会交给他；魏犨这样的勇士必然也不会放过，胥臣接隰朋的班那也是顺理成章，就连我这种没用的人，给个中大夫当当也在意料之中。公子啊，咱一帮人去了，最后都成了齐国的臣子了，别人挺好啊，你呢？"狐偃说到这里，反问重耳。

"噢。"重耳恍然大悟，原来舅舅的一番苦心，都是为了自己。其实以舅舅的才干，到哪个国家担任上卿不行呢？

"舅舅，你的意思是，现在管仲死了，我们可以放心去齐国了？"

"对。齐国是当今天下第一强国，管仲治国天下第一，我们此去，不仅仅是避难，还是学习。有朝一日我们回到晋国，就能够像齐国一样富民强国，称霸天下。"

"舅舅，咱们什么时候动身？"重耳有些激动，这样的舅舅哪里去找第二个？自己怎么说也不能辜负了舅舅的一片苦心。

"收拾收拾，明天就出发。你先收拾，我去通知其他人。"

狐偃从重耳那里出来，一路走，一路就觉得心里不是很踏实，好像什么事情没有落头。

走出去不多远，迎面就遇上了赵衰。两人打过招呼，狐偃把事情说了一遍，赵衰也赞成逃去齐国，他惦着去看看齐国是怎样治理的。

没说几句，一个晋国装束的人匆匆走来。狐偃一看，难道勃鞮的人提前到了？想到这里，狐偃心里一咯噔，伸手握住剑柄。

来人看见狐偃，忍不住多看几眼，然后走上前来，一抱拳："敢问，这位大爷就是狐偃吗？"

"你什么人？"狐偃反问，保持警觉。

"是就好了，老主人派我过来，说是勃鞮没有耽搁时间，在受命当天就出发了，说不准现在已经到了，因此请公子重耳立即逃命，一刻不要停留。我的话说完了，告辞。"说完，那人转身就走，狐偃再要问，那人已经走出去很远。显然，这也是武林高手。

狐偃有些奇怪,为什么父亲派来送信的都是生面孔?可是,他没有时间去细究,因为他知道什么叫做宁可信其有,不可疑其无。当然,他绝对没有想到,这两个来报信的人,竟然是郤芮派来的。

"不妙,我赶紧去找公子,立即出走。你通知其他人,不要停留,即刻上路,我们在东门外会合。"狐偃对赵衰说完,两人匆忙分手,各自行动。

杀人是有计划的,可是,逃命是没有计划的。

十二年过去了,狐偃又想起了当初的这句话。

吻 别

狐偃走了,重耳则去跟老婆告别。

重耳的老婆叫季隗,属于赤翟。被抢来之后,死心塌地跟着重耳过日子,给重耳生了两个儿子:伯儵和叔刘。她姐姐叔隗也给赵衰生了一个儿子叫赵盾。

"老婆,晋侯派了一个武林高手来刺杀我,这高手太高,没办法,我只能逃命了。这样,你等我二十五年,如果二十五年我没回来,就当我死了,你随便改嫁,好不好?"重耳跟老婆商量。

老婆一听,笑了:"老公啊,扯呢吧。我今年二十五岁了,再等二十五年,都进棺材了,还改嫁谁啊?算了吧,你就放心走吧,我等你,等你回到我身边。"

感人哪,浪漫哪。感人的浪漫,浪漫得感人。

"你什么时候走?"老婆问。

"明天,明天好吗?"重耳说,还真舍不得。

"好,你等着,我给你做碗你最爱吃的刀削面。"老婆说。

"老婆,你真好。"重耳好感动,一把抱住老婆。

(喂,摄像,给近镜头。)

两个嘴唇一点点接近,注意,还要略微有些颤抖,以显示两人都很激动。

两个嘴唇越来越近,越来越近,眼看就要碰上的时候,突然……

"哐"门被撞开的声音。

"都什么时候了,还有闲工夫在这里亲嘴?快逃命吧,勃鞮已经来了。"狐偃的高喝声。

一个嘴唇迅速离开,剩下另一个嘴唇在那里出气。

第六十七章　介子推割肉

　　狐偃把重耳扯了出来，不敢稍作停留，一路狂奔。

　　跑到东门，远远看见几个晋国人闪进城中，其中一个人看上去很像是勃鞮。狐偃和重耳倒吸一口凉气，心中连说侥幸，幸亏当机立断逃出来，否则被这几个堵住，绝对九死一生。

　　待那几个人走远了，狐偃和重耳匆匆出了东门，不敢停留，一路走下去，看看出去七八里路，这才找了一个僻静的地方歇脚，等弟兄们赶上来。

第二次流亡

　　等了约莫两个时辰，弟兄们陆陆续续赶到，一查点人数，栾枝没有来。这不怪栾枝，他正好去丈母娘家修房顶去了，不在城里。还有就是竖头须不见踪影。为什么叫竖头须？春秋时，男人被阉了就叫竖，竖头须就是个阉人。后来骂人骂"竖子"，就是这么来的。

　　竖头须没来，重耳当时就急了。

　　"头须呢？头须怎么没来？"重耳喊道。

　　按理说，少一个太监不是什么大事，为什么重耳急了？很简单，竖头须是财神爷，重耳的财产都由竖头须掌管。你想想，太监没儿没女没老婆的，贪污钱也没用啊，所以用竖头须做财务总监，大家都放心。可是这次，这个大家都放心的人不见了。难道他卷款潜逃？不会吧，大家伙儿都认为不会。

　　可是，越是大家认为不会发生的，就越是会发生。

　　"主公啊，我看见头须背着包裹一个人溜了，我喊他两声他都没答应我。"壶叔报告。壶叔是重耳的老家人，管着养马。

"这个死太监！"大伙一起骂起来，没有盘缠，大家路上吃什么？

有人建议回去取些盘缠来，或者找翟君要一些。狐偃连忙制止："算了，本来我们跑了，这一回去，必然暴露行踪，不值得。我看，活人岂能被尿憋死？我们就这样东行吧，一路上想办法就是。"

就这样，一行二三十人向东而去。由于逃得匆忙，只有狐射姑和先轸赶了一辆车出来，就给重耳和狐毛乘坐，其余的人步行跟随。

还好，由于担心勃鞮追上来，大家都走得快，并且不大觉得累。

那么，勃鞮真的来了吗？

勃鞮真是接受命令当天出发的，这一点没错。不过，勃鞮这种在宫里混的人，到社会上就不灵了。连走冤枉路，在路上被晋国和翟国盘查，等到了翟国都城，才发现已经晚了三秋。而狐偃发现的那个像勃鞮的人，其实并不是勃鞮。

没办法，勃鞮只好灰溜溜回去了。

吝啬的卫国人

出门在外，按施耐庵老师的话说，那就是：免不得吃癞碗，睡死人床。

可是对于这么一帮人来说，连死人床也没得睡了。想想看，二三十号人，不是两三号人，讨饭都不好讨，别说找免费房子睡了。

那么，为什么没把这帮人饿死呢？有两个原因。

我们先看看地图，就能发现，从北翟到齐国，中间要经过山戎。北翟和山戎都属于半游牧半守牧国家，野地比较多，野兽比较多，重耳这帮人中多半都是练过的，钱没带，但是武器没少带，路上捉几只兔子杀几头野羊的概率还是比较高的。

再说，当初出来，只有一辆车，一辆车四匹马。实在没办法的时候，就只好杀马了。杀了两匹马，还有两匹可以撑着。

总之就这么走，一路上尽管辛苦，没好吃没好住，寒冬腊月，正经的风餐露宿，但还算人多好办事，没饿死的没冻死的。

这一天，终于来到了卫国的楚丘，过了卫国，就是齐国。

卫国是什么样子？一片苍凉，难见人烟。为什么？这时候正好是卫国被山戎攻破之后，齐国帮他们重建都城不久，穷得一屁潦倒。

重耳一帮人狼狈兮兮来到了楚丘城外，心说总算到了个有人的地方，说

起来大家都是同姓,看在老祖宗的分上,怎么也该喂顿饱的,给个大通炕暖暖身子之类。

一帮人高高兴兴就要进城,这时候,问题来了。

重耳这一帮人一个个破衣烂衫,面带菜色,一看就不是些好人,再看更不是好人。更糟糕的是,兄弟们住在北翟十二年,穿着打扮都是北翟的,连口音都带着鬼子味道。再加上好些兄弟都是混血过的,看上去跟鬼子没啥两样。守门的兄弟一看,当时吓了一跳,心说奶奶的不是山戎鬼子又来了吧?

牛角号一吹,来了一个连的人马,基本上就算是城里的精英部队了。

"你们,什么的干活?"守城军士发问。弓箭手一旁伺候。

兄弟几个一看,傻眼了。没干什么坏事啊,怎么这么对待我们? 虽说那时候还没有孔子说"有朋自远方来不亦说乎",但是远方来人都是要欢迎的啊,全世界都这个规矩啊,怎么卫国变了?

大家不理解,但是很快狐偃就想明白了,这不怪卫国人警惕性高,这是一朝被蛇咬,十年怕井绳啊。

"臣,你跟他们说。"狐偃自己不敢说话,为什么? 自己长得本来就三分不像中国人,说话还带着羊骚味,别一开口就招来一顿箭,那就不合算了。为什么让胥臣说话? 胥臣这人语言能力强,会说好几国的周朝话,还带洛邑口音。

胥臣,晋国公族,不过也是很远的公族,胥姓得姓祖先。胥臣这人学识广、见识多,曾经周游列国,性格温和礼让,与赵衰有几分相似。

胥臣往前走了两步,清清嗓子,面带笑容,亲切地说:"兄弟们,别误会,我们是一家人。我们公子重耳不远万里,从晋国去齐国投奔齐侯,路过贵宝地,特地看望卫侯,叙叙同宗的情谊,发展两国业已存在的血浓于水的传统友谊。"

胥臣是天生的外交官,说出话来一套一套,听得卫国守城官兵一愣一愣,心说你们不就一帮乞丐吗? 还什么传统友谊,什么血浓于水,不就想来混顿饭吃吗?

"你们说自己是晋国公子,可是看你们都不像中原人啊,谁知道你们是不是鬼子,想混到我们这里搞破坏?"守城官兵的头目说话也没客气,他全家被鬼子杀害了,此时看见这帮假洋鬼子,心头就有气。

胥臣还没说话,身后魏犨火了,直接蹿到了前面。

"你奶奶的,怎么说话? 老子要是鬼子,还跟你们废话? 早就把你们都宰了。"魏犨说完,看见旁边有一块大石头,重有一百多斤,魏犨一把抱起来,抛向空中,足有七八丈高,石头落下来,正好砸在重耳的面前,砸了一个大坑,把重耳吓得脸色发白。

所有人都吓了一跳,狐偃的脸色沉了下来,心说你这王八蛋,缺心眼啊。

"老魏,你干什么? 有毛病啊。这要偏一点把公子给砸死了,大家也就不用去齐国了,也不用进城了,直接在这里集体自杀算了。"先轸没忍住,大声骂魏犨。所有人中,魏犨最服的就是先轸,被骂一通,自己也觉得错了。看见大家都瞪着他,连忙到重耳面前赔罪。

"公子,我,我真不是故意的。"

"行了,以后注意就行了。"重耳已经镇定下来,他是个大度的人,并没有责备魏犨。

守城官兵看在眼里,倒有些震惊。首先震惊的是魏犨的力量,这样的大力士真能一个人把大伙都办了;其次是公子重耳的肚量,差点被砸死竟然没有发火。

"你们先在城外等等,我们去给卫侯通报。"守城官兵的头目不知是被震慑了还是被感动了,竟然作出让步。至少有一点,现在大家相信城外这帮人确实是晋国公子重耳的人。

这时候卫国是谁当国君? 卫文公姬毁,多糟糕的名字啊。

卫文公正在宫里跟老婆织布呢,没办法,国家破败,总共没几个人,许多事情都要自己做。也正因为许多事情亲力亲为,卫文公知道稼穑艰难,持家不易,因此十分节俭。

这个时候,有人来报,说是城外晋国公子重耳求见。

"重耳? 我知道。他们多少人?"文公问。

"大概二三十个吧。"

"精神状况好吗?"

"好像恶狼一般,看上去饿得够呛。"

"那算了,不见,让他们走。"卫文公决定。

上卿宁速在一旁劈柴,这个时候放下斧头。

"主公,为什么不见? 重耳的名声不错啊,还是同宗,按规矩,咱们该接待啊。"宁速反对。

"不是我不想见,也不是我不懂规矩,这二三十号人,还都是饿着肚子的,一旦来了,少则一两日,多则八九天,要吃掉我们多少粮食? 老宁啊,我们自己过冬的粮食都不够啊。"反对无效。

说来说去,人穷志短。吃饭都吃不饱的时候,谁还好客?

野人或者天使

　　晋国人欲哭无泪啊。

　　什么叫希望越大,失望越大?原本满怀希望要吃顿饱的吃顿好的,现在好的饱的没有,闭门羹有一个。

　　楚丘城门关闭,弓箭手准备。

　　"奶奶的!"重耳恨恨地骂了一句。他是个斯文人,从来不骂人,就算逃到了北翟的时候也没有骂过人。可是,现在他忍不住了。他一向是个很大方很好客的人,谁去他那里,都是好吃好喝好招待,没想到在这里吃个闭门羹,想不通啊。

　　有些事情,想得通和想不通没什么区别,因为路还要走下去。

　　"走自己的路,让他们去吃吧。"赵衰说。他看出大家的愤怒了,生怕大家会冲动到要杀进楚丘的地步。

　　"咱们走。"狐偃说。

　　大家咽着口水,跟着重耳的马车,上路了。

　　没有人再说话,因为大家都饿得没有心情骂人了。

　　闷头走路,来到五鹿。

　　五鹿是什么地方?五鹿还是卫国的地盘,也就是今天的河北大名。大名府后来出了两个大名鼎鼎的人物,一个是《水浒传》中天下第一条好汉卢俊义,另一个就是现代华语歌坛当仁不让的头号女星邓丽君。可是那时候不一样,那时候那地方荒凉得狼都不愿意去。

　　来到五鹿,走不动路。

　　大家饿得够呛,基本上要是再这么饿下去,胃溃疡就饿出来了。怎么办?

　　前面,一个野人正在地里干活,老野人。

　　从前,这帮公子哥儿谁正眼看过野人一眼?可是现在,终于看见一个人了,大家就像看见了窝窝头。

　　"佗,你去。"人们停下,狐偃派狐射姑去讨饭,饿得要命,话也没力气多说,三个字了事。为什么狐射姑又叫佗?因为狐射姑字季佗。

　　老爹下令,狐射姑就要去。重耳拦住了他:"表哥,你歇着,我去。"

　　重耳有这点好,对兄弟们很爱惜,他看狐射姑都迈不动步了,而自己坐了一路车,走路还能走,所以要亲自出马去讨饭。

204　　公子重耳向野人走去,狐偃和几个兄弟跟跟跄跄跟在后面。来到野人面前,野人停下手中的活,看着他们。

"大爷,有吃的没?"公子重耳要饭了,一来没经验,二来也是饿坏了,也就不顾什么面子了,不讲什么策略了,开口就要饭。

野人听了一愣,心说以为你是问路的,谁知你是要饭的,我以为只有我们野人才要饭,怎么你这样的公子哥儿也要饭? 我还不够吃呢,给了你我吃什么? 要饭没有,要命有一条。

总之,那一刻,野人想了很多。

野人没有说话,他弯下腰去,从地上捡起一块土疙瘩,递给了重耳。

重耳接过土块,也愣了一下,心说我跟你要饭,你给我个土疙瘩,什么意思? 你这不要我吗? 你可以说你没有,我也不会强要。可是你又不说没有,又给我土疙瘩,让我想起疙瘩汤,这不诚心馋我吗?

"奶奶的!"感觉受到戏弄的重耳发怒了,他举起土疙瘩,向野人脸上砸去。

野人面不改色心不跳,他在想:你砸死我吧,省得活受罪。

重耳的手被抓住了,从后面抓住了。

难道野人的儿子来了?

"公子啊,别发怒,这块土疙瘩是上天赐给你的啊。"抓住重耳手的不是野人的儿子,而是狐偃。狐偃接着说:"土是什么? 土地啊。民众献土表示什么? 拥戴啊。对此我们还别有什么可求的呢? 上天要成事必定先有某种征兆,再过十二年,我们一定会获得这片土地。你们诸位记住,当岁星运行到寿星和鹑尾时,这片土地将归属我国。天象已经这样预示了,岁星再次行经寿星时,我们一定能获得诸侯的拥戴,天道十二年一转,征兆就是由此开始的。获得这块土地,应当是在戊申这一天吧! 因为戊属土,申是推广的意思。"

狐偃这人,上知天文,下知地理,前知两百年,后知十二年。

"咕咚"一声,重耳跪下去了。大伙一看,难道公子饿晕了?

重耳没有饿晕,他是被狐偃给忽悠晕了。他双手捧着那块土疙瘩,给野人磕了一个头。也不知是饿晕了眼花还是真的相信狐偃的话,总之,在他的眼里,眼前这个野人就是天使,天使在人间啊。

磕完头站起来,重耳又向野人深深地鞠了一躬,然后捧着那块土疙瘩,二话不说,转头就走,大步流星气宇轩昂,一直上了马车。

"走!"重耳下令,内力十分充沛。

"驾!"今天轮到介子推当司机,一鞭下去,两匹马儿开走。

什么是精神鸦片? 狐偃那番话就是精神鸦片,说得重耳血脉贲张,精神百倍。

一帮兄弟们远远看着，大为纳闷。他们想不通啊，为什么重耳突然来了劲，没看见他吃什么啊！难道，难道这个野人是个神人？

呼啦啦，晋国的兄弟们都给野人跪下来，然后按着重耳的程序，磕头鞠躬走路。

别说，现在大家都感觉浑身有劲了，都感觉有奔头了。

狐偃走在最后，一边走一边苦笑：这帮兔崽子，就要这样忽悠他们才行。

野人看得发呆，这还没过年呢，就算过年，也没有这么多人给磕头啊。

此段故事见诸正史，《国语》中记载最为详细："乃行，过五鹿，乞食于野人。野人举块以与之，公子怒，将鞭之。子犯曰：'天赐也。民以土服，又何求焉！天事必象，十有二年，必获此土。二三子志之。岁在寿星及鹑尾，其有此土乎！天以命矣，复于寿星，必获诸侯。天之道也，由是始之。有此，其以戊申乎！所以申土也。'再拜稽首，受而载之。"

介子推割肉

靠着精神力量，晋国人又走了一程。可是精神这东西是不能持续太久的，饿得发昏的时候，大家再次走不动了。

好在，天无绝人之路。

前面，竟然有一片小树林。冬天啊，大地整个变得惨黄一片，可是这里竟然有绿色，还有一个小水塘。

"大家去采些野菜来，壶叔，你点火烧点热水。"狐偃给大家分配任务，重耳没有任务，负责看车。

小树林不大，一眼能够望穿的那种；小池塘也不大，一眼可以看见底的那种。

大家挖野菜砍树皮去了，重耳来到水塘边，看着水塘发呆。

"公子，看什么呢？"介子推问。他在水塘边上挖草根。

"看看有没有鱼啊，奶奶的，连个癞蛤蟆也没有。唉，现在都不知道肉是什么味道了。"重耳叹了一口气，又回头看看那两匹马。没办法，杀马是不行的，还不知道前面的路有多远呢。

介子推没有说话，走开了。

重耳继续观察着，偶尔用刀在地上挖一挖，看看有没有蚯蚓之类的虫子。地很硬，挖了两下，失望地停下了。

不多久，介子推又来了，手中捧着一个罐子，罐子里热气腾腾，壶叔烧的水开了。

"终于有热水喝了。"重耳说，挺高兴。

接过罐子，重耳大吃了一惊，罐子里不仅有热水，还有一块肉。肉不大，但确实是一块肉。

"推，哪里来的肉？"重耳惊喜，忙问介子推。

"公子先吃，看味道怎么样。"介子推没有回答。

一帮兄弟们采野菜回来，听说有肉，都凑过来，一边咽口水，一边看还有没有多的。

重耳饿得发昏，看见肉都红了眼，当时也不再问了，一口把肉送进嘴里，尽管没油没盐没青菜，那一块肉吃起来那个香啊，那比小时候吃娘奶还要印象深刻啊。

"真香啊，推，还有没有？给大伙煮汤吃啊。"重耳这时候想起大伙来，忙问介子推。

"没有了。"介子推说。

"没有了？ 这块哪里来的？"重耳感到奇怪，这是块鲜肉啊，不可能是树上长的吧，是猪是羊是狗，总要有个载体吧？

"我看公子想吃肉，从我大腿上割了一块下来。"介子推说。

重耳大吃一惊，这是真的？ 再去看介子推的大腿，果然血红一片。

"哇——"重耳吐了，连汤带肉吐了一地。

"哇哇哇哇——"兄弟们都吐了。

现在好了，都不饿了。

那个场景，谁还有食欲？

一行人继续向东走，重耳把自己的座位让给了介子推。虽然大家都呕了，但是介子推的精神让所有人感动。

这个故事就是"割股啖君"，正史没有记载，属民间传说。此后的寒食节与此有关，这里先记下。这个故事的真实性不必去深究，无论真假，权且当真。对于许许多多感人的故事，何必非要去证明它们的真伪呢？

有人说，介子推是割肉不是割股，其实，割肉也好割股也好，都是一样。如今，股市里被套股民割肉割股，祖师爷算起来就是介子推了。

第六十八章 齐桓公惨死

齐国，传说中伟大的东方国家。

傍晚时分，重耳一行终于从卫国到了齐国。

这是两个完全不同的世界。

齐国人在各处修建了馆驿，专门接待各国来宾之用。所谓各国来宾，不仅仅是前来国事访问的官员，也包括政治避难的各国公子。所以，当重耳报上姓名的时候，他们所有人就获得了热情的招待，有肉吃有酒喝有房住还有热水澡。所有人，都有一种从地狱来到天堂的感觉，同时也都有一种土包子进城的感觉。

第二天，有专车将重耳一行送到临淄。随后，齐桓公亲切接见，就有了第一部结尾处的那一段故事。

重耳和他的弟兄们谢绝了齐桓公提供的职位，因为他们的目的是有朝一日回到晋国，而不是在齐国打工。

而狐偃为每个人分配了任务，要全面学习齐国的治国方略，为今后治理晋国做准备。基本上，重耳的这套班子可以命名为"留齐派"。那么，我们也就可以期待，管仲的治国方略将会有一天在晋国大放异彩。

现在，让重耳的兄弟们休息一阵，我们把齐桓公的故事作个交代。

孝子和忠臣

晋国人到齐国的第二年，也就是齐桓公四十三年（前 643 年），齐桓公病倒了，病得很重。

最高领导人病了，而且病得要死了。这个时候，一定会有人有想法。自古以来都是如此。关键是，有想法的人不要太多。如果只有一个人，那就万事大吉，如果超过了两个，那就麻烦多多。

糟糕的是，这个时候齐国有五个人有想法。哪五个人？

原来，齐桓公六个如夫人生了六个儿子，分别是：大卫姬的儿子公子无亏、小卫姬的儿子公子元、郑姬的儿子公子昭、葛嬴的儿子公子潘、密姬的儿子公子商人和宋华子的儿子公子雍。六个公子中，只有公子雍出身卑微些，安分守己。

虽说公子昭被宣布为太子，但是五大公子各有各的拥趸，实力不相上下，谁也不服谁。这种现象被称为结党。

公子昭的人马被称为太子党，其余四大公子都属于公子党。

易牙和竖貂都是公子无亏的死党，公子开方竟然没有跟大小卫姬合作，反而与公子潘混在一起，据说是在国家大妓院一起嫖娼结下的友谊。

说起来，造成这一现象的原因在齐桓公身上。从一开始，他就很犹豫，尽管接受管仲的建议立了公子昭，却一直觉得老大无亏好像更合适。原本，自己到了暮年，就应该把儿子们都安排好，该赶走的赶走，该任命为大夫的任命为大夫，该杀的也不要客气。可是桓公没这样，他还在犹豫，甚至还曾经在喝多了的时候，答应易牙和竖貂改立无亏。

齐国这叫一个乱，也难怪人人有想法。

听说老爹病重，公子们纷纷表示孝心，每天不来看个两三趟就觉得对不住自己。其实，他们不是来看爹的病怎么样，而是来看爹死了没有。

气氛很紧张，空气里似乎都弥漫着杀气。

磨刀、喂马，这是兄弟五个的主要家庭作业。

现在不是枕戈待旦，而是枕戈待死——谁死？爹死。

谁最先知道爹的死讯，谁就能够最早召集卿大夫大会，谁就能够第一时间占据朝廷，谁就可以第一个宣布自己是接班人。

第一个树起大旗的人，往往能够召集到更多的人。

所以，信息很重要。

到了这个时候，谁能够掌握第一手信息，谁就占据主动。

谁能掌握第一手信息呢？易牙和竖貂，这两个齐桓公眼中的大忠臣。

在齐桓公的身边，是易牙和竖貂。易牙是卫队指挥，竖貂是后宫的总管，也就是大内总管。这种时候，就连会讲黄段子的开方也无法接近齐桓公了。

"仲父，仲父。"齐桓公病得不轻，有的时候会不由自主地喊管仲的名字。

易牙和竖貂知道,齐桓公就要不行了。

"兄弟,有什么想法?"易牙悄悄问竖貂。

这里需要提醒的是,那时候太监是不叫公公的,因为国君才是公,你太监怎么可以公上加公?

"正想问你呢,老头子看这样子没救了,咱们怎么办?"竖貂反问。

"我在想,像咱们两个,出身没出身,本事没本事,功劳没功劳,靠山没靠山,都是靠着伺候主公才混到今天的。这下老头子没了,如果公子昭登基,咱们的好日子就算到头了,能有个放棺材的地方就算不错了。所以,一定要把无亏扶上来。"

"不错,我也是这个意思。"

"这样的话,咱们就必须封锁消息。"

两人商量妥当,就在后门口挂上假冒的君旨,大意是:主公生病,听见人说话就恶心,看见人走动就心慌,因此,任何人不得进宫。

挂上了告示,内侍和卫兵都是易牙和竖貂的人,把守住大门,谁也不让进。公子们都急啊,都想探听老爷子死了没有,可是谁也进不去。只有无亏不急,反正他的信息都是最新的,他可以安心地躺在床上,等着爹死的好消息。

齐桓公死了

易牙和竖貂以为齐桓公也就一两天的命了,可是三天之后,齐桓公虽然躺在床上不能动,却还没有过去。

"老头子还挺能活啊。"易牙有些惊讶,跟竖貂一商量,索性一不做二不休,把宫内所有人都赶出去,只留下齐桓公一个人,成了名副其实的孤家寡人。同时把宫墙砌高到三丈,连大门都堵上,免得公子们爬墙进来打探消息。

病不死你,饿也饿死你。

公子们都不是傻瓜,他们知道关键的时刻就要到来。尽管不能进宫探听消息,但是每个人都在准备着,都一颗红心两手准备,磨刀的磨刀,擦枪的擦枪。

齐桓公一阵冷一阵热,清醒一阵糊涂一阵,他不知道过了多少天,也不知道自己在哪里。他总是做梦,梦见管仲和鲍叔牙在向他招手。

他突然清醒过来,口渴难耐。

"要水,要水。"齐桓公喊。

210　　人都没有了,哪里有水?

"来人,来人。"

人都被赶走了,哪里有人?

齐桓公挣扎着要坐起来,可是他实在起不来。

"人呢?"齐桓公觉得奇怪,他用力扭转头,去看看周围,周围什么也没有,易牙呢? 竖貂呢? 他们怎么也不在?

"牙,貂。"齐桓公用虚弱的声音喊着,声音小得连他自己也听不清楚。

终于,来了一个人。

确切地说,从柱子上溜下来一个人。

齐桓公一看,是小妾晏娥。

"怎么只有你一个人了?"齐桓公问,勉强能够听见。

"都被易牙和竖貂赶出去了。"晏娥把几天来的事情说了一遍,她之所以没有被赶出去,是因为当时她怕被赶出去就是要杀掉,因此爬上房梁躲起来了。

"太子呢?"齐桓公问。

"都被挡在外面,进不来。"

"要造反了? 娥,扶我起来,我出去。"齐桓公挣扎着要起来,却根本动弹不得。

"主公啊,四周都被三丈高的墙堵住了,根本没有路出去啊,只有一个狗洞,呜呜呜呜……"晏娥哭了。

齐桓公的眼泪也下来了,他摇摇头,叹息一声:"唉,仲父真是圣人啊,我不听他的话,才落得今天凄惨的下场。我死之后,哪里还有脸见仲父啊,呜呜呜呜……"

齐桓公把被子扯起来,遮在自己的脸上,似乎管仲正在不远处看着他。

哭声渐渐消散。

齐桓公的双臂开始松软,低垂下来。而被子,还牢牢地遮在齐桓公的脸上。

春秋第一霸就这样离开了人世。

齐国的霸业也从此灰飞烟灭了。

齐桓公就这样死了?

是的,齐桓公就这样死了。

我们来简略评价一下齐桓公的人生。

齐桓公绝不是春秋最强大的霸主,但是,他是第一个霸主。

有人说:第一个永远是最伟大的。事实上,很可能就是这样。

齐桓公留给我们印象最深的美德是什么? 真诚和宽宏大量。作为国家最高领导,这难道不是伟大的品德吗?

齐桓公并不完美,绝不完美。但是,正是他的不完美令我们倍感亲切和

可近。

世界不需要完美，需要真诚和宽容。

厨师的主意

第一手信息被易牙和竖貂得到，这是必然的。

"发丧，拥立公子无亏。"竖貂说。

"别介，"易牙瞪他一眼，心说这个死太监真没见识，"兄弟，这样不行。这样的话，我们的第一手信息就没多大价值了。"

"那你说怎么办？"竖貂问。他还真是心里没底，平时当惯了奴才，真到自己拿主意的时候，还真是没主意。

"这事要先瞒着，我们悄悄出兵，把公子昭给办了，然后再公布主公的死讯。那时候太子已死，公子无亏是老大，继位不就是顺理成章了？"易牙说。这个中国历史上最著名的厨师在顺序上是很有心得的，他觉得世界上的事情就像炒菜，先放什么后放什么是很重要的，顺序一定不能搞错。

两个人商量好了，整顿军马，直扑太子府。

可是，来到太子府才发现晚了一步，公子昭已经逃走。

原来，尽管第一手信息被切断，公子昭的第二手信息还是很及时的。在易牙和竖貂召集兵力的时候，就有人来向公子昭报告了。公子昭也不是笨蛋，随便一合计，就知道这是要对付自己，怎么办？跑吧。公子昭带着几个心腹以最快的速度逃往宋国，因为他知道宋国一定会支持他。

第一步扑空，第二步怎么办？

易牙和竖貂都有点傻眼，易牙的感觉就好像锅已经烧红了，可是这个时候发现油瓶子是空的。没油了，可是火还在烧，下一步该怎么办？直接放肉上去烤还是放水做水煮肉？易牙真没有考虑好。

两个人大眼瞪小眼，这不怪他们，毕竟一个厨师和一个太监没干过这样的国家大事，一时想不明白也在情理之中。

最后，还是厨师要果断一些，毕竟炒菜还是需要独立判断力的。

"咱们先去把朝廷占了，占地为王。"这就是厨师的主意。

这是个好主意吗？当然不是。

正确做法是怎样的？伟人说：我们要建立广泛的统一战线。

这个时候，无亏是老大，兄弟们虽然要跟他争，但是也都知道不可能人人都能当上国君的。所以，无亏完全可以拉拢一批，打击一批。以利诱的方式与一到两个兄弟结盟，打击另外的一到两个兄弟。这样，内有易牙和竖貂支持,外有兄弟结盟,同时再寻求国高两家的认同,无亏就可以轻轻松松坐上宝座了。

可是,厨师哪里能想到这么多?

易牙和竖貂把朝廷给占了,宣布齐桓公已经鞠躬尽瘁,公子无亏接任齐侯宝座。

卿大夫们这时才知道齐桓公已经死了,自然,大家都要去朝廷。

渐渐,人凑齐了。易牙和竖貂宣布,公子无亏继任。大家一听,不对啊,太子不是公子昭吗?一问,竖貂直接就说了:"本来准备砍死他,给他跑了。"

卿大夫们一听,炸了营了。

"你们这不是篡党夺权吗?啊,不行。"管仲的儿子管平第一个站出来反对。

"反对无效。"竖貂宣布。

"你一个臭太监敢这样说话?打他。"大夫们纷纷不同意,有的就要动手。

竖貂又傻眼了,往常齐桓公在的时候,还能狐假虎威。如今主子不在了,真感觉没底气。

这个时候,厨师还是很果断的,他知道如果这时在气势上输了,那就彻底输了。所以,宁可下毒手,不能不出手。

"甲士们,将这些反贼砍了。"厨师果断下令,要下杀手。

宫廷卫队和大内内侍蜂拥而出,一顿乱砍,卿大夫们见势头不好,夺路而逃。

人杀散了,可是,也没人捧场了。

"不碍事,明天早上,一家一家抓人来捧场。"厨师咬咬牙,一不做二不休了。

齐桓公变虫子了

第二天一大早,易牙和竖貂起来布置抓人事宜。还没开始,有人来报告了。

"不好了,朝廷外面平白起来两座军营,不知怎么回事。"

易牙和竖貂赶紧带着卫士出朝廷来看,一看,吓了一跳。两座军营一左一右,就在朝廷外面。一问,左边的是公子潘的人马,开方亲自带队;右边的是公子元和公子商人两家合兵一处,倒有点兄弟一家的味道。

原来,这哥仨得不到第一手信息,第二手信息也没得到,可是,第三手信息还是能够得到的。听说老大把人都赶走了,自己把朝廷给占了,哥几个哪里还能坐得住?

"师父,咱们怎么办?"公子潘问开方。

"怎么办?做饭的和端尿盆的占了朝廷,咱们也出兵,把朝廷门口占了再说。"开方出主意,他在私下一直把竖貂叫成端尿盆的。

就这样,公子潘和开方率领自己的队伍来到朝廷前面。刚到,公子元和公子商人两家联军也到了。一开始两家还想争夺地盘,弄得剑拔弩张,还是开方老到一些,给哥三个讲了渔翁得利的故事,于是两家各守一边,相安无事。

现在的格局是这样的:朝廷大殿由公子无亏占领,朝廷外面由公子潘、公子元和公子商人占领,形成掎角之势。

这下好了,也不用挨家挨户抓人了,抓来也没用,朝廷也进不去了。

怎么办?谁也不敢轻举妄动,谁也不能同时战胜对方两家的联合兵力。

现在开始比耐心,看兄弟几个谁更有耐力。那时候正好十月份,天气一天比一天冷,无亏的队伍在朝廷里面,还算比较保暖。外面的两路人马就比较惨一些,住着帐篷,晚上要烤火,好在三天一换岗,还能熬。至于大小便,那是谁也不客气,都拉在朝廷门口,基本上堆积如山。

"熬吧,看谁能熬过谁。"兄弟几个都下了决心,决不退缩。

可是,他们忘了,老爹还在床上躺着呢。虽然死了,可是毕竟还在床上。

直到有一天,有人从后宫的大门门缝下面发现了虫子。什么虫子?尸虫。

看看《史记》的记载:"桓公病,五公子各树党争立。及桓公卒,遂相攻,以故宫中空,莫敢棺。桓公尸在床上六十七日,尸虫出于户。"

两个多月啊,想起来都恶心。

尸虫爬出来的消息很快传遍大街小巷,公子们就当没听见。可是,有人受不了了。谁?国懿仲和高虎。两人决定要解决目前的难题,为齐桓公收尸。

第二天,国懿仲和高虎前往朝廷,门外的三个公子见是国高两家的人,不好意思阻拦,放他们进去。两人掩着鼻子,踮着脚尖,从粪堆里穿行,总算是进了朝廷。朝廷里面,公子无亏听说两人来了,也上殿相迎。到了这个时候,谁也不愿意得罪这两家。

"公子,你爹都成虫子了,你们哥几个还在这里摆阵呢,算我们求求你们了,先给你爹下葬了再打吧。"国懿仲也没客气,上来就把来意说了。

"国叔啊,这不怪我,我也想给我爹收尸啊。可是你都看见了,那哥仨就在外面候着呢,我这回头给我爹收尸去了,他们打进来了,我怎么办?"无亏振振有词。

"这样吧,反正公子昭也跑了,现在你是老大,啊,只要你给主公收尸,我们就认你当齐国国君了,你看行吗?"高虎说了。想起齐桓公的惨状,直想哭。

"那行,你去跟外面几个说,他们同意,我立即收尸。"无亏一想,这倒是个机会。

于是,国懿仲和高虎又过了一遍臭屎堆,来到外面,把那哥仨请到一块。

"公子们,你们的亲爹死了两个多月了,再不收尸,就只能收虫子了。

啊,你们忍心吗?你们还是人吗?"国懿仲发火了,义愤哪。

那哥仨一听,还真有点惭愧。

"国叔啊,这事不赖我们,后宫我们也进不去啊,这事都怪大哥。"公子元先说话了,公子潘和商人也都附和。

"你们听我一言,先把别的事情放在一边,把主公尸体先收了,兄弟几个和和气气商量一下今后怎么办,也算对得起你们老爹了。"高虎说。也没提同意无亏当国君的事情。

兄弟几个听了,似乎也只好这样,于是纷纷同意。

就这样,外面的三兄弟先撤,里面公子无亏开了后宫大门,收殓齐桓公。

再看齐桓公的尸体,虽然是冬天,血肉狼藉,老鼠撕咬、尸虫遍体,臭不可闻。

"哇——"无亏第一个吐了,然后放声大哭。

毕竟是自己的父亲,毕竟是生养自己的亲爹。

不多久,另外三兄弟也都来了,看见父亲这副模样,也都是先呕后哭。兄弟几个抱头痛哭,深感惭愧。

"我们不是人啊,我们不是人哪。"兄弟几个捶胸顿足,良心发现。

当大家都良心发现的时候,事情就好办得多了。

老大无亏带领兄弟们收殓了父亲的遗体,后面的工作基本上也就都是大哥带头了。所以,当大哥坐上了君主宝座的时候,大家也就无话可说。

除了这四兄弟之外,其余的兄弟们呢?早就跑了。

除了公子昭跑到宋国之外,包括公子雍在内其余的兄弟们都跑去了楚国。楚成王一看,很高兴,你齐桓公虽然牛,可是你的儿子们都来投靠我了。楚成王很够意思,直接把齐桓公的儿子们全部封为上大夫,从此他们成了楚王的臣子。

需要一提的是,后来管子的后人也逃到了楚国,被封在阴邑,成了阴姓的祖先。

很有趣吗?当年攻打楚国的君臣,他们的后代都成了楚国人。世事变幻,真的是不可预料。

第六十九章　仁义无敌

世事变幻,不可预料。

公子昭逃到了宋国,宋襄公热情款待。还问:"老爷子好吗?"

公子昭当时就哭了,把父亲如何被关在后宫活活饿死到自己如何险些被杀,添油加醋说了一遍。

"没天理了,没天理了。"宋襄公立马表示同情,之后安慰公子昭,"兄弟,你也别急,节哀顺变吧。你在这里安心住着,我们再打听打听消息,实在不行,我宋国出兵,送你回去继位。"

宋襄公,贤人哪。贤到什么程度? 基本上,商朝的传统美德都在他身上得到了体现。

够意思的宋襄公

两个月后,公子无亏继位的消息传来了。于是,宋襄公决定召开紧急会议,就齐国目前的局势进行商讨。

"各位爱卿,当年,齐桓公和管仲在世的时候,曾经把公子昭托付给我,这别人不知道。如今,公子昭被赶出来,公子无亏篡夺大位。我决定,宋国出兵讨伐逆贼无亏。"宋襄公上来,先把决议给出了,然后让大家讨论。

决议都出了,别人还有什么好讲? 所以,大家都没话可说,只有上卿目夷发言。目夷是谁? 襄公的哥哥。当初襄公要让位给哥哥,目夷死活不干。如今襄公做了国君,目夷就做了上卿。目夷,字子鱼,所以又叫子鱼。记住子鱼这个名字,后面孔子会经常提起他。

"主公啊，我看，就算了吧。咱们宋国说大不大，说小不小，也就是个中等国家。大国的事情，咱们管不起啊。"子鱼说了。

"嗳，大哥，话不能这么说。你想，当初答应了人家的托付，如今不去完成，那是不诚信；人家大老远的来，不送人家回去，那是不仁；公子无亏篡夺大位，不把他赶下台而扶立公子昭，那是不义。不仁不义不讲信用，那怎么行？"宋襄公振振有词。

"话是这么说，可是做事要靠实力，我们宋国怎么能够打得过齐国呢？"

"仁者无敌，正义必胜。我们是仁义之师，难道干不过邪恶势力？切！"宋襄公还是振振有词。

子鱼没话说了，这些大道理大得你都没办法反驳。

宋襄公于是广发英雄帖，请周边的国家共同讨伐公子无亏。

郑国不愿意掺和，拒绝出兵；鲁国从心底里希望齐国乱下去，因此也拒绝出兵。弄了半天，只有卫国和曹国响应。曹国是挨着宋国，惹不起，只好响应。卫国是因为感激齐桓公当年的帮助，这个时候愿意帮助齐国。

"唉，这年头，人心不古，深明大义、见义勇为的不多啊。"宋襄公感慨了一遍，点兵出征，亲自率领宋国大军北上，沿途捎带上曹国和卫国的军队，算是三国联军。

此时已经是第二年的二月。

公子无亏

费了九牛二虎之力，公子无亏当上了齐君。可是真的当上齐君之后，他傻眼了，他不知道该怎么办了。

想想看，当初公子无知当上了齐君，结果是国高两家都不买账，没干几天就被宰了。后来齐桓公上任，国高两家支持，再加上鲍叔牙和管仲能干，才把国家安定下来。

如今无亏呢？国高两家拒绝公开支持，而无亏手下两个心腹一个是炒菜的，一个是端尿盆的，谁知道国家该怎么治理？有人说了，治大国如烹小鲜，易牙是个做菜的，不是正合适？他哪懂这个道理啊！

基本上，易牙每天做的事情就是琢磨着怎么做好吃的给无亏，竖貂更刁，整天给无亏按摩，按了左肩按右肩，按得无亏都烦。

那么，这时正确的做法是什么？根据前面的案例，我们来帮他们分析一下。

首先，拉拢人心。国高两家要上门拜访，该给田给田，该给地给地，只要他们表态支持，事情就妥了一半。但是，仅仅国高两家还不够，还要建立自

己的高层队伍，因此，要论功行赏，拉拢一批有实力有影响力的大夫。

其次，清除异己。国内还有三个兄弟，兄弟是随时可以变成凶手的，所以，该杀还是要杀，决不能手软。怎么杀法？是聚歼还是各个击破，这需要分析具体情况。总的来说，各个击破会比较容易一些。

再次，争取国际社会的广泛承认。派出外交官员前往周王室以及各个诸侯国家，解释齐国当前发生的事情，表达友好态度，获得对方认可。

一旦做到这三条，无亏的地位就可以说固若金汤了。

可是，炒菜的、端尿盆的一样也没有做。

一转眼三个月过去，公子无亏连过年费也没给公务员们发，大家都很失望。

现在，宋国军队来了。

按照宋军的战斗力，齐国军队只需要一个冲锋就能全歼他们。可是，这个时候还有谁愿意打仗？

紧急会议，公子无亏召开第一次紧急会议。

很没面子的事情是，来的都是没用的，有用的一个也没有来。基本上，会还没开，就散会了，因为没用的看见有用的都没有来，一个个自觉地走了。

"看来，我们只能靠自己了。"公子无亏说。他到现在也没有弄明白，为什么大家都不服自己这个国君。

炒菜的和端尿盆的你看我，我看你，看了半天，最后炒菜的说话了："老貂，你不是跟先主公出征过吗？打楚国的时候还当过先锋，这样，你亲自率领人马去迎敌吧，我在这里保护主公。"

"别介，我什么德行，牙哥你还不知道？你说干我们这行的，有什么真本事？还是你出马吧。"竖貂哪里敢去？齐国的太监可比不了晋国的太监。

两人谁也不肯去，争了半天，无亏听着烦啊，一拍桌子："别争了，抽签。"

抽签结果，易牙出征，竖貂保护无亏。

易牙这个不愿意，可是也没办法，咬着牙点兵出城了。竖貂高兴啊，以为自己抽到了上签。

无亏死了

易牙领兵前脚出城门，后脚城里就开始行动了。什么行动？杀人行动。

别以为大家都在看热闹或者睡大觉，大家都磨刀呢。磨刀，不是为了抗击宋国来犯，而是要杀了无亏。满城的人，除了无亏的老妈之外，没有人不恨他。

看见易牙率军出城，城里那三家公子的人马就杀向朝廷了，到了一看，都吓了一跳。为什么？只看见大街上到处是人，拿刀的拿棍的拿斧头的，高家的国家的管家的鲍家的东郭家的，总之，基本上是个人就要去砍无亏。

暴动啊，人民起义了。

后面省略一万八千字，用《左传》上的一句话概括："三月，齐人杀无亏。"

易牙的部队还没有开到前线，就听说城里把无亏给杀了。这下也别打仗了，大家欢呼一声，各自回家了。

易牙一看，悲喜交加，悲的是自己辛苦经营这么多年，这么快就泡汤了；喜的是抽签抽到了下签，这才保住一条命，抽到上签的竖貂想来已经被剁成肉酱了。

没办法，人家都跑回家了，易牙不能回家啊，索性一口气跑到了楚国，投靠公子雍去了。

公子雍非常欢迎易牙，因为他喜欢易牙炒的菜。

由此可见，自古以来，掌握一门手艺是多么重要啊。

宋襄公的队伍进入齐国不远，就听说齐国人已经杀了无亏。

"看见没有，这就是正义的力量。我们仁义之师可以感化人民，不用我们动手，敌人就已经土崩瓦解了。"宋襄公很得意，对子鱼说。

子鱼没话说了，瞎猫碰上死耗子，人家却非要说这是仁义的胜利，有什么办法？

正在这时，齐国大夫高虎来了。高虎来干什么？迎接公子昭回国继位。

高虎首先表达了对宋襄公的感谢，随后表示，齐国政府有能力处理好自己的内部事务，因此，就不麻烦宋国军队继续为公子昭送行了。

宋襄公是个实在人，见高虎亲自来迎接公子昭，想来不会有什么问题了。既然人家齐国不愿意宋国军队深入，那自己就撤军吧。

就这样，宋襄公把公子昭交给了高虎，撤军回国了。

宋襄公真的很够意思

又没有费多大力气，又完成了齐桓公和管仲的嘱托，又得到了好名声，宋襄公觉得自己这件事情处理得十分完美。

"你看，好在当初没听你的。"回国一个多月了，宋襄公还时不时要在子鱼面前自我表扬。子鱼笑笑，每次他都无话可说。

这个时候，有人来报："报告主公，公子昭来了。"

"公子昭？这么快就来国事访问了？怎么不先通报一下？"宋襄公觉得

奇怪。

"恐怕不是国事访问，是逃回来的吧。"子鱼说。

公子昭是逃回来的。

原来，尽管国高两家支持公子昭，可是那兄弟三个不干，他们把无亏的人马收编后，整天嚷嚷着要废了公子昭。

公子昭虽然当上了国君，可是整天提心吊胆，随时准备逃命。熬了一个月，熬出神经衰弱来了，闭上眼睛就是被杀。最后实在熬不住了，拉上高虎，偷偷跑到宋国来了。

"宋哥，救人救到底啊。"公子昭红着眼睛就来了，看上去好像哭过似的，其实是熬夜熬的。

"兄弟，别急，大哥给你做主。"宋襄公连犹豫都没犹豫，直接答应了。

子鱼没说话，他知道说也没用。

这一次，宋襄公甚至没有再邀请盟国，而是决定仅仅靠自己的军队来解决问题。

宋军浩浩荡荡，挺进齐国。

宋襄公自信满满，公子昭感激不尽。可是，有两个人在担心。谁？子鱼和高虎。

子鱼知道宋军的实力，宋军打仗历来不行，连鲁国、郑国这样的军队都干不过，怎么和齐国军队抗衡呢？高虎原本不知道宋军的实力，可是大军一出，高虎就看出来了，这支军队的战斗力实在无法恭维。

"子鱼，我担心啊。"高虎找到子鱼，直截了当把自己的忧虑说了出来。

"老高，我也担心啊。"

两人一聊，意见高度一致，可是眼前大军已发，骑虎难下。这仗打也得打，不打也得打，可是只要打，宋军就一定不是对手。

怎么办？两个人挠破了头皮，最后是子鱼一拍脑袋："有了。"

"有了？"

"只要打，宋军必败。所以，不能打。"子鱼说。

"不能打？撤军？"高虎一瞪眼，心说你这算什么主意？

"不撤军。"

"不撤军，怎么能不打？"

"老高，你想想，齐国的三个公子现在是亦敌亦友，逼急了，他们就联合在一起；不逼他们，他们就互相猜疑，互相提防，最后互相残杀。这样，这边宋军缓慢推进，另一边，你火速回去，挑拨离间，让他们内讧。一旦他们自相残杀，宋军就可以坐收渔人之利。这样，不用打，我们也能把公子昭送回去。"

220

"高啊。"高虎赞叹。

第二天，子鱼和高虎来找宋襄公。

"主公，我们仁义之师，所向无敌。可是，仁义仁义，不能不教而诛。齐国三公子虽然作恶多端，我们还是应该惩前毖后，治病救人。我看，不如咱们慢慢进军，请高大夫先回临淄，对三公子晓以大义，让他们自觉自愿缴械投降，迎接公子昭回国。如果他们顽抗到底，自绝于人民，那我们也是仁至义尽了。"子鱼提出建议，专讲大道理，因为他知道，宋襄公只认大道理，你跟他讲什么实力啊挑拨离间之类的，他决不会听。

果然，宋襄公听了，就觉得有道理。

"嗯，仁义之师，仁义为本，以暴制暴，那不是我们的本意。也好，高大夫，你辛苦一趟了。"宋襄公当时就同意了。

于是，宋军减慢前进速度，高虎先行前往临淄。

兄弟大战

公子昭跑了，公子潘、公子商人和公子元高兴坏了。

现在，三选一。

兄弟三个都不傻，白天四处拉关系，晚上磨刀磨枪，准备火并。可是，谁也没有先动手，为什么？因为他们还要防着公子昭从宋国借兵打回来。

最新的线报是宋襄公出兵了，直扑临淄而来。面对共同的敌人，三兄弟又坐在了一起。协商的结果是：全力击退宋军，杀死公子昭，然后三兄弟再接着干。

事情是这么定了，可是谁也不比谁傻多少，谁都是一颗红心两手准备，一边要防着宋军，另一边还要防着兄弟。宋军那是明枪，兄弟可是暗箭。明枪易躲，暗箭难防。

公子元在三兄弟当中实力最弱，因此也最小心。按着他的算盘，最希望那两个兄弟先干一场，然后自己渔翁得利。

到了晚上，公子元不敢睡觉，亲自查了哨，这才放心一点。刚回房间要睡，有人来了。谁？高虎。

听说高虎来了，公子元大喜过望，急忙迎进来。他知道，若是自己能够得到高家的支持，那可就大有希望了。

"高大夫，请坐请坐请上坐。这么晚来，一定有什么指教。"公子元客气

一番。

"公子啊,唉,"高虎叹了一口气,看看公子元,又叹了一口气,"唉。"

"高老,怎么叹气?"

"唉,看一眼少一眼啊。"

高虎这话一出来,公子元一个激灵,傻瓜也明白这是什么意思啊。

"高老,怎么这么说?"

"公子啊,你也知道,我跟公子昭去了宋国。现在宋国大军杀过来了,你们怎么办?"高虎问。

公子元一听,松了一口气,不就是宋军吗?三兄弟合兵一处,宋军算什么?

"团结一心,歼灭宋军。"公子元说,还挺自信。

"团结个屁。"高虎大声说,又瞪了公子元一眼,"公子啊,要说你们几个兄弟呢,你是最老实的,我看着你长大,不忍心你被别人出卖。实话告诉你吧,公子潘早就跟公子昭暗中达成协议了,等宋军一到,里应外合,把你和公子商人给灭了,到时候公子潘担任上卿。唉,本来我不想说的,想想你这么老实,逢年过节还去看望我,所以给你通风报信,赶紧跑吧。"

高虎话说完,公子元脸都白了,半天才说出一句话来,"该死的公子潘,我说怎么看他不对劲,原来是出卖了我们。奶奶的,你不仁,别怪我不义。高老,公子潘不是个东西,我愿意和公子昭合作,灭了他们两家。你看看,能不能替我跟公子昭说说?"

得,公子元要叛变。

"这,都跟人家公子潘说好了,不太好吧?"高虎还假装犹豫。

"别,公子潘那人靠不住,对他那种人,不用讲什么信用。"公子元急了。

高虎半天没有说话,最后一拍大腿,"好吧,你是个好孩子,就跟你合作了。记住了,等宋军到了,你就自己动手,宋军自然会来接应。"

"多谢高叔啊,多谢多谢啊。"公子元终于松了口气。

照方抓药,高虎去了公子商人那里,不过这次没说公子潘,说的是公子元。公子商人一听也急了,结果也主动叛变。

为什么这两个这么容易骗?因为他们本来就在怀疑,所以只要有点风吹草动,就会忍不住上当。

高虎没有去找公子潘,因为公子潘有公子开方辅佐,那是个老油条,不好骗。

后面的事情不用多说,宋军挺进到临淄的当天晚上,临淄城里火光大起,兄弟三个的队伍一场混战。天亮的时候,公子元的公子府被烧成了焦土,队伍全部被歼。公子元出了城门找不到北,慌不择路,一直逃到了卫国,回姥姥家去了。

公子潘和公子商人的实力强一些,虽然没有被歼灭,但是死伤大半,元气大伤,天亮的时候,谁也打不动了,干脆各自回家救火。

宋襄公令旗一挥,宋军进城,直接把公子昭送到了朝廷。

这下好了,齐国卿大夫们都来了。连公子商人和公子潘也来了,不来也不行啊。

"该死的公子元,都是他煽风点火,破坏我们兄弟感情。主公啊,您回来就好了,齐国人民有救了。从今以后,在您的英明领导下,我们一定可以从胜利走向胜利。"公子商人和公子潘轮流拍马屁。

拍马屁有用吗?有用。公子昭原本就是个心很软的人,这时候看两个兄弟一副可怜相,也就放过了他们。

公子昭,现在是齐孝公。为什么叫齐孝公?因为他很孝顺。当年八月,也就是齐桓公死后十个月,齐桓公终于入土为安了。为了表达孝心,齐孝公把公子无亏的老娘大卫姬和公子元的老娘小卫姬都给殉葬了。

第七十章　宋襄公争霸

仁义是个什么东西？

仁义是坏东西吗？仁义是好东西吗？仁义可以用来称霸吗？

宋襄公在思考一个问题，为什么当初齐桓公和管仲把公子昭托付给了自己，而不是别人。是因为宋国强大？不是。是因为宋国亲近？也不是。那么他们为什么那么有眼力？想来想去，结论是：因为他们知道我仁义，仁义无敌啊。

宋襄公在思考另一个问题，为什么面对强大的齐国，我的军队兵不血刃就解决了问题呢？这说明了什么？想来想去，结论是：战争并不取决于实力，取决于仁义，仁义无敌啊。

宋襄公还在思考又一个问题，综观天下，谁最仁义？想来想去，好像没有人比自己更仁义。他搞了一个仁义排行榜，发现如果自己排在第二位的话，还真找不到能排第一的。

既然我是天下最仁义的，为什么我不能称霸呢？我一定能。

仁义无敌啊。

地区盟会

"仁者无敌啊。"宋襄公说。他一直在说，从齐国一直说到了宋国。

子鱼一直没有说话，他知道"仁者无敌"都是胡说八道，要不是他和高虎的反间计，还不知道现在在哪里吃饭呢。

224　　　"你看看，我们是正义之师，不用动手，敌人就崩溃了。邪不压正，正义必胜,此之谓也。"宋襄公没完没了。

子鱼还是没有说话,宋襄公虽然想法荒谬,但是人还是个好人,譬如这一次,他就没有向齐国要任何报酬。仁义嘛,不是利益。

"仁义,可以战胜敌人,也可以团结人民。凭着仁义,我们可以治理好国家,可以帮助友邦,还可以称霸天下。"宋襄公说到这里,突然好像感悟到了什么。"对了,如今齐国不行了,可是,齐桓公的事业不能荒废啊。我们为什么不能号令天下,做天下的盟主呢?"

子鱼一听,这回不能不说话了。

"主公,咱们凭什么称霸天下啊?"子鱼问。

"凭什么? 凭仁义,仁义无敌啊,哈哈哈哈。"宋襄公大笑起来,把称霸的想法告诉了子鱼,他以为子鱼一定会很兴奋,这下可以成为管仲第二和齐桓公第二了。

可是出乎他的意料,子鱼非但没有兴奋,反而反对。

":主公啊,我看,还是省省吧。一来,咱们实力不行。二来,风水轮流转,老天爷厌弃商朝已经很久了,咱们再怎么折腾也没用。"子鱼的意思,其实第一条就够了,可是他知道第一条根本没有办法说服襄公,所以临时加了第二条。

"子鱼啊,仁义无敌啊。齐国咱们都能搞定,还有哪个国家搞不定的?"宋襄公对子鱼的回答有些失望,看来,自己必须把管仲和齐桓公的角色一肩挑了。"不行,我现在就要召开联合国大会,重新选举盟主。"

子鱼原本就准备不说话了,听宋襄公这么一说,不说也不行了,他急忙阻止宋襄公道:"主公,就算你想当盟主,这样也太快了。当初齐桓公也不敢一开始就召开联合国大会啊,依我看,保险起见,先召开一个地区盟会,把周边的几个小国家招来开个会,热热身也好啊。"

"好主意,就这样了。到时候杀鸡给猴看,先把东夷搞定。"宋襄公高兴了,子鱼的主意不错。

宋襄公掰指头算了算,周边国家中,西面是郑国、南面是楚国、北面是鲁国,没一个好对付的。相对来说,东面的东夷算是一堆杂碎国家,先搞定这帮国家,也算是开门红了。

按宋襄公的方案,首次地区联盟邀请了曹国、邾国、滕国和鄫(音曾)国四个国家,其中,只有曹国勉强算个中等诸侯,其余三个也就相当于大地主。顺便一提的是,这四个国家分别就是曹姓、朱姓、滕姓和曾姓的起源,其中,曹为伯爵,始祖为周武王弟弟振铎,出于姬姓;滕为侯爵,始祖为周武王弟弟绣;邾国为子爵,出于上古曹姓,后代分别姓朱和姓曹;鄫国为子爵,大禹后裔,出于姒姓。

初次盟会,宋襄公把地点放在了邾国。

到了会期,宋襄公提前两天赶到。邾国国君简称邾子,邾子知道惹不起宋国,没办法,准备了好吃好喝的,赔着笑脸。宋襄公挺高兴,也很平易近人,跟邾子聊得也很开心。

可是很快,宋襄公就不开心了。为什么?因为会期到了,可是该来的一个也没有来。

"咦,胆儿肥了,不把公社社长当国家干部了?"宋襄公非常恼火,很没面子。

过了一天,滕国国君滕文公到了。

"你怎么来晚了?"宋襄公问。

"我,我老婆临产,晚了一天,嘿嘿。"滕文公小心解释。其实他老婆没临产,压根儿是他不愿意来。

"临产?还难产呢。找个房子,关起来再说。"宋襄公也没客气,找了一间小房间,直接把滕文公给拘留了。

邾子一看,吓个半死,也不敢给滕文公求情。

又过一天,鄫国国君鄫子来了。

"你怎么来晚了?"

"我,我……"鄫子话还没说完,宋襄公打断了他,"我什么我?故意迟到,你这不是败盟吗?啊,关起来。"

就这样,鄫子也给关起来了。

总共约了四个诸侯,现在关起来两个。

曹共公磨蹭了几天,原本准备来,听说那哥俩都进去了,他还敢来?他不来了,把鄫子给坑了。

又过了两天,曹共公还没有来,宋襄公这火就大了。原本打算曹共公来了,给他们几个开个会,然后各罚做几个俯卧撑,大家把宋襄公选成盟主,也就行了,也就算是圆满成功,无与伦比之类。可是,现在曹共公都不来了,宋襄公感觉自己好像是一头老虎领着三条狗在逛悠,丢人哪。

怎么办?宋襄公想了半夜,最后一拍大腿。

"杀人。不杀鸡,怎么能吓住猴?要是这次就这么草草收场了,今后还怎么混?"宋襄公这个时候也不去想什么仁义不仁义了,为了称霸,什么都能干。

问题是,杀谁?

假仁假义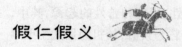

"老邾,我听说睢水有河神,东夷人很信这个,这样,你把鄫子给宰了,洗干净烹熟了拿去祭神。"第二天开会,原来的五国盟会成了二国会谈,宋襄公连客套话也省了,上来就给邾子布置任务。

邾子一听,宋襄公竟然要用活人祭神,而且人家鄫子虽然爵位低,好歹也是个诸侯啊。邾子当时就傻眼了,看见宋襄公正在气头上,也不敢劝。

为什么宋襄公要杀鄫子而不杀滕文公呢?这里有个讲究,鄫子是个子爵,爵位低而且满天下没什么拿得出手的亲戚。而滕文公是个侯爵,又是姬姓,万一杀了他,很容易惹恼王室和姬姓国家,到时候吃不了兜着走。

说白了四个字:欺软怕硬。

邾子不敢说话,可是子鱼不能不说。

"主公,为什么要杀鄫子?"子鱼问。他知道襄公很没面子,可是没面子也不能乱杀人啊。

"他迟到。"

"迟到就杀?"

"不错,当年大禹在会稽山召开群神大会,防风氏迟到,大禹就杀了他。可见,迟到是很重的罪,该杀。"宋襄公把当年大禹杀防风氏的典故拿出来说。别说,在这里用大禹的故事挺黑色幽默,当年别人迟到被大禹杀,如今大禹的后代因为迟到被别人杀。

"可是,那是大禹啊。当今天下,能够杀戮诸侯的只有周王和齐侯啊。"子鱼据理力争。之所以这样说,是因为当年召公曾经授权姜太公讨伐诸侯。

"没错,当年是齐侯,可是现在齐国衰落了,轮到我们了。"宋襄公的话也不是没有一点道理,不过总体上还是强词夺理。

"那么,同是迟到,为什么杀鄫子不杀滕侯?"子鱼也急了,他知道这个问题不应该问,可是没办法了,也只能问。

"这,"宋襄公沉吟了片刻,这确实是个比较难回答的问题,不过,随着他的眼前一亮,他找到了最佳答案,"因为鄫子迟到两天,滕侯只迟到一天。杀鄫子是为了体现我们的威严,放过滕侯是证明我们的仁义,啊,仁义,仁义无敌啊。"

绕来绕去,又回到了仁义这个主旋律。

子鱼彻底没电了,只要说到仁义,他知道自己就没什么话说了。

"去你妈的仁义,假仁假义还差不多。"子鱼心里骂了一句,可是不敢说出来。

就这样,因为迟到两天,鄫子被杀了祭神。

据《左传》:"宋人执滕宣公。夏,宋公使邾文公用鄫子于次睢之社,欲以属东夷。司马子鱼曰:'古者六畜不相为用,小事不用大牲,而况敢用人乎?

第七十章　宋襄公争霸

祭祀以为人也。民，神之主也。用人，其谁飨之？齐桓公存三亡国以属诸侯，义士犹曰薄德。今一会而虐二国之君，又用诸淫昏之鬼，将以求霸，不亦难乎？得死为幸！'"

子鱼说的是什么意思？翻译成现代话是这样的：古时候六种牲畜不能随意用来祭祀，小的祭祀不杀大牲口，何况敢于用人作牺牲呢？祭祀是为了人。百姓，是神的主人。杀人祭祀，有什么神来享用？齐桓公恢复了三个被灭亡的国家以使诸侯归附，义士还说他薄德，现在一次会盟而冒犯两个国家的国君，又用来祭祀邪恶昏乱的鬼神，用这种手段来求取霸业，不是做梦吗？宋襄公能得以善终就算幸运了。

有人会说，这段话为什么上面的对话没有？天，这样的话子鱼敢当着宋襄公说？那不是马上就被"仁义"掉了？

仁义真的无敌

"仁义"掉鄫子之后，宋襄公还是觉得不解恨，他决定要讨伐曹国。说来说去，最可恨的其实还是曹国。

子鱼一看，这越来越不像话了，没事打人家干什么？于是，子鱼又来劝告了。

"当年崇国政治昏暗，文王出兵讨伐，打了三十天，崇国不投降。于是文王退兵回国，修明教化，再去攻打，大军一到，崇国就投降了。《诗》说：'在老婆面前作出示范，兄弟们就会注重修养，以此来治理一家一国。'现在主公的德行恐怕还有所欠缺，而以此攻打曹国，能把它怎么样？何不姑且退回去自己检查一下德行，等到没有欠缺了再采取行动。"子鱼说得很委婉，意思是文王也要自我批评的，老大您也考虑考虑吧。

"嗳，我们可是仁义之师，打不下曹国？"宋襄公的大帽子立即就出来了。

"主公啊，当年齐桓公称霸天下，人家也不是动不动就出兵啊。"子鱼这次是决心要劝住宋襄公，面对大帽子，也迎难而上了。

"你说对了，当年咱们先君从盟会逃回来，齐桓公不也出兵打咱们了？你不说也就算了，你这么说了，我还非打曹国不可。"宋襄公还逮住理了，又把子鱼给噎回去了。

子鱼叹口气，没办法，人家仁义无敌啊。

战车三百乘，宋国派大将公子荡讨伐曹国，罪名是什么？没有罪名。

曹共公急忙召集最高常委会讨论局势，与通常一样，又是分成了主降和主战两派,一番论战之后,大夫僖负羁说话了。别看名字念起来有点别扭,可是这人是真正的人才。

"主公,鄫子迟到两天,就给做成红烧肉了,您要是投降了,大概就七喜丸子了。其实,怕他们干什么?宋国打了这么多年仗,谁听说他们打过胜仗?咱们一面守城,一面派人去齐国和楚国求救,万无一失。"僖负羁话不多,句句都在点子上。

其实,听到"七喜丸子"的时候,曹共公就已经下定决心要抵抗了。后面的话,则是让他宽心了许多。

当下,曹共公立即派遣特使前往齐国和楚国求救,派僖负羁负责城防,抵抗宋国。

事情的进展都在僖负羁的意料之中,宋军人多车多,可是打仗的水平确实不敢恭维。公子荡用了一个月的时间,愣是没有攻进曹国都城半步。

宋襄公有点恼火,想要增兵,可是想想,打一个小小的曹国就要增兵,今后谁还服你?可是,不增兵吧,公子荡又拿不下来。

正在犹豫,齐国使者来了。来干什么?

春秋时期,有两个特点需要在这里特别说明一下。

第一,但凡逃亡海外的,也就是政治避难的,通常都会得到庇护和欢迎。到现在为止,除了前面那个杀了国君之后逃命的南宫长万之外,还真没听说过谁被遣返的。在这一点上,春秋人很仗义,很江湖。

第二,大凡被侵略的国家,只要求援,通常都能得到援助。在这一点上,春秋人也很仗义,很江湖。

曹国前往齐国求援,齐孝公有些为难,换了往日,直接起兵来援了。可是他不好意思打宋国,毕竟宋襄公于他有恩。怎么办?派人前来讲情。

齐国使者就是来讲情的。

宋襄公有点犹豫,齐国的面子多少还是要给一些的,可是,又不甘心就这样放过曹国。

"你先歇歇,我考虑一下。"宋襄公把齐国使者打发去国宾馆了。

齐国使者刚走,有人来报,说是楚国使者来了。来干什么?

楚国接到曹国求援之后,原本也想出兵,不过想想,宋国跟齐国关系好,轻易还是不要得罪。怎么办?楚国也派使者来为曹国求情。

这下,宋襄公不犹豫了。

"好,看在贵国的面子上,放曹国一马。"宋襄公竟然爽快地答应了。

为什么现在这么爽快?怕楚国?

怕楚国只是原因之二,原因之一呢?后面再说。

"子鱼啊，你看，我也学习文王，三十天打不下来，撤军。"宋襄公很得意地对子鱼说。

"知错能改，善莫大焉。"子鱼挺高兴，忍不住也拍了一下马屁。

就这样，宋军撤了。

"看你们牛逼，这下傻眼了吧？"曹共公高兴了，觉得宋国也不过就是如此。

"主公，千万不可如此大意。宋大曹小，咱们还是小心为上。既然他们已经撤了，咱们主动去修复关系，给他们个台阶，咱们才能过上安稳日子。"僖负羁赶紧提醒。

于是，宋军前脚回到睢阳，曹国的使者后脚也就到了。

"宋公，我们错了。您大人大量，主动撤军，我们不能给脸不要脸，我们认错行吗？恢复业已存在的传统友谊行不？下次再开盟会，我们再也不敢缺席了，我们第一个到行不？"曹国使者专拣好听的说，反正说好话不用上税。

宋襄公高兴坏了，这不是很有面子吗？

"子鱼，你看看，什么叫仁义无敌？啊？"宋襄公说。似乎这又是仁义的胜利。

"是、是，仁义无敌，仁义无敌。"

从此，宋国和曹国又恢复了友好关系。

第二年，宋襄公决定召集诸侯盟会。不是地区盟会，而是天下诸侯盟会。

"主公，不行啊。小国争盟，祸也。"（《史记》）子鱼赶紧来劝，他认为小国想要争夺盟主，那是没病找病，就像疯狗要争夺百兽之王，那不是找死吗？

"哎，怎么这么说？全天下除了周王，爵位最高的就是咱们了，咱们怎么是小国？照你这么说，王室的地盘更小，也是小国？切。"别说，宋襄公说得还是有些道理。无奈，这年头爵位没有实力好使。

"好，算主公说得有理。可是，咱们哪有那样的号召力？"子鱼提出一个技术问题，试图让宋襄公知难而退。

"这个简单，现在天下基本上分成两个阵营：齐国一边，楚国一边。齐国这边的委托齐国帮着召集，楚国这边的委托楚国帮着召集。我知道你要问他们为什么肯帮我们，告诉你吧，齐国欠我们人情，楚国也欠我们人情。欠什么人情？上次我们答应他们从曹国撤军，就是给他们面子，这次，他们该还给咱们面子了。"宋襄公什么都想好了，当初答应楚国的求情，把伏笔埋在这里了。

基本上，这算是最早版本的狐假虎威了，尽管"狐假虎威"这个成语在此后才产生。

子鱼叹了一口气，他知道，宋襄公走火入魔了。

第七十一章　自投罗网

宋襄公十二年(前639年)春天,宋国鹿上(今山东省曹县东北部),宋襄公邀请了楚成王和齐孝公参加天下领导人峰会。

春暖花开,春意盎然,春风拂面,春情萌动。总之,一切看上去都很美好。

宋襄公很得意,能够同时请动楚国和齐国两国君主,这本身就是一件很值得骄傲的事情。

齐孝公为什么肯来? 因为他欠了宋襄公的大人情,不好意思不来。

楚成王为什么来? 也是因为欠了人情? 当然不是。他只是想来看看,看看中原大国究竟是个什么样子。

鹿上之会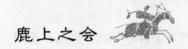

在座次安排上,宋襄公耍了个小心眼。那时候还没有"排名不分先后"的说法,也没有圆桌给大家开圆桌会议,更没有按字母或者按笔画排名的说法。从齐桓公那时候开始,除了齐老大之外,其余的国家还是按照爵位排名的。

所以,作为东道主,宋襄公决定按爵位排名。

宋国,公爵;齐国,侯爵;楚国,子爵。

现在的排序是:宋老大,齐老二,楚老三。

宋襄公厚着个脸皮坐上了第一把交椅,齐孝公坐第二把交椅倒也无所谓,反正自己也没心情争什么盟主。楚成王坐在了第三把交椅上,心情可想而知。

"让老子当小三?"楚成王一股无名之火压在心头,没办法,就算楚国强

231

大，可是如今在人家的地盘上，吃苍蝇也只能咽下去了。

宋襄公看齐孝公没意见，楚成王似乎也无所谓，心中暗暗高兴。

三国君主互致问候以后，就当前国际国内焦点话题进行了广泛的交流，一致认为，三方应该发挥各自的影响力，为世界和平作出贡献。

第二天，按照惯例，三国领导人要登坛歃血为盟。

歃血为盟，宋襄公又抢了个头名。不仅执了牛耳，而且第一个歃血。那感觉，跟拿了奥运冠军没什么区别。

这一次，宋襄公给了楚成王一个面子，给他排在了第二位，齐孝公第三位。这下好了，楚成王依然不高兴，齐孝公也不高兴了。

歃血为盟之后，宋襄公的信心更足了。于是，正事提上了桌面。

"楚王、齐侯，如今我们三强结盟，可以说是天下诸侯的福音。现在，我想继承齐桓公的遗志，把天下诸侯团结在一起。你们看，秋季的时候咱们召集天下诸侯在盂（今河南省睢县）召开联合国大会怎么样？"宋襄公提议。那两位一听，知道老宋想当盟主了。

"好啊，我支持。"楚成王第一个支持，态度之积极出人意料。

"齐老弟，你怎么看？"宋襄公问齐孝公。

齐孝公是个聪明人，他看出来宋襄公想当盟主了，他也知道楚成王这些天很不高兴。那么，为什么楚成王现在这么积极？这里有鬼。

"我没问题，宋哥怎么说，我就怎么做。"齐孝公满口答应，答应了再说。

基本上，现在楚成王和齐孝公都准备看热闹，看看宋襄公怎么整这个盟会。

"不过，这么大的事情，老哥我一个人弄不了，要麻烦两位，通知各自麾下的诸侯参加。"到了这个时候，宋襄公提出这个要求了。

齐孝公一听，你不是牛吗？你自己请啊。

"宋哥，你看，齐国这几年挺乱，没什么号召力，我那边的国家，你发通知比我好使，您就自己来吧。"齐孝公推了，他估摸着，楚成王也要推掉。

可是，齐孝公错了。

"好，陈、郑、蔡、许、曹这五个国家包给我了。"出乎意料，楚成王爽快得惊人。

"太好了，一言为定。"宋襄公更高兴了，只要楚国肯出面，其余的国家自己也能搞定了。

于是，三国商量好了时间地点，分头准备去了。

太容易得到的东西，往往都不是好东西。

宋襄公的两个错误

"仁义无敌啊。"宋襄公兴高采烈，天天念叨。一边派人前往盂开建国宾馆和祭坛，准备迎接天下诸侯。

"小国争盟，祸也。宋其亡乎，幸而后败。"（《左传》）子鱼很绝望，他断定国家就要灭亡了。

鲁国的臧文仲知道这件事情之后，说了一句名言："以欲从人则可，以人从欲鲜济。"（《左传》）什么意思？通常的解释是：顺从别人的意愿容易，让别人顺从你的意愿多半就不行了。不过，笔者认为这句话应该如此解释：当人的能力大于欲望，可行；当人的欲望大于能力，不可行。

换言之，要量力而行。

与之相反的一句话是：人有多大胆，地有多大产。

可见，如果我们学了春秋，就不会闹"大跃进"那样的笑话了。

秋天，宋国的盂。

秋高气爽，万里无云。该发生的终究要发生，与天上有没有云并没有直接关系。

宋襄公提前十天来到，亲自检查各种接待工作，数十遍练习怎样执牛耳歃血为盟，怎样对诸侯讲话，怎样行使担任盟主之后的第一次权力。

"仁义无敌。"宋襄公念叨着。这将是他荣任盟主后就职宣言的第一句。

"这是一届盛况空前，无与伦比的盟会。"宋襄公又念。这是他准备给这次盟会的总结性发言的最后一句。据他的乐观估计，因为有齐国和楚国的参加和鼎力支持，与会盟国数量应该在二十以上。这个数量，无论是南联盟大会还是联合国大会都没有达到过。

可是，他没有想到，从一开始，他就在犯错误。更糟糕的是，他的错误是愚蠢的、后果严重的。

下面，来看看宋襄公犯了什么错误。

第一个错误，名不正言不顺。

齐桓公称霸，是尊王室以令诸侯。宋襄公不是不知道这一点，可是他很担心得罪楚国，如果楚国和王室都来了，谁排在前面？权衡利弊，宋襄公觉得宁可得罪王室，不能得罪楚国。所以，他决定不邀请王室出席。

仁义仁义，首先把王室给仁义掉了，这不是假仁假义吗？

假仁假义，是很容易被人瞧不起的。

王室没有出席，楚国阵营因此藐视宋国，知道他们没有底气；齐国阵营因此不满宋国，认为他们讨好楚国。

盟会还没有开始，已经没有人喜欢宋襄公了。

第二个错误，可以感动别人，可以感动世界，但是不能感动自己。

宋襄公被楚成王的爽快所感动，更被自己的仁义所感动。于是，他建议召开一次衣裳之会。什么叫衣裳之会？就是大家只穿衣裳，不穿裤子？零分。

所谓衣裳之会，就是大家都不带兵车，坦诚相待，和平赴会。衣裳之会，又叫乘车之会，乘车是什么意思？乘车跟战车相对应，就好像旅行轿和装甲车的区别。

"主公，楚国人是南蛮，没什么信用可言，我看，咱们还是在附近埋伏下兵力。楚国人如果讲信用最好，如果他们出什么妖蛾子，咱们也能及时应对。"子鱼见宋襄公全无警惕，提醒他要防备万一。

"这怎么行？信用啊，仁义啊。咱们不能言而无信啊。"宋襄公否决。

任何时候，感动自己都是危险的。

自投罗网

楚国的号召力被证明是强大的，盟会前两天，陈穆公、蔡庄公、郑文公、许僖公、曹共公陆续抵达，入住国宾馆。

盟誓当天早上，楚成王来到。看上去，楚成王还是很讲信用，尽管随从人员多一点，但是兵车一乘也没有带。

齐孝公没有来，齐孝公在盟誓的头一天派人前来，说是痔疮发作，无法前来，预祝人会圆满成功。此外，宋国负责邀请的鲁国、卫国、燕国、晋国等国家的领导人全部缺席，而且是无故缺席。说白了，这些国家根本不尿你宋襄公这一壶。

宋襄公觉得很没有面子，可是，事已至此，厚着脸皮也要继续下去啊。

宋襄公只是觉得没面子，可是，子鱼感觉到了巨大的危险。如果齐孝公以及齐国体系的诸侯们在，那么齐楚形成抗衡，谁也不敢轻举妄动。可是，现在的形势是宋国面对楚国体系六个国家，人家都不用动用兵车，也能把宋襄公给就地办了。

"主公，事情不太妙啊，我看还是溜了比较稳妥。"子鱼悄悄找到宋襄公，建议赶紧逃跑。

"嗳，这怎么行？那不成宋跑跑了吗？咱们是东道主啊。你放心好了，楚王是个讲信用的人，啊，仁义无敌。"这个时候了，宋襄公还在讲这个。

子鱼一看，该死活不了啊。既然如此，自己留个心眼吧。

盟誓开始了。

祭祀，杀牛，牛耳朵端了上来。

牛耳朵是谁的？

陈国等五国领导人都面带讨好的笑容看着楚成王，楚成王则面带笑容看着宋襄公。

牛耳朵送到了宋襄公的面前，他要伸手去接。可是，突然他犹豫了，因为他看见诸侯们怪异的目光。

底气不足，底气还是不足。

"这，这，给楚王吧。"关键时刻，宋襄公畏缩了。

"哈哈，宋公客气了，您是公爵，我是子爵，这里面我是最后一个啊。"楚王笑着说，拒绝接过牛耳。

子鱼远远地看着，他知道，一切已经无法避免了。于是，他趁着大家不注意，悄悄地溜走了。

"这，楚王，这，您客气。"宋襄公语无伦次。

"哈哈哈哈。"楚成王大笑起来。

"这。"宋襄公手足无措。

"哈哈哈哈，哈哈哈哈。"诸侯们纷纷大笑起来。

"这，这……"宋襄公终于后悔了，他四处张望，要找子鱼，可是子鱼早已经成了漏网之鱼。

"跟我斗，也不撒泡尿照照自己。"楚成王笑够了，挥挥手，喝令，"拿下。"

楚国的卫士们蜂拥而上，他们不需要战车，手中的剑已经足够。

战车三百乘，楚国的战车在半个时辰之内已经占领了盂。

这时宋襄公才恍然大悟，楚成王早已经布置了兵力。所谓衣裳之会，那只是逗自己玩的。

"你，你不讲信用。"宋襄公尽管被捉住了，还是鼓起勇气，指责楚成王。

"信用？信用是个屁。老子战车千乘，雄兵十万，这就是老子的信用。"楚成王看着宋襄公的可怜相，十分解气。"老子堂堂楚王，什么时候当过老二？周天子见了我也不敢自称老大，你真行，竟然让老子当小三。"

宋襄公现在明白了，上次得罪了楚成王，人家是设好了局要来报复自己，自己还像乎乎地以为他是个好人。

"哎，我以仁义待天下，天下不以仁义待我啊。"宋襄公慨叹，想来想去，自己当雷锋当惯了，可是好像一直也没有得到应有的回报。

"吹吧,人家鄫子就迟到两天,你把人家杀了祭神;人家曹国没招你惹你,你派兵讨伐人家。你什么仁义?你是周朝的公爵,盟会竟然不请周王。你什么仁义?狗屁。按理说,也该把你烹了祭神,算我仁义,放你一马。各位,我们盟誓,让老宋看着。"楚成王骂了一通,然后还要羞辱他。

宋襄公被骂得无言以对,只好叹气。

现在,宋襄公被关进早已准备好的笼子,看着外面楚成王和五国诸侯盟誓。所有的设施都是现成的,原本是宋襄公准备给自己当盟主用的,如今成了楚成王的。

那五国诸侯有幸灾乐祸的,也有觉得楚成王过分的,但是没人敢为他求情,大家恭恭敬敬,欢欢喜喜,推举楚成王为盟主,歃血为盟。之后,楚成王令人把牛耳朵扔进了宋襄公的笼子里,意思是:你不是爱执牛耳吗?给你执去吧。

"各位国君,我楚国大军明天要进攻睢阳,灭了宋国,请大家现场观看。"最后,楚成王宣布。

宋襄公昏过去了。

楚国人的诡计

攻城战役开始。

宋襄公站在楚王的身边看楚军进攻睢阳,不过,楚成王在战车上,宋襄公在笼子里。宋襄公很羞愧,楚成王则很得意。不过,没有多久,宋襄公的心情平静下来,楚成王也不再那么得意。发生了什么?

不得不承认子鱼不简单。

在从盂逃回来之后,子鱼立即布置城防,他料到,楚成王一定会来攻城。

按楚成王的设想,以三百乘战车发动闪电战,拿下惊慌失措中的宋国不成问题,他没有料到的是,宋国人竟然能够这么快从恐慌中走出来,并且能够这样快地布置起防守来。

第一天的攻城以失败告终,第二天呢?

没有第二天了,楚成王决定撤军。撤军的原因很简单,因为兵力不足,闪电战失败,就只能撤军。

就这样,宋襄公被楚军带回了楚国。

回到楚国,楚成王召集群臣,讨论怎样处置宋襄公。

"杀了算了,杀了他,中原诸侯一定都害怕我们,我们就可以乘机称霸。"

大夫成得臣建议。成得臣,字子玉,楚国头号大将。基本上,现在楚国打仗,除非楚王亲征,都是成得臣指挥。

"子文,你看呢?"楚成王问。打仗可以问成得臣,这种考智慧的事情,还要问子文。

"大王,大老远的把他弄过来,杀了多不合算。我看,我们用他跟宋国换点土地过来,不是废物利用?"子文回答。

两相对照,很明显,子文的主意更好。

于是,楚成王派遣使者前往宋国,要求宋国用土地来赎回自己的国君。

几天之后,楚国使者回来了。

"怎么样?宋国人准备给多大地盘?"楚成王问。

"报大王,一寸土地都不给。"

"不给?他们不想要自己的国君了?"楚成王吃了一惊。

"他们有新国君了,就是子鱼。"

"啊,子鱼?旧的还没死,新的就上来了?"

"没错,子鱼说了,说他现在是国君,被咱们抓的国君现在也就是宋国一农民,要杀随便,尸体咱们可以自己留着。"

楚成王傻眼了,原本想捞一票,现在看来不仅没捞着,还倒贴了伙食费。

怎么办?楚成王把子文给叫来了。把事情说了一遍,子文也很意外,想了想说:"大王,我知道这个子鱼非常贤能,上次要不是他,咱们早就灭了宋国了。如今他当了国君,对咱们不是一件好事。依我看,不如把老宋给送回去,让他们兄弟相争,自相残杀。"

"好主意。"

正是,一计不成,再生一计。

第二天,楚成王再派使者前往宋国,这次不是商量,而是告知。告知是什么意思?就是不管你什么意见,我就这么做了。怎么做?冬天的某个时间,我们把宋襄公给你们送到你们的薄(今河南商丘县)去。爱要不要,反正到时候就送过去了。

然后,楚成王派人把宋襄公给请来了。为什么说请?因为这次很客气。

在笼子里住了一个多月,宋襄公这个难受,突然说楚成王来请,把宋襄公吓得差一点尿裤子。看来,自己离红烧肉不远了。

宋襄公真没猜错,楚成王备了国宴请他,头一道菜就是红烧肉,弄得宋襄公有点受宠若惊。

"大、大王,您这是?"宋襄公不知道楚成王想要干什么,惴惴不安地问。

"宋公啊,这些日子受苦了。我想我们之间有些误会,不好意思,这段时间让你没吃好没睡好的。说实话,我们被你的仁义感动了,所以,决定释放

你,把你送回家。"楚成王说得挺诚恳,好像真是那么回事。

"真,真的?"

"君无戏言啊,我最讲诚信的。这样,安安稳稳在我这里再住几天,咱兄弟两个好好叙叙,然后我派人送你回去。"

"真,真的?"

就这样,宋襄公继续留在楚国,不过不住笼子了,住在国宾馆里,好吃好喝好玩,跟楚成王一起泡妞一起讲黄段子,还打了两次猎。到临走,宋襄公还真有点舍不得楚成王了。

宋襄公回来了

终于,冬天到了。

天上,鸟都不飞了。鸟不飞了,人还是要走的。

依依惜别之后,宋襄公被楚国军队一直送到了宋国的薄。为了表示诚意,楚军仅仅派了五十乘战车"护送"。

前面,宋国大军早已经准备好,四百乘战车伺候。

"宋公,你到家了,我们告辞了。"楚军领军大将向宋襄公道别之后,率领楚军撤了。

宋军一乘战车奔驰而来,到了宋襄公面前,战车停下,只见子鱼跳了下来。

"主公,你总算回来了。"子鱼大声说道。看得出来,他很高兴。他不仅为宋襄公回来而高兴,也为自己的计策的成功而高兴。他知道,如果用土地换宋襄公,不仅将失去土地,还会引狼入室,最后是人地两空。因此,唯一的办法就是自己先登基,让宋襄公在楚国人那里失去价值,说不定楚国人反而会把襄公放回来。

宋襄公看着子鱼,半天才说出话来。

"主公,我不是主公,你才是主公。主公啊,我被楚国人羞辱,不配再当宋国国君了,主公,你让我去卫国吧,我在卫国弄几亩地,当个小地主算了。"宋襄公说道。也不知是真这么想,还是装模作样。

"主公,怎么能这么说?楚国人不讲信用,怎么能怪主公呢?再说,你不是已经回来了吗?这说明上天把宋国交给你,楚国人也不能把你怎样啊。"子鱼真有点急了,他是真的对国君的位置没什么兴趣。

"照你说,我能回来是天意?"宋襄公问。

"不错,是天意。"

"不,不是天意。"宋襄公突然提高了嗓门,把子鱼吓了一跳,心说这兄弟不会在楚国变神经病了吧。再看宋襄公,正在那里运气,然后蹦出后面的半句话:"是仁义。仁义无敌啊。"

弄了半天,还没忘记仁义无敌。

子鱼傻眼了,照例,听见仁义二字他就会傻眼。早知道仁义这么管用,自己何必费这么大功夫呢?

"祸犹未也,未足以惩君。"(《左传》)子鱼心说,看来,这次的教训还不够,更大的灾难还在后面。

第七十二章 蠢猪式的仁义

不管怎样，宋襄公回到了宋国，继续当他的国君。而子鱼规规矩矩当自己的臣子，没有一点不服气的意思。

冬去春来，春暖花开。还好，宋襄公打消了当盟主的荒唐念头。

"还好还好，这个春天还不错。"回想起去年春天在鹿上之会，子鱼还有些哭笑不得，好在，今年春天还过得安生。

可是，世上的事就是这样，你可以知道，但是不能念叨。你一念叨，事情就来了。

三月三十日，春天的最后一天。

"报主公，郑侯前往楚国朝拜楚王。"宋国驻郑国办事处的官员前来报告郑国的动态，类似的诸侯动态经常会有。

"什么？这个不要脸的东西，竟然去朝拜楚国？"宋襄公大声说。在所有诸侯当中，他最痛恨的不是楚成王，而是郑文侯。当初自己被关在笼子里，郑文侯嘲弄自己是个猴子，还向自己吐口水。那时候，宋襄公就在暗中发誓，一旦出了笼子，一定要找郑文侯算账。

子鱼就在旁边，他有一种不祥的预感。

"奶奶的，让他去舔楚王的屁股，不行，我要出兵讨伐，灭了郑国。"果不其然，宋襄公终究没有能够熬过这个春天。

子鱼苦笑，该来的真是躲不掉。

240

楚国人又来了

《左传》记载:"夏,宋公伐郑。子鱼曰:'所谓祸在此矣。'"

夏天,宋国军队讨伐郑国。

表面上看,宋军人多车多,似乎实力更强。但是,历史已经证明并且还将证明的是,宋国确实打不过郑国。

可是,俗话说:有山靠山,有水吃水。认个干妈,就要吃奶;认个干爹,就要撒娇。

郑国并不怕宋国,可是想想看,既然认了楚国做大哥,何不请大哥出来摆平?白叫你大哥了?

于是,郑国一面防守,一面向楚国求救。

楚国会救吗?

这样的事情,楚国都不用商量,直接就决定出兵了。没事还想打你呢,你自己找事,为什么不打你?楚成王让使者告诉郑国:"别急,先顶着,秋收之后,楚国大军讨伐宋国。"

为什么不当时就出兵?楚成王也知道宋国那点战斗力,郑国顶到秋收一点问题也没有。

事实证明楚成王是正确的,宋襄公亲自率领的宋军在郑国从夏天到秋天,用赵本山的话说:没咋地。

没把郑国怎么样也就罢了,还耽误了秋收。

耽误了秋收也就罢了,还把楚国鬼子给引过来了。

楚国人够狠,不救郑国,直接杀奔宋国。以楚国的实力,自然犯不着玩什么围宋救郑的把戏,为什么要这样呢?楚国人很坏,迟迟不出兵的目的,就是想让宋国人和郑国人消耗一些兵力。如今,如果出兵郑国,就算打败了宋国,也没什么太大好处。相反,直接出兵宋国,就可以在宋国就地开抢,好处多多啊。

没办法,宋襄公紧急从郑国撤军。好在郑国没有追他们,郑国人坏着呢,他们还想让宋国人跟楚国人拼命呢。

总之,一人一个心眼,谁也不是善类。

说来说去,只有宋襄公是个缺心眼。

宋军一路撤退,撤到了宋国的泓(今河南省柘城县),然后等待楚军的到来。

"主公,楚军强大,我看,不如跟他们讲和。"大司马公孙固建议。大司马

是什么？国防部长。

"什么？讲和？兄弟，这是我们的主场，怕什么？"宋襄公不肯，想起在楚国被关进笼子里那段日子，他就咬牙切齿。

"可是，我们只有四百乘战车，楚军六百乘；我们的战士长期不打仗，楚军都是能征善战的战士，凭什么与他们抗衡？"

"仁义，仁义无敌，知道不？"

公孙固也没话说了，仁义这个东西，就像鬼神一样，摸不着看不见，说它行它就行，不行也行。

既然劝说无效，公孙固只好准备后事——派人回睢阳通知子鱼，一面准备守城，一面派军队在半路等待接应宋国的败军。

仁义之战

宋襄公十三年（前638年）十一月一日。

泓。

中国历史上著名的泓之战开始了。

泓水之东，宋军战车四百乘，宋襄公亲自指挥，列阵。

泓水之西，楚军战车六百乘，楚国国防部长成得臣指挥，准备渡河。

楚军显然没有把宋军放在眼里，按常理，渡河作战，必须趁早过河，先于对方列阵，以防对方半渡攻击。可是，成得臣完全不在乎，似乎宋襄公还在楚国的笼子里。

宋军列阵结束的时候，楚军还在渡河。

公孙固猛然之间看到了取胜的机会，就像下围棋，劣势之下看到了逆转的胜负手。

"主公，敌众我寡，趁他们还在渡河，人马未齐，现在发起攻击，一定可以战胜他们。"公孙固迫不及待地提出建议，声音竟然有些颤抖。

机会啊，敌人轻敌给了我们机会，这样的机会真是求之不得。

"不可。"宋襄公轻轻地说，甚至没有看公孙固一眼。

公孙固失望地摇摇头。

过了一阵，楚军全部过河，但是乱哄哄的，正在整理队列，部署阵形。

"主公，趁敌人混乱，出击吧。"公孙固再次提出建议，他知道，这是最后的机会。

"未可。"宋襄公摆摆手，意思是等半天了，这一下就不能等了吗？见公孙固还要说，宋襄公不高兴了，"兄弟，你这人怎么这么不厚道呢？没看见人家还没布好阵吗?"

公孙固要哭了。

终于,楚军准备好了。

楚国,天下第一强国。古人的话说:天下莫强于楚。

当时的天下,从北到南,没有一个国家是楚国的对手。

两军击鼓,同时冲锋。

不是狼入羊群,是狼群吃羊。宋军本来战斗力就不行,人还比楚国少,这个仗怎么打?不用发挥想象力,就可以知道结果了。

宋军惨败,大将公子荡战死,宋襄公被重重包围,若不是公孙固率领亲兵拼死相救,宋襄公就又该去楚国的笼子里站着了。即便这样,公孙固保护宋襄公杀出重围的时候,宋襄公大腿上已经挨了一箭,血流如注,趴在车上。好在宋襄公的马不错,一路奔逃。半路上遇上子鱼率军接应,才把宋襄公救了回去。再看宋军,十死七八,襄公的亲军卫队无一逃生。还好,公孙固没有阵亡。

宋襄公狼狈逃回睢阳之后,子鱼立即布置守城,准备迎战楚军。

好在这次楚军根本没有准备攻城,押着俘虏,带着战利品,渡河回国了。

泓之战,宋军惨败。这是宋国军队上次被郑庄公全歼之后,又一次毁灭性的失败。

"该死的宋公,白痴啊。""怎么摊上这么个弱智国君啊!""怎么上次楚王没把他给做成人肉包子啊!"

宋国上下,一片骂声。

一场惨败,多少人家失去了儿子、失去了老公、失去了兄弟、失去了父亲,大家能不骂宋襄公吗?

那么,宋襄公是怎么看的呢?他后悔吗?他羞愧吗?

"仁义的人打仗,只要敌人已经负伤,就不再去杀伤他,也不俘虏二毛。古时候指挥战斗,是不凭借地势险要的。我虽然是已经亡了国的商朝的后代,可是决不会去进攻没有摆好阵势的敌人。"宋襄公说。仁义啊,仁义到底啊。

什么是二毛?二毛就是头发斑白的人。那三毛呢?头发全白的人。十毛呢?就是一块钱。

"主公啊,打仗是不能讲仁义的。敌人因地形不利而没有摆好阵势,那是老天帮助我们。打仗就是杀人,怎么能不忍心呢?"子鱼讲了一通道理,归结起来,就是战场上不能心怀慈悲。

"不,宁可打败仗,我要仁义。"宋襄公说。

子鱼哭了。

仁义的两面性

对于宋襄公，历史上向来有两种截然不同的评价。

基本上，儒家一派是赞扬的，不仅赞扬，而且捧上了天，类似"生的伟大，死的光荣"。不过，先在这里说明的是，儒家祖师爷孔子一直拒绝对此进行评价，显然他的心情是矛盾的，或者说他也是不赞成宋襄公的。《左传》中有大量篇幅来评价当时的事件，而对于宋襄公这件事，竟然没有片言只语的评论，这很说明问题。

下面，先听听唱赞歌的。

"君子大其不鼓不成列，临大事而不忘大礼，有君而无臣。以为虽文王之战，亦不过此也。"这是《春秋公羊传》的评语，什么意思？君子褒扬宋襄公不进攻没有列好队的敌人，遇上战争还不忘记大礼。宋襄公是有仁德的君主啊，可惜没有辅佐的贤臣。即便是文王来作战，恐怕也就是这个样子吧。

把宋襄公比成周文王，还有比这更高的赞扬吗？

"襄公既败于泓，而君子或以为多，伤中国阙礼义，褒之也，宋襄之有礼让也。"这是《史记》里的话，司马迁借"君子"之口来表扬宋襄公：君子们赞扬宋襄公，认为中国缺少礼义，而宋襄公很懂得礼让。

那个提出"罢黜百家独尊儒术"的董仲舒更是把宋襄公当做楷模，他这样说："霸王之道，皆本于仁……故善宋襄公不厄人。不由其道而胜，不如由其道而败。"意思是这样的：要成为霸王，根本在于仁义，所以宋襄公的做法是值得提倡的。破坏了仁义而取胜，不如遵循仁义而战败。

"不由其道而胜，不如由其道而败。"这就是大儒董仲舒的高见。

中国两千多年来被外族欺辱，董大儒功不可没。

再来看看反面意见。

除了子鱼之外，孙子大概是第一个反对宋襄公的人，《孙子兵法》开卷就写道："兵者，诡道也。利而诱之，乱而取之。攻其无备，出其不意。"这些话，基本上就是写给宋襄公看的。

之后的兵家，都与孙子一脉相承。

韩非也嘲弄宋襄公，称之"此乃慕自亲仁义之祸"。

然而几千年来说得最过瘾也最直接的还是毛泽东，毛主席教导我们："这是蠢猪式的仁义。"

　仁义，对敌人仁义，就是对自己的人不仁义。

不就是这样吗?

对敌人仁义,敌人嘲笑你,自己人怨恨你,这样的仁义有什么意义呢?

宋襄公的大腿上那一箭不仅仅扎到了皮,也扎到了肉,还扎到了骨头。那年头没有消炎药也没有消毒水,还没有华佗给他刮骨疗伤。就算有华佗,宋襄公也不是关云长。所以,宋襄公的腿一直好不了,发痛、发痒、化脓,走起路来一瘸一拐,睡觉也只能一个侧面。尽管如此,宋襄公从来不后悔自己的仁义之举。

转眼过了冬天,又到了春天。

春天来了,该发芽的发芽,该发情的发情,该发炎的当然也要发炎。换句话说,宋襄公的伤情更加恶化了。

"我要死了吗?"宋襄公经常会问自己。他觉得自己大概好不了了。

这一天,正当宋襄公又问这个问题的时候,有人来报:"主公,晋国公子重耳求见。"

平时,求见的人很多,宋襄公基本上都不见。这次,他见不见?

"安排国宴。"宋襄公下令,不仅见,而且要高规格地见。为什么?

在回答宋襄公的问题之前,先回答另一个问题:重耳怎么跑到宋国来了?

告密者的下场

重耳在齐国的小日子过得十分滋润,有老婆没孩子,有朋友没敌人,多好的日子?

重耳的老婆叫姜氏,漂亮说不上,但是很贤惠很温柔,又体贴人,而且学识出众,重耳很喜欢她。

齐桓公刚死的那阵子,重耳还担心是不是好日子到头了,可是后来没咋地,马照跑舞照跳,国家大妓院的生意还是那么红火。重耳觉得人生不过如此,有吃有喝有老婆伺候,还求什么? 折腾什么?

所以,重耳决定就这么在齐国过下去了,当个小地主也没什么不好。

重耳是挺爽,可是兄弟们不爽啊。不说别的,就说先轸和魏犨,看着齐国四公子打仗,两个人那个羡慕,真恨不得提着大戟去杀几个人过过瘾。

可是,哪里也去不了,只能待在庄园里喝酒吹牛,顶多赌几把。

转眼间,在齐国七年了。七年时间过去,重耳竟然没有让姜氏生个孩子出来,也是没用。

七年的时间里,齐国从霸主变成了一个平庸的国家。

"不行,我们不能再待下去,再待下去就废了。齐国现在自顾不暇,即便晋国有了内乱,他们也不能帮助我们。"狐偃把赵衰几个找来,要解决出路问题。

"可是,公子整天跟他老婆腻在一起,看那样子,就打算老死在这里了。"赵衰也早有考虑,可是有这个疑虑。

其余哥几个纷纷附和,都说早就该走了。

"这样,咱们找个僻静地方去商量。"狐偃怕大家商量的事情被重耳听见,有了提防。

于是,几个人悄悄溜了出去。去哪里?

若是两年前,就去国家大妓院开间房,一边洗脚,一边商量。可是如今不行了,齐桓公死后,齐国政府给的补贴越来越少,这几年基本上是在吃老本,银子都用得差不多了。

没办法,只能去地里。

哥几个找了一棵比较大比较偏僻的桑树,就在桑树下面开始讨论了。讨论什么? 讨论怎样说服重耳离开齐国,以及如果不能说服,那么以什么办法把他强行带走。

商量半天,暂时没有结果。开饭时间到,哥几个装模作样,溜溜达达回去吃饭了。

晋国人的习惯是低着头走路,这个习惯很不好。固然这样增加了捡到钱的概率,但是撞到树的概率也大大增加了。

这次倒没有撞到树,不过比撞到树更糟糕。按理说,桑树并不高,上面有个人是应该看得见的,可是哥几个竟然没有看见。树上有人吗? 不仅有人,还是一个美女,一个穿裙子的美女。

这个美女是谁? 美女为什么会爬到树上?

美女的名字叫莲蓉,现在的月饼常常用她的名字来命名。莲蓉年方一十八岁,长得端庄大方,楚楚动人,像谁? 像倪萍十八岁时的模样。莲蓉为什么在树上?

原来,莲蓉是重耳家里的养蚕女,爬到树上是要摘桑叶。刚爬上去,看见几个男人过来,暗中惊叫:"哇,要走光。"急忙搂紧了裙子,不敢说话。谁知道这几个男人就在自己的裙子下面坐下,谈论起隐私来。

自古以来,谁不爱听别人的隐私? 莲蓉竖起了耳朵,听得津津有味。

男人们走光了,莲蓉从树上溜了下来。一合计,这几个人想把男主人弄走,那女主人不就守活寡了? 不行,我要告密,告密定有好处。

告密真的有好处吗?

世界上有一种人是很危险的,什么人? 知道秘密的人。看看好莱坞的电影,大凡被追杀的,十有八九是因为他知道什么秘密。

所以,有秘密最好守住,否则就向全世界公布,千万不要告密。下面,我们来看看告密者莲蓉的下场。

"主人,惊天阴谋,危在旦夕啊。"莲蓉找到姜氏,先搞几句危言耸听,以此提高自己告密的价值。

"什么? 快说。"姜氏果然有点紧张。

莲蓉把自己在桑树上听到的那几个男人的隐私详详细细说了一遍,添油加醋,绘声绘色,感动得自己都直掉眼泪。

"真的?"姜氏不敢相信自己的耳朵,愣了半天才问。

"真的,我怎么敢造假新闻呢?"

"我不信。"姜氏不信。

"我,我发誓。"现在,告密的问题来了,人家不信,你就麻烦了。如果人家再质疑你的动机,你就更说不清楚了。

好在姜氏没有质疑莲蓉的动机,她想了想,问:"哪一棵桑树? 你带我去看。"

莲蓉带着姜氏,悄悄地来到了那棵桑树下。

天色有点黑。

"就是这棵树。"莲蓉说,有点得意。

姜氏上下打量着那棵树,似乎还有怀疑,莲蓉刚要再说什么,姜氏突然说道:"你看,你身后是谁?"

莲蓉急忙转过身去,定睛一看,发现身后根本就没有人,看来是姜氏看走眼了。可是,当她转过身去的时候,她的身后就确实有人了,谁? 姜氏。

姜氏从怀里掏出一把明晃晃的剪刀来。

莲蓉再转头回来的时候,一把剪刀直接刺透了她的喉咙。

"呃。"这是莲蓉能发出的最响亮的声音了。

告密者死了。

第七十三章　偷窥和走光

　　姜氏是一个深明大义的女人,七年没有能够为重耳生下一男半女,她很惭愧。为此,她觉得自己不应该耽误重耳的前程,她决定要让重耳离开这里,去成就他的事业。

　　正因为如此,她杀了莲蓉,以防她泄露机密。

　　杀了人,晚上照例是不容易睡着的。

　　"公子,我要……"姜氏说。

　　"好。"重耳说,伸出胳膊搂住了姜氏。可是,他会错意了,因为姜氏的话没有说完。

　　"我要劝劝你。"姜氏接着说,她轻轻推开重耳的胳膊,"《诗》说得好:'上帝临汝,无二尔心。'上帝保佑你,你可不能犹豫。西方人说得好:'怀与安,实咎大事。'贪恋安逸,就什么也做不成。《郑诗》说得好……管子说得好……《周书》说得好……"

　　姜氏讲了一通,引经据典,触类旁通,听得重耳云里雾里,瞠目结舌。

　　"我这老婆好厉害啊。"重耳心中感慨,感慨归感慨,不知道老婆究竟要说什么。

　　说到最后,姜氏终于把最重要的事情说了出来:"老公啊,儿女情长要不得。你到齐国来干什么来了？你是要回到晋国啊。你走吧,晋国现在很乱,你的机会快到了。"

　　"什么？"重耳这个时候知道了,老婆是要赶自己走,"不走,打死我也不走。"

　　"老公,你,你忘本了,你难道忘了你来时的豪情壮志吗？"姜氏有些激动起来,没想到重耳这么没志气。

"什么豪情壮志？都是假的。人生在世，不过求一安乐，如今这样不是挺好？我哪里也不去。"

"好，你可以不走，那你的兄弟们呢？他们怎么办？"

"他们，他们自谋出路。"

所以，干革命要跟对人，干到这个时候，兄弟们要自谋出路了。

幸亏兄弟们没听见，否则，重耳麻烦就大了。

姜氏叹了一口气，不再说话。

读诗的女人

第二天，狐偃几个吃完早饭，鬼鬼祟祟又去了那棵桑树下面。几个人原地坐好，还没来得及说话，树上下来一个人，把哥几个吓了一大跳。一看，谁啊？姜氏。

别说，姜氏不仅会背诗，还会上树。

"夫，夫人，树上干啥呢？早起锻炼身体啊？"狐射姑结结巴巴问。心虚啊。

"呸，你才上树上锻炼呢。"姜氏骂了一句，看狐射姑尴尬，笑了笑，问狐偃："舅舅，你们来这么早，商量好了没有？"

"商量什么？"狐偃反问。心里咯噔一下。

"别瞒着我了，你们准备把我老公弄走，不是吗？"

"这，这怎么会？我们来乘凉而已。"狐偃也是口不择言，太阳还没出来呢，乘什么凉？况且，这天气，出门不穿棉袄都冷。

"别装了，昨天你们商量的事，都被莲蓉听见了，你们说话的时候，她就在树上呢。"

哥几个一听，都傻眼了。原本还不太相信，可是想想，姜氏刚才就在树上，大家不也没看见？

没人说话了，大家都看狐偃。

狐偃叹了一口气，然后说："唉，什么也别商量了，大家自谋出路吧，走吧。"

狐偃说完，大家起身就走。姜氏急忙叫住："都给我站住。"见那帮人站住了看自己，姜氏接着说："要走可以，把公子也带走。"

"把公子带走？"魏犨没听明白什么意思。

"对，你们说得对，公子是该走了。"

"夫人，你不是忽悠我们吧？"狐偃问。

"你们跟我来。"姜氏没有回答他，而是带着大家来到不远处一个土坑，

撩开上面的叶子,莲蓉的尸体就展现在大家的眼前。

大家都愣住了,这是什么意思?姜氏要自杀?

"为了防备莲蓉走漏消息,我把她杀了。各位,我有一个办法,一定能让公子上路。"姜氏说。

一个女人,一个动不动来两段诗的知性女人,竟然如此的狠毒如此的果断。

"我服了。"狐偃在心中暗说。

记住,读诗的女人是很危险的。

晚上,照例又是晚上。

"老公,你还记得今天是什么日子吗?"姜氏问。两个人在炕上坐着,小桌上摆满了酒菜。

"什么日子?"重耳问。他有些奇怪,为什么老婆今天晚上弄了这么多菜。说实话,他很喜欢齐国的菜,比晋国的菜好吃很多。

"你真的不知道?"

"嘿嘿,真不知道。"

"告诉你吧,是咱们成亲七周年。为了纪念这个好日子,今晚上要多喝几杯庆祝。"姜氏说。真这么巧,真是七周年。

"啊,就是,要多喝几杯。"重耳挺高兴,还想讨老婆欢心。

"先喝三杯。"姜氏下令。

重耳连喝三杯。

"七年啊,一年一杯,再喝七杯。"姜氏又下令。

重耳再喝七杯。

"为了我娘身体健康,再喝三杯。"

重耳又喝三杯。

"为了早生贵子,三杯。"

……

"老婆,我,我没醉。"

……

"我,我,再喝、喝、喝三杯。"

……

如今山东人喝酒为什么一定要把人往醉里整?就是从姜氏这里来的。

重耳在哪里？

"我要喝水，老婆，水。"重耳醒过来了，他不知道自己睡了多长时间，他只觉得口干得要命，要喝水。

没人理他。

"水。"重耳清醒了一些，他想起来自己好像是喝醉了，他觉得自己的身子好像在晃动，有时激烈，有时轻微，他疑惑："地震了？"

重耳伸手去摸老婆，老婆没有摸到，却摸到凉乎乎硬邦邦的东西，老婆呢？

重耳睁开了眼睛。

在重耳的眼前，没有炕、没有老婆，甚至没有房子，自己裹着一床被子，一个人躺在一处硬邦邦的狭窄的地方。

重耳腾地坐了起来，酒也在一瞬间醒了。

"我在哪里？"重耳大声喊了起来。

阳光明媚。怎么老是阳光明媚？因为几千年前的空气还没有被污染。

晨风还有些凉，重耳从车上跳下来的时候，差一点没有站稳，没办法，昨晚上喝得太多了。

重耳的眼前，是自己的兄弟们，来齐国的时候是多少人，现在还是多少人，一个不多一个不少。

车在路上，路的四周都是土地，土地里暂时什么都没有长出来，看不见人家。

"这，这是怎么回事？"重耳很吃惊，狩猎吗？

"公子，我们要离开齐国了，现在快到卫国了。"所有人都不敢说话，只有狐偃笑嘻嘻地说。

"什么？"重耳把那个"么"字拖得很长，他简直不敢相信，更加不愿意相信，可是看着眼前的情景，他也只能相信，他喊起来，"不行，我要回家，要走你们走，我不走。"

"回不去了，这是夫人和我们商量的主意，夫人灌醉你之后，我们昨晚上连夜出发。夫人在我们走之后已经把庄园烧了，把下人们都打发走了，她回娘家了，就是为了让你走。"狐偃说。很严肃的样子，后面的话是他编的。

重耳愣住了，过了好一阵才回过神来。

"舅舅，你，你，都是你出的坏主意。"重耳大吼起来。他知道这样的坏主意只有舅舅才能想出来，可是这一次他真的错了，他不知道动不动念诗的女人也有很多坏主意。重耳气得浑身发抖，一转眼看见先轸手持大戟站在身

边,一把抢了过来,直奔狐偃而去。

狐偃一看,好嘛,兔崽子要跟我玩命,跑吧。

狐偃转身就跑,重耳在后面就追。一来重耳的武功本来就不如狐偃,二来大醉刚醒,三来狐射姑等人上前拦阻,重耳自然追不上,只得恨恨地把大戟摔在地上。

"舅舅,要是这一次不能成功,我要吃你的肉。"重耳咬牙切齿地说。

"哈哈哈哈,"狐偃远远地大笑起来,在他的眼里,重耳永远是个小兔崽子,"这次要是不成功,我都不知道自己死在哪里,尸体恐怕喂野狗了,怕你也抢不到。要是成功了,你当了国君,山珍海味随便吃,我这干巴老头又腥又臊,怕你也不爱吃,哈哈哈哈。"

所有人都笑了。

"走吧。"重耳下令。他这人这点好,认清形势之后,决不拖泥带水。

既然不能回头,那就向前走。

又吃闭门羹

重耳的团队比上一次仓皇出逃的境况要好一些,但是,也好不到哪里去。

二十多号人,只有两辆车。当初齐桓公给了二十辆车,但是七年过去了,马也老死了不少,近年来经济不景气,坐吃山空,车坏了许多都没有费用修理。所以,在这次出走之前,好车已经不多,勉强拼装一下,算是搞出来两辆车况不错的。

银子也不太多,好在还有一点。最令大家可以安心的是,走的前一天,姜氏已经安排人疯狂烙饼,大饼和大葱够大家在路上吃一阵子了。

当然,比较有利的是,这一次大家的衣着打扮都是中原的,不会再被人认成鬼子了。

按着大家事先商量好的行程,这一趟的目的地是宋国。尽管宋襄公新近战败,但是此人是个热心肠,又喜欢出风头,特雷锋的那种,所以,到时候应该肯帮忙。

要去宋国,就要经过卫国和曹国。

于是,大家又来到了卫国。

上一次在卫国吃了闭门羹,这一次呢?

楚丘,卫国都城。

七年过去了,重耳一行人又回来了。看上去,变化挺大,看来,卫文公是个不错的国君,带领人民稳步奔向小康呢。

晋国人并没有进城,他们还记得上一次的遭遇,于是派胥臣前去通报。

胥臣找到了卫国上卿宁速,说是晋国公子重耳路过,求见贵国国君。宁速让胥臣稍等,自己急忙去见卫文公。

"主公,晋国公子重耳求见。"

"什么? 又来了? 不见。"卫文公一口回绝。这一次倒不是因为怕那帮人吃穷了自己,七年过去了,卫国的 GDP 每年以百分之十三的速度增长,目前已经是中等发达国家了。

"为什么?"宁速觉得奇怪啊,他还记得七年前卫文公织布的场景,如今早就不用自己亲自干了,怎么还是不接待人家?

"烦着呢,狄人和邢国亡我之心不死,总想着侵略我们,我们备战备荒还忙不过来呢,谁有闲工夫搭理他们? 不见。"

"主公啊,眼光放长远点啊。目前晋国国君不得人心,重耳迟早要拥有晋国的。晋国是大国,况且跟咱们又是同宗,现在搞好关系,今后可以仰仗啊。"宁速劝说。他还挺有眼光。

"不见不见,说了不见,就是不见。"卫文公不耐烦起来,没有通融的余地。

没办法,宁速只好回绝了胥臣。

又是一个闭门羹。

"卫国,总有一天,我还会再来的。"重耳咬牙切齿,他发誓。

偷窥与走光

经过卫国,来到了曹国陶丘。

这一次,还是胥臣前往通报。

胥臣来到曹国朝廷,来见曹共公,把公子重耳路过此地,想要求见说了一遍。

"不见。"曹共公比卫文公回答得还坚决。

胥臣一看,不见,不见就算了,反正也没想怎么样,这个小屁国家,今后也指望不上。于是,胥臣出了朝廷,就要出城。没走几步,身后曹国官员追出来了。

"那个晋国人等等,我家主公说了,欢迎公子重耳。"

前后几分钟时间,曹共公改主意了。

重耳一行进城,被安置在了国宾馆。国宾馆离后宫很近,条件还不错,大炕烧得很暖和,还有烧得很烫的洗澡水。

大家分配好了房间，重耳也到了自己的房间，这时候，国宾馆的领班来了。

"公子，水烧好了，先洗个澡吧。"领班说。

重耳一听，挺感动，看人家曹国多热情，再看看卫国，唉，人跟人的境界咋就差那么远呢？不过，现在饿得半死，还是先填饱肚子紧迫一些。

"先吃饭吧，快饿死了。"重耳要求吃完饭再洗澡。

"别介，洗完澡，换了衣服，有国宴啊。"

重耳一听，也是啊，沐浴更衣吃国宴，应该啊。

拿好换洗衣服，正要跟领班去浴室洗澡，有人来了。谁？僖负羁，还有他老婆。

僖负羁来干什么？代表国君来看望大家？不是。僖负羁是听说重耳来了，特地带着老婆过来看看重耳这帮人是不是传说中的那么人才济济。

既然僖负羁登门拜访，重耳自然要见一见。

"公子一路辛苦啊。"僖负羁自我介绍了，然后致以问候。

两人聊了几句，领班又过来催重耳洗澡，催了几遍，催得重耳都不好意思了。

"僖大夫，不好意思，曹侯等会有国宴，我先洗个澡。"重耳没办法，只好这样对僖负羁说。

"不碍，公子洗澡先，我去看看狐偃他们。"僖负羁起身走了，不过心里嘀咕：没听说有国宴哪，有国宴为什么不通知我？

重耳拿着衣服，跟着领班去了浴室。水已经烧好，搓澡女工也已经等候在那里。

脱了衣服，脱了裤子，重耳跳进洗澡桶里开始洗澡。

一开始感觉挺好，水温合适，水桶不深不浅，搓澡女工的手法也不错。可是，洗着洗着，重耳就觉得搓澡女工的眼神有点不对了，她总是盯着自己的胸口看。

"噢，对了，自己的胸长得与众不同。"重耳突然想起来了。前文说过，重耳生得"重瞳骈胁"，骈胁就是俗称的板肋，就是肋骨之间没有肉，连成了一片。平胸，重耳才是真正的平胸。现在常说某某女明星是平胸，跟重耳比起来，那算是大胸了。

这么说吧，别人的肋骨俗称搓衣板，重耳的肋部算是块磨刀石。

自己长得怪，就不能怪别人看自己。

想通了之后，重耳坦然下来，开始憧憬国宴。

可是，很快，重耳又发现了蹊跷。

那个搓澡女工不仅总是盯着自己的胸部，还总是时不时看窗户，好像窗户也长得有问题。重耳不由得也开始注意起窗户来。立即，他就发现了秘密。

大白天，外面亮里面暗。窗户外一个人头的影像清晰地印在窗纸上，再看窗纸，两个圆洞的后面正好是那个人的一双眼睛。

"什么人？"重耳大喝一声，跳出水桶，把剑握在手中。他的第一反应是这个人是个刺客，晋惠公派来的刺客。

但是，这显然不是个刺客，因为那个人在知道自己被发现后，立即走开了，一边走还一边"嘻嘻"地笑着。

这不是行刺，这是偷窥。自古以来，偷看女人洗澡司空见惯，是什么人偷看男人洗澡？男人洗澡有什么好看？

尽管很快确认自己没有危险，重耳还是很气愤，走南闯北走了这么多地方，想不到在这里晚节不保，在小小的曹国严重走光。是什么人这么变态，去看一个男人的裸体？

重耳一把抓住了搓澡女工，按在了洗澡桶的边沿上。

搓澡女工闭上了眼睛，她开始憧憬，毕竟对于她来说，能够被公子这样级别的人临幸，也算是一件很荣幸的事情了。况且，重耳还很雄壮。

"说，外面什么人？"重耳大声喝问。在国宾馆发生这样的事情，绝不会是一个偶然事件，这一定是预谋。

"我，我不知道。"搓澡女工睁开了眼睛，她有些害怕，但是更多的是失望。

"不说，我杀了你。"重耳吓唬那个女工，把剑压在那个女工的脖子上。

搓澡女工害怕了，她确实不知道，但是，她确实知道一点。所以，她把她知道的那一点说了出来。

"我说，我说，你来之前，领班告诉我在你洗澡的时候让我不要挡住窗户的方向，好像说曹侯想看看你的胸。"

整件事情的过程是这样的。

曹共公第一时间拒绝见重耳，但是有宠臣提醒他说重耳"重瞳骈胁"，这引起了曹共公的好奇心，于是改了主意，令人把重耳接到了国宾馆。

之后，曹共公让国宾馆立即安排重耳洗澡，一旦开始洗澡，立即通报自己，自己好偷偷去看重耳的胸。

尽管被重耳发觉了，曹共公还是很高兴，毕竟自己亲眼看了货真价实的平胸，算是开了眼界，没有白活。

至于所谓的国宴，那都是领班为了让重耳尽快洗澡编的瞎话。当天晚饭，重耳一班人就在国宾馆食堂吃四菜一汤的标准伙食。

"我让你看，总有一天，我要让你看个够。"重耳吃晚饭的时候还在恼火，他暗暗发誓。

不知是有意还是无意，晚饭有一道菜是烤羊排，每人只有一根羊肋。

第七十四章　晋国人在楚国

第二天,重耳一行吃过早饭,准备上路。这时候,僖负羁又来了。来干什么? 送行。

对于曹共公来说,看了重耳的平胸之后,基本上也就算利用完了。如果重耳一伙人还不走的话,他就准备赶人了。如今重耳主动上路,算他们醒目。自然,曹共公是不会派人来送行的。

那么,僖负羁为什么来? 因为老婆让来的。

"老公啊,我看重耳的手下都不是俗人哪,随便拿一个出来,都是将相的材料。依我看,将来重耳一定重回晋国,晋国一定强大。到那时候,就该跟大家秋后算账了,咱们曹国估计是第一个目标。俗话说:保不了国家,就保老婆孩子。你呀,去给他们送行吧。"僖负羁的老婆这样说。多好的老婆,多有眼力的老婆。

"是、是,我这就去。"僖负羁一向听老婆的,他知道老婆比自己高明。也正因为如此,所有的外事活动都带上老婆。

就这样,僖负羁来给重耳送行,带了一大盘熟食给重耳路上吃,还带了五对玉璧。

重耳有些感动,说了些天涯处处有雷锋之类的话,把那一盘肉收下来给兄弟们路上吃,五对玉璧退给了僖负羁。

僖负羁回到家里,向老婆汇报工作。

"都收了吗?"老婆问。

"都收了。"

"胡说,把璧还给我。"

256　　"给重耳了。"

"再不给,我搜身了。"

僖负羁老老实实把璧拿出来还给老婆。

"哼,跟我玩心眼?告诉你,老婆我从来没有看走眼过,重耳绝不会收你的璧。"老婆笑了,僖负羁也笑了。

好客的宋襄公

带着走光之后的郁闷心情,重耳离开了曹国。

睢阳,宋国首都。

尽管宋国算不上一流大国,但是在楚齐秦晋之外,宋国就算大国了。

大国,通常有大国风范。

宋襄公拖着病体,亲自设国宴为重耳一行接风洗尘。子鱼、公孙固等人作陪。

国宴上,宾主双方进行了亲切友好的会谈。(此处略去套话废话二百五十字)

基本上,宋襄公给了重耳诸侯的待遇,并且热情欢迎重耳留下来。

"当初齐桓公给什么条件,我们就给什么条件。"宋襄公说。尽管学齐桓公当霸主的愿望落空了,宋襄公还是处处以齐桓公为表率,以霸主的标准严格要求自己。

战场上做不了霸主,我们就在外交上做霸主。

其实,宋襄公的做法还是有道理的。

一处庄园,比在齐国的庄园只大不小;三个老婆,比在齐国的老婆只小不大;二十辆马车,跟在齐国的时候看齐。

打了败仗之后,宋国的女人多男人少,多给个老婆也算解决人口负担。宋襄公还想着给每个人都娶两个老婆呢。可是,马匹车辆损失严重,咬咬牙也只能给二十辆了。

这下好,又有了安乐窝。

子鱼的身体不好,喝了两杯酒,提前告退了。

公孙固的对面坐着的是狐偃和先轸,三人聊得非常投机。说起泓之战,狐偃和先轸都赞同公孙固的看法。大家又聊一些作战和治国的话题,越聊越高兴,越聊公孙固越对两人刮目相看,最后他坚信,如果重耳可以回到晋国,那么晋国一定能够与楚国抗衡。

当天,大家喝得高兴,大醉而归,重耳一行就住在国宾馆。

第二天一大早，公孙固去找狐偃了。干什么？送行。

为什么要送行？重耳一行不是有田有地有老婆了吗？难道宋襄公反悔了？

宋襄公并没有反悔，实际上，他之所以热情接待重耳，一来是体现大国风范，二来也是看好他们的前景，希望今后重耳回国之后，晋国能够关照宋国。

可是，公孙固想了一个晚上，到天亮的时候，他决定要赶走重耳。

"狐哥，我有个想法，说出来你不要介意。"公孙固跟狐偃一见如故，说话也不遮掩。

"老弟说。"

"你们不能留在宋国。"

"给个理由先。"

"宋小国新困，不足以求入，更之大国。"（《史记》）公孙固的理由很简单，宋国实力不行，有心无力，将来帮不上忙，你们不如去个大国。

"哪个大国？"

"楚国。"

"兄弟，好兄弟。"狐偃紧紧握住公孙固的手，真是个好兄弟。

其实，不用公孙固提醒，狐偃也不会让重耳留在宋国，他知道必须去楚国。如今公孙固不仅说出来了，而且建议他们去宋国的敌国楚国，可见此人心胸多么坦荡。

血浓于水靠不住

一支车队，从宋国进入郑国。

重耳接受了狐偃的意见，对宋襄公的慷慨赠予，车收下，老婆和庄园婉拒了。宋襄公又赠送了盘缠和食物，派公孙固送他们出宋国。

"好人哪，真是好人哪。"离开宋国的时候，大家都对宋襄公心存感激。

春秋时候这点好，即便两国是敌国，边境是开放的。

荥阳，郑国首都。

还是老一套，重耳派胥臣前去通报。这一次，找到了上卿叔詹。于是，叔詹去见郑文公。郑文公，郑厉公公子突的儿子，楚成王的妹夫，死心塌地投靠楚国，除了楚国，谁也不鸟。

"主公，晋国公子重耳求见。"

"重耳？不见。"郑文公拒绝。

"主公，最好还是见见吧。一来，大家都是姬姓国家，五百年前是一家。

258

二来,俗话说:同姓不藩。重耳老妈也姓姬,可是重耳活到现在好好的,不一般啊。三来,重耳手下都是能人,狐偃、赵衰、狐射姑放在哪里都是做上卿的材料。这么说吧,趁现在他们落魄,拉拢拉拢他们,今后有好处啊。"叔詹劝说。真是好眼力。

"不见,就是不见。"郑文公就是不见,有楚国做后台了,还怕谁?

"那,既然这样,那就杀了他们,免得今后来报复我们。"

"切,怕他们?别逗了,还不知道他们死在哪里呢。"郑文公说完,自己先走了。

叔詹没办法了。

从卫国的宁速、曹国的僖负羁、宋国的公孙固,到郑国的叔詹。其实,到哪里都有人才,关键看你用不用而已。

卫国、曹国、郑国,三个同姓国家,两个闭门羹,一个偷窥。反而是异姓国家宋国热情招待,重耳哭笑不得。

看来,老爹狂灭同姓国家是有道理的,这年头血浓于水是靠不住的。

什么是靠得住的?什么都靠不住。

重耳一行离开郑国,前往此行的目的地——楚国。

楚国人会欢迎他们吗?每个人心里都没有把握,都在打鼓。从情理上说,楚国人没有欢迎他们的理由。首先,他们是晋国人,晋国是北方大国,楚国迟早要面对的敌人。其次,他们从齐国和宋国来,而这两个国家都是楚国的敌人。

"舅舅,楚王会欢迎我们吗?"快进入楚国的时候,重耳问狐偃。

"当然。"

"为什么?"重耳急切地想知道。

"因为他需要朋友。整个天下,他没有朋友,要么是敌人,要么是马仔。"

"可是,如果有朝一日我们回到晋国,一定会是他的对手。"重耳觉得狐偃说得有道理,可是这个道理很容易就变成没有道理。

"对了,楚王还需要对手。齐桓公死后,天下已经没有楚国的对手。就像武林高手,没有对手是很痛苦的,因此他也需要对手。"

"可是,楚王很没有诚信,他会不会像对付宋公一样对付我们?"重耳觉得狐偃说得确实有道理,可是,他还是担心。

"不会,楚王是个英雄,英雄爱英雄。宋公这个人假仁假义,楚王偏要戏弄他而已。以楚国的力量,难道还要用那样的办法对付宋国吗?"

"舅舅,你这么说,我放心了。"重耳说。其实,他还是不放心。

重耳不知道,狐偃其实也不放心。说是那么说,心里还是在打鼓。

来到楚国

阳光明媚,为什么还是阳光明媚?

齐国和宋国都是阳光明媚,楚国为什么不可以阳光明媚?

进入楚国,迎面一支楚国军队。

"前面来的可是晋国公子重耳?"为首的楚国军官大声问道。

"正是。"重耳亲自回话。

"奉大王之命,在此专候。"

要说人家楚国那真是没得说,重耳在各国的一举一动都已经被掌握得一清二楚。重耳还没有到楚国,楚国就已经派人来接了。

好事?坏事?

没人知道,事到如今,龙潭虎穴也只能闯了。

楚成王,十岁登基,到成王三十五年,已经四十五岁。在令尹子文的辅佐下,领导楚国从强大走向更强大。

灭弦、灭英,伐郑、许、随、黄、徐、宋,成王这些年里不仅在扩张,而且在与中原国家的战争中占尽上风。郑国第一个投诚,自愿称臣,连鲁国这样的国家都老老实实前来进贡。

不过,成王的成就感并不是很强,因为说来说去,楚国还是个南蛮子,天下诸侯对他们是害怕而不是心悦诚服。

所以,成王决定体现一些大国风范出来,也搞搞主旋律的东西。他也热情接待全世界的来宾,包括把齐桓公的七个儿子一口气都任命为上大夫;他还放下架子参加一些中原诸侯的活动,包括宋国第一次的宋楚齐三国峰会。

可是,他还是很郁闷,他还是觉得自己并没有融入主流社会中。与此同时,他还有一种寂寞的感觉,放眼天下,没有敌手的感觉是很不爽的。

正因为如此,当他知道公子重耳要来了,他很高兴,因为他知道重耳和他的团队具有很高的声望。

"或许,重耳就是我在等待的朋友,或者对手。"成王想。正因为如此,他决定给重耳一个朋友的礼遇。

朋友聚会

郢,楚国首都。

楚国举行建国以来最隆重的国宴。为什么这样说?因为国宴按照周礼举行。对于南蛮楚国来说,这等于是纡尊降贵。即便是前段时间郑文公前来,也没有享受到这样的待遇。那么,这次是谁来?谁有这么大的面子?齐孝公?还是鲁僖公?

当人们知道这个场面是为晋国的落魄公子重耳准备的时候,人们感到惊讶和不理解。

好在楚成王不用去管别人理不理解。

问题是,重耳感到有些恐惧。

"怎么办?太隆重了,我不敢去啊。"重耳真是有些害怕,他怕自己举止不当,反而招致祸患。

"公子,想想看,我们流亡这么长时间,小国都不鸟我们,何况大国?如今楚王这样看得起,那没有别的解释,一定是天意了。所以,别怕,不要辞让。"老师赵衰给重耳壮胆。赵衰通常很少发表意见,看重耳怕得太厉害,忍不住安慰。

"可是,可是,我、我、我怕我不知道怎么说话啊。"重耳还是怕,大道理好说,具体技术可就不好掌握了。

"公子,我不是说过了嘛,楚王缺朋友,还缺对手,你呢,放开点,把楚王当大哥就行。哎,对了,想什么就说什么,就跟平时跟兄弟们在一起一样。简单说吧,就是做回你自己。"狐偃老到,到现在,他知道自己当初的分析都是正确的。

"好,做回我自己。"重耳咬牙,赶鸭子上架也要上了。

需要注明的是,以此次国宴为标志,楚国等于宣布自己的文化重新归属于华夏文化。

"我们不再是南蛮。"楚成王以实际行动宣布楚国强势进入国际主流社会,从此以后,南蛮不再指楚国,而是指楚国以南。

楚成王国宴宴请公子重耳一行,楚国自令尹子文以下,基本上政治局委员一级的全数参加。重耳这边,除了跟班的小吏之外,十几个心腹兄弟也都参加。

按周礼该怎样宴请客人呢?史书没有记载。那么,重耳享受的是什么

规格的待遇呢？《史记》的说法是"适诸侯礼待之"，《国语》则是"九献，庭实旅百"。

有人要问，怎么楚国会玩周礼呢？就像土包子突然搞了一顿法国大餐，可能吗？

原来，讨伐宋国之后，楚王率领楚军经过郑国回国，郑文公就给搞了个"九献，庭实旅百"。楚成王觉得挺好，就让人学回来了，现在是现学现用，热炒热卖。

"九献"是什么意思？有史以来，关于"九献"的解释众多，莫衷一是，但是有一点可以肯定，这是最高礼遇，因为按照《周礼》，九就是最大的数字。

一种说法是，商周时期鼎是用来盛食品的餐具，周朝时周公制礼，规定了严格的列鼎制度，即周朝"藏礼于器"的等级制度：天子即周王享受九鼎的待遇——第一鼎用以盛牛肉，叫太牢，以下为羊肉、猪肉、鱼肉、肉脯、肠胃、肤、鲜鱼、鲜腊。诸侯七鼎——即少了鲜鱼和鲜腊这两个菜就只有七个鼎。卿大夫第一鼎盛的是羊肉，叫少牢，以下有猪肉、鱼肉、肉脯、肠胃，这样就只享有五个鼎。士只有可怜的三个鼎的待遇，即猪肉、鱼肉、鲜腊。

所以，重耳受到的是王的待遇，与楚成王平起平坐。

受宠若惊，对于流亡在外的公子重耳来说，只能用受宠若惊来形容了，如果这个时候感激涕零，表达忠心，那将是顺理成章的事情。

可是，重耳没有。他始终记得狐偃的那句话：做回你自己。

重耳坦然自若，举止得当，言辞之间既表示感谢和敬重，又不卑躬屈膝。

晋国人看得发呆，他们没有想到重耳发挥得这么出色。狐偃暗暗在笑，心说小兔崽子还真沉得住气。

楚国人也看得发呆，想不到这个晋国公子如此沉稳大气，面对楚王应对裕如，不卑不亢。子文暗暗赞叹，心说没见过这样的人，太牛了。成得臣一脸阴沉，他知道，对面的这帮晋国人才是楚国真正的对手。

酒酣饭饱，大家都放开了腮帮子，喝得高兴，聊得也高兴。楚成王的心情只能用无限好来形容，他太喜欢重耳了，太喜欢对面这帮晋国人了。多少年了，也没有过这种朋友在一起放开了聊天的感觉。

喝着喝着，楚成王突然想起一个好玩的问题来。

"公子，如果有一天你回到晋国，成了国君，你会怎样报答我？"楚成王笑着问。问题一出，全场默然。

这是一个无比刁钻的问题，就像女朋友问你她和你妈同时掉河里你先救谁一样。怎样回答？没有标准答案。每个人都盯着重耳，整个晚上他的表现堪称完美，而这个问题回答不好，整个晚上的表现都要泡汤。

晋国人都很紧张，而楚国人都幸灾乐祸，等着看笑话。

重耳不慌不忙，站起来作个揖，坦然说道："大王的厚爱，俺铭记在心。金银财宝、俊男美女、山珍海味、丝绸桑麻，所有这些好东西吧，大王这里都数不胜数了，晋国那点东西，都是大王不要的甩货，想来想去，实在没什么能报答大王的。"

得，说来说去，等于没说。

楚国人都不高兴了，这不是个吃白食的晋国大忽悠吗？

楚成王也不满意，他一定要重耳回答这个问题，所以接着问："不行，你一定要有报答我的。"

现在，这是一个不得不回答的问题。

国宴上，气氛已经非常紧张。

重耳笑了笑，侧脸去看狐偃，狐偃对他笑笑，点点头，意思是：想什么就说什么。

"大王，如果托大王的福能够回到晋国，将来不幸有一天楚国和晋国在中原交兵，我会避王三舍。如果大王还不罢休，那么只好手持弓箭，和大王决一死战了。"重耳话音刚落，四座哗然。

什么叫"避王三舍"？春秋时一舍为三十里，这句话就是我会后退九十里避让你。

"退避三舍"这个成语，就来自这里。

楚国人愤怒了，大王这样对你，你竟然说今后要与楚国交战，吃了豹子胆了。

晋国人畏惧了，这不是自己跟自己过不去吗？先轸、魏犨等人已经手按剑柄，随时准备保护重耳。

整个国宴大厅，只有三个人面色坦然。哪三个人？楚成王、重耳、狐偃。

"小兔崽子，真敢说。"狐偃暗中得意。

楚成王还没有说话，旁边一个人已经腾地站了起来。

"大王，我们掏心肝子对他们，重耳反而狗咬姜太公（那时还没有吕洞宾，只好姜太公代劳），出言不逊，大王，杀了他们。"成得臣提剑而起，他早就想杀了晋国人，总算有借口了。

"嗳，怎么说话？公子言谈得体，恭敬有礼，坦诚直率，充满自信，有什么错？这样的人我们要是杀了，天下人都会耻笑我们的。你坐下。"楚成王对成得臣有些恼火，太小心眼了。

成得臣讨个没趣，坐了下来。

"公子，来，干一杯，你要说话算数啊，哈哈哈哈。"楚成王大笑，他高兴。

全场大笑，不同的是，晋国人是开怀大笑，楚国人是皮笑肉不笑。

第七十五章　晋国人在秦国

楚成王喜欢晋国人，从那之后，三天一小宴，五天一大宴，还去云梦打猎。

重耳一帮兄弟们都很高兴，渐渐地在楚王面前也放开了，于是什么黄段子荤笑话都出来了，从北翟的抢婚到齐国的国家大妓院，天南海北，海阔天空，一通神聊。

楚成王虽然贵为大王，天下无敌，可是重耳那帮人说的事情他是没听说过的，把他听得云里雾里，羡慕非常。

"唉，虽然你们背井离乡，但是因此而游走天下，见多识广。要是我没有做大王的话，恨不得也跟着你们走了。"楚成王倒有些向往重耳们的生活，人就是这样，太安逸了就想出去闯闯，在外时间长了就想安定下来。

楚成王最关心的是齐国的国家大妓院，一开始想微服私访去一趟，考虑到比较危险，就决定干脆在楚国也搞一个。

总之，那一段时间，大家都很快活。可是，有一个人很不快活。谁？成得臣。

成得臣，字子玉，楚国王族，不过是非常疏远的王族。成得臣作为楚国的头号战将，屡立大功，以至于令尹子文公开表示要让位给他。成得臣对自己是高标准、严要求，处处以令尹的标准要求自己。因此，他觉得不仅要消灭战场上的敌人，更要消灭潜在的敌人。而潜在的最危险的敌人，就是重耳一伙。

因此，成得臣派了手下随时监视晋国人。一来要找岔子，以便去说动楚王杀了他们。二来，实在不行，就自己找机会把他们干掉。

说起来，还是狐偃老奸巨猾，早就看出来成得臣不怀好意，因此，处处提防，十分小心。他很担心，万一哪一天楚成王一个脑子短路，听了成得臣的挑拨，弟兄们可就都要挂了。看来，必须要想办法了。

楚国虽好，非久恋之家。

狐偃的诡计

这一天，又是大宴。

喝酒的时候，楚成王说起陈国来。原来，陈国早已经向楚国称臣，可是最近又偷偷跟宋国眉来眼去，据说在私下结盟。

原本，楚成王也就是这么一说，没别的意思。想想看，陈国这样的小国，夹在大国中间，可不就是要左右讨好，在夹缝中生存吗？

可是，狐偃听了，事情就不一样了。他眼睛一转，计上心头。

"大王，陈国这样的做法太卑鄙，太小人，太什么。如果任由他们这样下去，其他国家都会跟他们学，今后谁还尊重大王您呢？我有个不成熟的建议，不知当讲不当讲。"狐偃先点了一把火，看楚成王的反应。

楚成王点点头，觉得狐偃说得有道理。实际上，他很尊重狐偃，平时还跟着重耳叫狐偃舅舅呢。

"我听说陈国人非常害怕子玉将军，不如就派子玉将军率战车五百乘讨伐，一定马到成功。"这就是狐偃的建议，表面上吹捧成得臣，实际上要把他支开。

"子玉，你看如何？"楚成王看成得臣。

成得臣不是傻瓜，他知道狐偃没安什么好心。

"大王，眼看秋收了，还是算了吧。"成得臣心说，小小陈国，膏药大点地方，什么时候收拾他们不行？我还是在这里看好你们再说。

楚成王没有说话，他在盘算。

这个时候，狐偃又说话了："大王，子玉将军说得有理。要不这样，我们蒙大王厚恩，无以为报，愿意为大王解忧。我这里两个小兄弟愿意从大王这里借战车一百乘，前去讨伐陈国，不胜无归。"

说到这里，狐偃不等楚成王回答，招招手问："哎，先轸、魏犨，有没有信心？"

那两个腾地站了起来，大喝一声："有。"

楚成王还是没有说话，他看看先轸和魏犨，再看看成得臣，意思好像是："人家晋国人都愿意为我效劳，你怎么样？"

"大王，我明日就领军出发，只用战车一百乘。"成得臣大声说道。他很恼火狐偃的说法，怎么自己要领军五百乘，两个晋国人只用一百乘就够了？

这不看不起人吗？

狐偃笑了，他知道成得臣一向就对先轸的指挥能力和魏犨的战力心存嫉妒，故意用这两个人来激怒他。

"跟我斗？你还嫩点。"狐偃心说。

成得臣率军讨伐陈国去了，最终还是率领了两百乘战车。楚成王也不可能让晋国人来带兵，那太没面子。

支走了成得臣，狐偃知道，这不过是解一时之急，要彻底摆脱危险，就必须离开楚国。

"臣，你今晚悄悄离开，去秦国求见秦侯。楚国不能再待，我们要去秦国。"狐偃给胥臣布置了任务，又吩咐了要点。

胥臣不敢耽搁，连夜启程了。

晋国人在楚国的日子还是很滋润，成得臣走之后，只能说更加的滋润。

狐偃每天都在打听成得臣在陈国前线的情况，同时等待着胥臣的消息。二臣现在成了狐偃的牵挂。

陈国前线捷报频传，对于狐偃来说都是坏消息。成得臣以二百乘战车打得陈国人狼狈不堪，接连拿下焦、夷两座城池，还在顿修了一座城，合计入账三座城池。

"不错不错，快过年了，回来吧。"楚成王对成得臣的战绩很满意，体谅他们在外打仗不容易，派特使招他们收兵。

"大王，子玉那是被窝里放屁，能文能武（能闻能捂）啊，等他回来，让他做令尹吧。我也老了，咳咳。"子文主动让贤。

这个臣要回来了，而且要做令尹了，权力更大了，麻烦也就更大了。可是，那个臣呢？我们自己的臣呢？

狐偃心焦啊，这要是胥臣没有消息的话，能不能熬过年都难说啊。

重大利好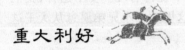

臣回来了，哪个臣？

两个臣都回来了。

成得臣回来的前一天，胥臣从秦国回来了。

"臣，怎么样？"大家都来问。

"好消息只有一个，坏消息一大堆，先听哪一个？"胥臣卖个关子，这都是跟狐偃学的。

狐偃没说话，胥臣都敢卖关子的时候，说明事情办妥了。

第一个坏消息是晋国国君死了，也就是说，晋惠公死了。为什么说是坏消息？因为那毕竟是晋国国君，是重耳的弟弟。

不过，这显然不是真的坏消息。

惠公是病死的。

惠公病死之后，太子圉继位，就是晋怀公。

太子圉不是在秦国当人质吗？他怎么跑回去了？

原来，公子圉在秦国当人质，秦穆公还给他娶了个公族老婆，叫怀嬴。一年前，秦国出兵把梁国给灭了，那是公子圉的姥姥家。姥姥家没了，公子圉就感觉有些不妙。于是，跟老婆商量。

"老婆啊，姥姥家没了，我什么依靠也没有了。现在我在这里，家里有一帮弟弟，老爷子身体又不好，说不准哪一天老爷子一蹬腿，谁还会等我回去继位啊？我看，我必须趁着老爷子没死，从这里逃回去。怎么样？跟我走吧。"公子圉动了逃跑的念头，动员老婆一块跑。

老婆想了想，说："你是晋国太子，在这里当人质确实不那么合适。秦侯让我嫁给你呢，是想拴住你的心。如今你要跑，我不拦你，但是也不跟你跑。"

老婆挺有原则，公子圉不管这些了，第二天就跑回了晋国。

晋惠公一看，大儿子回来了，那就接着当太子吧。

就这样，晋惠公死后，怀公继任。

第二个坏消息呢？

胥臣沉默了半天不敢说，最后忍不住了，对狐毛狐偃说了："两个舅舅，节哀顺变啊。"

一句话，大家知道，狐突没了。

按理说，这一年重耳三十五岁，狐偃五十六岁，狐突怎么也八十多岁了。俗话说：人活七十古来稀。狐突八十岁上去世，那就算喜丧了，死得其所了，没什么好悲伤的。

可是，狐突的死法有问题。

怀公继位，发现没几个大臣尿自己这壶，他感到一种空前的危机。他知道，很多人在等待着重耳回来。怎么办？

怀公下令：凡是家里面有人跟重耳流亡的，限期内召回，否则，杀无赦。

命令下来，根本没人鸟他。

怀公很恼火，派人把狐突给找来了。

算一算辈分,怀公的爹是狐突的外孙,看见狐突,怀公该叫老姥爷。可是,如今关系到自己的宝座,什么姥爷不姥爷的。

"老爷子,把你两个儿子召回来,我就放了你。"怀公连客气话都没说一句,上来就威胁。

狐突心想:"你个臭王八蛋,没有我就没有你,你这么凶干什么?"

老爷子也不客气,直接给顶回去了:"当爹的要教给儿子忠诚,如今他们跟着你伯父这么多年了,我不能叫他们回来。你滥用淫威,找人过错。来吧,杀我吧。"

怀公还真下了手,把亲爹的亲姥爷给杀了。当初献公也就杀到爷爷辈,如今怀公又提高了一辈。

听到这里,狐毛狐偃兄弟两个捶胸顿足,抱头痛哭,大家看了,忍不住都落下泪来。

"该死的公子圉,我不杀他,誓不为人。"重耳发了毒誓,姥爷横死,他也伤心落泪。

后人为纪念狐突,在今山西武乡县马鞍山为他修庙,因此,马鞍山又名狐突山。

那么,好消息呢?

好消息是秦穆公决定请重耳去秦国,帮助重耳回晋国。

原来,公子圉的逃走让秦穆公十分恼火,大家一商量,认为应该扶立重耳。如今晋惠公死了,又听说重耳在楚国,因此决定派公孙枝前来迎请。恰好胥臣到了秦国,求见秦穆公,因此,秦穆公让他先回来报信,公孙枝随后就到。

大利好啊。

所有人都欢呼起来,终于有希望了。

楚成王虽然对大家不错,但是晋楚不交界,要帮也是有心无力。秦国就不一样了,只要秦国肯帮忙,事情就成功了八成。

当天,重耳把这个消息报告给了楚成王。

"太好了,我为你们高兴啊。"楚成王也高兴,他很高兴自己有重耳这个朋友,现在,他知道自己很快会有重耳这个敌手了。

楚成王下令:厚礼欢送。

臣回来了,成得臣。

成得臣获得了楚成王的单独接见,告诉他两个好消息。当然,楚成王不可能让他挑选先说哪一个。

"第一个好消息,即日起,你接任令尹。"楚成王宣布第一个好消息,成得臣谢恩。

"第二个好消息,秦国决定帮助重耳复国,过几天我们就可以欢送他们了。"楚成王宣布第二个好消息,从内心里,他觉得这是个好消息。

对于成得臣来说,如果说第一个是天大的好消息,那么第二个就是天大的坏消息。

"大王,不能放重耳走,将来他们一定是我们的劲敌。"成得臣有些急了,他知道放重耳走就是放虎归山。

"不,如果将来晋国击败我们,那只能说是我们自己不努力。重耳这样的人,谦恭但是不谄媚,机敏但是不卖弄,大气但是不鲁莽,再加上狐偃、赵衰和狐射姑辅佐,真是一个完美的团队,老天都会帮助他们,我怎么能害他们?"说来说去,楚成王是英雄爱英雄。

"那,如果放他走,我请求把狐偃留下来,我情愿让出令尹给他,也不能让他辅佐重耳。"成得臣再提要求。

"不。"楚成王摇摇头,他知道,成得臣永远也不能理解他的想法。

来到秦国

十月,重耳一行来到了秦国。

秦穆公给了重耳热烈的欢迎,国宴招待。不过,给的礼节为"五献"。也就是说,以公子的礼节招待重耳。

秦国人应该说是很热情的,公孙枝经常来看望大家,秦穆公的夫人穆姬也时常派人来问候弟弟。与此同时,狐偃、赵衰等人和蹇叔、百里奚也都打得火热,相互之间十分敬重。

秦穆公和重耳数次亲切交谈,就当前的国际形势交换意见。但是,对于重耳今后的地位问题,秦穆公避而不谈。重耳根据狐偃的建议,也闭口不谈。

为什么两个人都不谈这个最实质的问题呢?

秦穆公在观察,因为有了晋惠公和晋怀公的前车之鉴,他要认真考察重耳,看看这个是不是也那么差劲。

重耳呢?因为晋惠公刚死,尽管那不是个好鸟,毕竟也是晋国国君,这个时候提回国夺位,就显得很不道义。所以,秦穆公不提,他也不提。

秦穆公怎样考察重耳呢?

秦穆公打听了一下,在北翟,北翟国主给了重耳一个老婆;在齐国,齐桓公给了重耳一个老婆;在宋国,宋襄公准备给重耳三个老婆,结果重耳没要;在楚国,楚成王给了四个女人伺候重耳,不算老婆,重耳走的时候把她们都

留在了楚国。

"好,我给他五个老婆。"秦穆公决定要比所有人给的都多,那年头也时兴攀比。

秦穆公找了五个宗族女子,也就是公族女子,一块给重耳送过去了。也不说是嫁给他,总之是送给他,说法是:"怕公子无人伺候饮食起居,挑了宗女五人给你铺床叠被。"

重耳一看,哇噻,五个啊,别的没什么,只怕身体受不了。

这五个女子,享受妾的待遇。但是,绝对不是女仆。

本来重耳挺高兴,可是一看花名册,心头咯噔一下。为什么?怀嬴赫然其中。怀嬴就是晋怀公的老婆,因为没有跟怀公跑回晋国,现在成了望门寡。

秦穆公的意思是,反正跟晋怀公已经一刀两断了,就没必要给他留着老婆了,干脆,给重耳算了。

可是重耳算了算,怀嬴是自己侄子的老婆,如今给了自己,这不是乱伦吗?这不是伯父捡了侄子的破鞋吗?

重耳心里不太愿意,嘴上不说,行动上体现出来了。

那天出门回来,吃饭之前洗手,怀嬴端着洗手盆给他洗手。洗法呢,就是怀嬴向下一边倒水,重耳一边洗。按规矩,重耳洗完手,怀嬴递上毛巾,重耳擦手。

可是,重耳看见怀嬴就不高兴,也没等她递毛巾,甩甩手,把水甩干净,屁股上一擦,就要走。

按理说,这也不算什么大不了的事情。可是,怀嬴不干了。

五个人来到重耳这里,其余四个都跟重耳有过肌肤之亲了,只有怀嬴连重耳的手都没碰过。怀嬴就知道重耳对自己有看法,原以为不用守活寡了,可是看来这跟守活寡没什么区别啊。怀嬴早就憋了一肚子火,这个时候再也忍不住了。

"哗。"怀嬴把一盆水都倒在了地上,大声说道:"你晋国也不比秦国大,况且你还没有当上晋君,你凭什么看不起我?你牛什么牛?"

重耳大吃一惊,没料到还有这一出,当时愣住了。想发火,可是这是人家的地盘,怎么办呢?

没等他想明白,怀嬴已经一扭头跑了出去,一边跑,一边哭:"这日子没法过了,我要回娘家。"

重耳一看,这还了得,这不是让自己出丑?没办法,重耳迈开步子,追上怀嬴,也不敢说她,只能低声下气求情:"亲爱的,您别生气,我不是那个意思。"

"别叫我亲爱的,叫我讨厌的,呜呜呜呜……"怀嬴哭得伤心。

270

怀嬴的哭声惊动了所有人,那四个姐妹也都出来劝解,闹了半天,才算了事。

过了两天,秦穆公请重耳吃饭。

"公子,听说怀嬴得罪你了。"酒足饭饱,秦穆公若无其事地问。

"这,这是我的错。"重耳忙说。他不知道秦穆公此时问这个是什么意思。至少有一样,自己那里发生的事情都瞒不过秦穆公。

"公子,实不相瞒,这几个给你的公族女子中,怀嬴是最有才能的。要不是以前嫁给了公子圉,说实话,决不会这样把她送给公子,那一定是要做夫人才嫁出去的。没办法,现在也不敢说正式嫁给公子,也就是给公子做个妾算了。这次她羞辱了公子,是寡人的罪过。如何处置她,完全听凭公子的意见。"秦穆公说得很诚恳。看得出来,他确实很喜欢怀嬴。

"这,这。"重耳没想好怎样回答,没等他想好,秦穆公又说了:"也别急,回去慢慢想,想好了告诉我。"

不要白不要

重耳的想法,是借着这件事情把怀嬴给休了。可是,他又怕得罪秦穆公。怎么办?重耳决定召开核心会议。

谁是核心?狐偃、赵衰和胥臣。

按理说,胥臣的地位没有这么高,但是一来胥臣最近功劳比较多,地位上升。二来胥臣与秦国君臣打交道比较多,更熟悉他们的想法。

现在,重耳把自己的想法说了一遍,然后等待三个人发表意见。

按规矩,狐偃通常是作总结发言的,所以,这一次胥臣先发言。

"同姓为兄弟,异姓为夫妻。当年,黄帝二十五子……"

职业外交官都有这样的职业病,胥臣一上来先来一通废话,从三皇到五帝,从兄弟到夫妻讲了一遍,半个时辰过去,还没到正题。

"臣,快点。"重耳催他,看这样子,再不催他,就该开讲《周易》了。

"这么说吧,总而言之,言而总之。现在你和圉那就是陌生人,陌生人丢的东西,不捡白不捡。"胥臣如此总结,前面洋洋洒洒大讲春秋大义,最后的结尾这么庸俗,连拾金不昧的觉悟都没有。

大致外交官都是这样,说得都很好,最终落到实处的,就是想要占你的便宜。

"老师,你怎么看?"重耳对胥臣的说法不太满意,问赵衰。

"礼书上说:求人帮忙,要先帮别人。想别人爱自己,就要先爱别人。两

国之间，最容易做到的就是裙带关系啊，换了别人，这样的事求之不得，你有什么可迟疑的呢？"别看赵衰动不动弄个礼啊经的出来说，关键时刻，头脑清醒，绝不会去说什么乱伦之类的屁话。

所以，赵衰这样的人是可以管理国家的，一方面懂得书上的道理，另一方面又绝不迂腐，懂得变通。

"舅舅，您看呢？"重耳这个时候基本上同意了前面两位的看法，可是还没有拿定主意。

"公子啊，你连那个小王八蛋的国家都要拿过来了，把他老婆拿过来又有什么不好意思的？"狐偃就这么两句话，从小打狼长大的，没那么多废话。

重耳彻底想通了，他听出狐偃的话里还有没有说出来的话，那就是：你不拿他老婆，可能连他的国家也拿不到。

"不行，我要把她退给秦侯。"重耳说。他怎么这么说？

"你疯了？"狐偃、赵衰和胥臣异口同声。

"我没有疯，我只是觉得这样太委屈她了，我要告诉秦侯，等我回到晋国，我要堂堂正正迎娶她回晋国做夫人。"

重耳就是这样，永远是这样，一旦想通了，他比谁都走得远。

第七十六章　这就是晋文公

秦穆公对第一个考察项目的结果非常满意，十分满意，而不是九分。

重耳如果从一开始就欣然接受怀嬴，那他就是一个晋惠公那样的无耻之徒；如果始终不肯接受怀嬴，那就是一个没有大脑的顽固之徒。如今这样，说明他知道感恩，还懂得变通。

好，好青年。

现在，第二个考察项目开始了。

赛诗会

秦穆公决定宴请重耳，不过这一次的宴请非同寻常。

七献，这一次秦穆公决定将重耳的规格升为诸侯。

宴请当天上午，出意外了。什么意外？狐偃病了，据说是发高烧。

关键时刻军师病倒了，重耳急坏了，立马前来看望。

"舅舅，您，不碍事吧？"重耳来到床前，坐下问候。

"嘘，小声，我装病的。"狐偃轻轻说，盖着个大被子。

"装病？为什么装病？"

"我不去参加国宴。"

"为什么？"重耳急了，你这不关键时刻掉链子吗？还指着你呢，你不去怎么行？尽管这是舅舅，重耳的脸还是忍不住耷拉下来了。

"随机应变，老谋深算，我比赵衰强；博学多识，通晓礼仪，没人比赵衰强。陪楚成王玩，我跟随你最合适。但是，今天的国宴十分重要，这样的场

合，要靠赵衰，因此我找这么个理由闪了，让赵衰跟你去。"

老奸巨猾，算无遗策，大概就是指狐偃这样的人了。

事实证明狐偃的做法是很正确的。

秦穆公宴请重耳，使用周礼，七献。

当初楚成王虽然是周礼中的九献，那毕竟是照猫画虎，很多地方是对付过去的。可是如今不一样，秦国在百里奚、公孙枝等人的教化下，这些年来在礼仪上可以说是突飞猛进，搞得像模像样。如今这个七献尽管比楚成王的九献少了两献，但是感觉上更隆重、更正式。

这种场面如果换了狐偃来，基本上当场就撂了。可是换了赵衰，那就不一样。想当年赵衰的祖上在周朝混，什么不懂？赵衰本人年轻时也曾经到伟大首都留学，学习周礼。所以如今见了这样的阵仗，那是如鱼得水。

在赵衰的贴身指导下，重耳应对得当，什么时候行什么礼，什么时候说什么话，都交代得清清楚楚。感觉上，重耳的举止比秦穆公还要正规得体。

"为礼而不终，耻也。中不胜貌，耻也。华而不实，耻也。不度而施，耻也。施而不济，耻也。耻门不闭，不可以封。非此，用师则无所矣。二三子敬乎！"（《国语》）宴席结束的时候，秦穆公忍不住对大夫们大赞重耳，大意就是你们看看人家重耳，这就是楷模，我号召你们向他学习。

别觉得奇怪，"华而不实"这个成语竟然是秦穆公发明的。

第二天，秦穆公很高兴，继续宴请重耳。狐偃接着装病，还是赵衰随行。

今天的宴请改节目了，什么节目？对诗。

酒过七巡，秦穆公率先开口了。

"公子，咱们文化人也别光喝酒讲黄段子，对个诗怎么样？"秦穆公问。这些年来，百里奚公孙枝这帮人没少熏陶他，老婆穆姬也没少教导他。

"好啊好啊。"重耳挺高兴，原本他也属于没太多文化，整天跟着舅舅打狼的那种，后来拜了赵衰为师，才开始认真学习。再到后来娶了齐国的老婆，动不动来几段，有时候不背诗都不给上床，把重耳活活培养成了一个文学青年。

别以为只有林黛玉薛宝钗们才对诗，跟古人相比，她们还差点。

秦穆公开始了，大家竖起耳朵来听。

"采菽采菽，筐之筥之，君子来朝，何锡予之……"秦穆公的声音，高亢激昂，类似秦腔那种，听得大家心惊胆战。

赵衰一听，好嘛，秦穆公上来这首叫做《采菽》，后来被孔子收在《诗经·小雅》里。这首诗什么意思呢？简单介绍，这首诗描写的是诸侯朝见周王，周王给予很多赏赐，于是大家高兴，万众和谐。

"好，好。"马屁声四起。

重耳看看赵衰，赵衰轻声说："下堂拜谢。"

重耳听了，起身，下堂，拜谢秦穆公。秦穆公见了，也急忙下堂辞谢。

"国君用天子接待诸侯的待遇来接待重耳，重耳怎敢有苟安的想法，又怎敢不下堂拜谢呢？"赵衰在一旁解释，好像解说员一般。

大家纷纷点头，懂的人赞赏，不懂的人长学问。

双方入座，该重耳了。

"《黍苗》。"赵衰轻声提示。

"芃芃黍苗，阴雨膏之。悠悠南行，召伯劳之……"重耳朗声念道，声音里夹杂着东西南北的口音，毕竟，他是一个走过河南河北山东山西陕西湖北的人，声音里饱含着沧桑，催人泪下。

震撼，无语。

《黍苗》，见于《诗经·小雅》，诗词大意是召伯经营谢城，慰劳百姓，百姓感激，周王也很满意。

"在——"静默之中，赵衰说话了，第一个字重重出口，声音拖得很长，就像赵忠祥解说《动物世界》一样，显得神秘而深沉，"久旱不雨的田地里，黍苗，渴望着及时雨。啊，重耳仰仗国君，就像黍苗渴望下雨。国君若能帮助重耳成为晋国百姓的君主，晋国一定会追随国君，四方的诸侯也会听从您的命令。"

基本上，赵忠祥的解说是遗传了祖上的优秀基因来的。

沉默，继续沉默。

掌声，沉默得越久，掌声就越热烈。人们的掌声，既是给重耳，也是给赵衰。

"一切都是上天赐给公子的，我怎么敢居功呢？"秦穆公谦虚了一回，然后继续对诗。

秦穆公的下一首诗是《小宛》，收于《诗经·小雅》，原文略，诗词大意是：世界实在乱，古人看不见，兄弟要小心，到处是坏蛋。

重耳回了一首《沔水》，同样收于《诗经·小雅》，原文略，诗词大意是：我的家乡在东方，那里有我爹和娘，不要听信坏人话，兄弟兄弟要帮忙。

秦穆公一听，行啊，对答如流啊，又来了一首《六月》，同样出于《诗经·小雅》。此处省略原文，诗词大意是：正义大军要出发，讨伐敌人保国家。我军将士很生猛，帮助周王平天下。

秦穆公念完，赵衰捅捅重耳，轻声说："公子，下堂拜谢。"

重耳急忙起来，下堂拜谢。秦穆公看见，又下堂辞谢。

古人的礼节真是很多啊。

"国君把辅助周天子、匡正诸侯的使命交给了重耳，恭敬不如从命，重耳欣然接受。"赵衰在旁边解说，潜台词就是：您说出兵了，说话要算数啊。

对诗会到此结束，酒会开始。

两个考察项目下来，秦穆公对重耳非常满意。

后来的一段时间，秦穆公动不动来个对诗会，都是赵衰陪同重耳。

这边是玩斯文的，那一边狐偃自然也没有闲着。

狐家在晋国的声望可以说仅次于晋侯，卿大夫们对老狐突是打心眼里敬佩，就连晋惠公这么个白眼狼当初在姥爷面前也老老实实，过年过节照常送腊肉，从来不敢提让老爷子把两个舅舅给弄回来的事情。可是晋怀公这个二百五就真敢杀了狐突，应该说，杀狐突的那一刻，就注定了晋怀公干不长。而狐突之所以慷慨就义甚至有主动求死的意思，他愿意用自己一条老命换取外孙重耳夺取君位。

杀了狐突，激起了卿大夫们的公愤，大家都在盼望重耳回来。

就在这样的背景下，狐偃在秦国派人悄悄回到晋国，进行地下串联。

小兄弟栾枝不用说了，早就摩拳擦掌，等待里应外合了。其余的韩简、郤步扬、舟之侨等人也纷纷响应，连当年力挺晋惠公的梁由靡等人也都暗中联络，要投靠重耳。算一算，真正还肯为晋怀公卖命的只有两个人：吕省和郤芮。

外有秦穆公全力支持，内有数不清的卧底。

"该死的圉，爷爷看你能不能活到明年夏天。"狐偃咬牙切齿，万事俱备，就等开春。

秦军出动了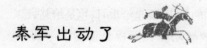

秦穆公二十四年（前636年）正月，秦穆公下令：讨伐晋国，扶立公子重耳。

战车四百乘，秦穆公亲自领军。

黄河以西是秦国，黄河以东是晋国。

秦国大军渡河，一月份，上游水少，河道变窄，利于渡河。

重耳等人也跟随大军渡河，大家都意气风发，指点江山的样子，只有一个人在那里埋头苦干。谁？壶叔。

用现在话说，壶叔是重耳的后勤部长，吃喝拉撒都归他管，锅碗瓢盆席被鞋袜等等都是他负责。所谓不当家不知道柴米贵，壶叔一路上什么都不舍得扔，看什么都有用。如今要回晋国了，壶叔把那些破衣烂衫歪锅破盆都收拾在一块，要打包回国。

"哎哎，壶叔，我们都要回国了，吃喝受用不尽，还要这些干什么？扔掉扔掉。"重耳觉得壶叔很可笑，一边说，一边亲自动手扔东西。

狐偃在旁边，本来挺高兴，看到这个场景，狐偃的心情有些沉重了，这不是喜新厌旧吗？这不是卸磨杀驴吗？这不是忘恩负义吗？革命尚未成功就这样，他回去当了国君，我们这些老东西还能看顺眼？

狐偃摸了摸胸脯，摸到两块璧，那是秦穆公给大家的新年礼物。顺势，狐偃就把两块璧掏出来了，然后走到重耳面前。

"公子，你看，跟随你这么多年，错误肯定不少，我自己算算，大概三个大错八个小错二十四个不满意。现在公子就要回去了，这些破衣烂衫都不要了，我也老了，跟这些也没什么区别。可是我不能老不要脸老年痴呆什么的，还要有点自知之明。这两块璧是秦侯给的，现在给你，算是告别礼物，后会有期吧。"狐偃说着，竟然真的动了感情，人老了，容易激动，一时间，弄得眼泪鼻涕一起流，别着头把两块璧塞给了重耳。

大家伙儿一看，怎么回事？这么多年了，吃苦受累冒风险，老狐向来都是谈笑自若，怎么如今事业要成功了，反而哭了？

重耳一愣，怎么舅舅说这些话？我对不起谁也不能对不起舅舅啊。当时重耳也挺激动，手里拿着那两块璧，哽咽着说："舅舅，我错了，我认错还不行吗？这些破衣烂衫都带回去，今后教育儿女。我发誓，我要是今后嫌弃您老人家，对不起兄弟们，就像这两块璧一样不得好死。"

说着，重耳把两块璧狠狠地投进了黄河。狐偃想拦，可惜没拦住，心里骂："兔崽子，那是我的，你当然不心疼了。"

不管怎样，破衣烂衫锅碗瓢盆算是留住了，大家听了重耳的誓言，心里更加有底了。

干革命要跟对人。

重耳归来

这时的晋怀公，只能用众叛亲离来形容。

秦军顺利渡河，河对面，已经有些消息灵通人士在迎接重耳的归来。

随后，秦军一路推进，所过的令狐、臼衰、桑泉，都是不战而降，主动送老母鸡送腊肉给秦军。

到这个时候，晋怀公才知道秦国人和重耳已经打过来了。怎么办？出兵迎战。

原本,晋国国内最能打仗的是韩简和栾枝,可是这哥俩都闭门不出。没办法,只能吕省和郤芮这老哥俩亲自率军出征了。

于是,吕省和郤芮率领晋军进驻庐柳(今山西省临猗县境内),阻击秦军。战争就在眼前。

但是,不是所有人都想打仗。或者说,所有人都不想打仗。

秦国人不想为一个晋国人去拼命,即便秦穆公想。而晋国人更不想打仗,谁愿意为了晋怀公这样的人去死呢?

两军从一月对峙到二月,秦军这边问题不大,晋军那边就开始有人逃跑。

"出击吧。"秦穆公召集战前会议,决定主动出击。

"主公,依我看,不用打仗,直接劝降就行了。"狐偃说话了,他不希望打仗,因为这一仗下去,如果秦军败了,大家就还要回去吃二茬苦;如果晋军败了,那秦国今后还不骑在晋国头上拉屎?

所以,最好的办法就是不打。

"行吗?"秦穆公问。

"先礼后兵啊,不行再打也来得及。"

就这样,公子絷和胥臣作为劝降使者,前往晋军大营。

吕省和郤芮正难受呢,打吧,士气这么低,手边又没有大将,基本上没有赢的道理;撤吧,又没法撤;这么熬着吧,还担心有人会不会把自己宰了去对面请功。这个时候听说秦国来人谈判了,立马准备好酒好茶,外带两张笑脸。

"最后通牒,最后通牒,立即放下武器,否则格杀勿论。"公子絷基本上过来就是说这些话,他算是恨透了晋惠公父子和眼前这两个人了,想客气都客气不起来。

吕省和郤芮大眼瞪小眼,你这是来谈判的? 这不分明来威胁我们吗?

"两位大夫,俗话说:识时务者为俊杰也。当今天下,从东到西,从南到北,从上到下……"胥臣又把外交官那一套给拿出来了,一通忽悠,最后表达了这样的意思:只要放下武器,我家主公就是你家主公了,从此之后从前的恩怨一笔勾销。

一硬一软,这两个算是黄金搭档。

换了往日,以吕省和郤芮的智商,别说你这黄金搭档,就是宝石搭档来也是白扯。可是现在不一样,现在的形势就令人发慌,就让人沉不住气。

"胥臣,你说话算数?"吕省问。

"不算数,我来干什么?"胥臣反问。这是技巧,这个时候,用反问最有力。

"那,那我们考虑考虑。"吕省说。

"考虑行,但是为了表现你们的诚意,你们必须后撤。"公子絷依然强硬。

"好。"郤芮说。

第二天,晋军后撤到郇。

有了第一步,就会有第二步。

第二步,狐偃亲自出马,代表重耳,公子絷代表秦穆公,前往晋军大营。吕省和郤芮代表晋怀公吗?否,现在他们代表自己。

三方在晋军大营歃血为盟,吕省和郤芮投降并效忠重耳,重耳不计前嫌,留任吕省和郤芮。之后,晋军一片欢呼。

重耳亲自来到晋军大营,从此,他就是这支军队的主人。

"两位大夫深明大义,今后必有重用。"重耳安慰吕省和郤芮。

"感谢主公。"吕省和郤芮连忙谢恩。

秦军撤军。重耳率领的晋国军队进入曲沃。

与此同时,吕省和郤芮从前的主公晋怀公仓皇出逃,逃到高粱。高粱不是高粱地,而是一个地名,在今天的山西省临汾市境内。

晋文公横空出世

既然晋怀公都跑了,重耳当然就更不客气,挥师入绛,栾枝、韩简等人率领卿大夫们出城迎接。

在晋武公的庙里,公子重耳正式登基。

现在,公子重耳成为过去。

从十七岁开始流亡,十九年过去,三十六岁,重耳重回晋国。

晋文公,一个中国历史上赫赫有名的名字浮出水面。

前文说过,每一个成熟的政治家,一旦掌握权力,首先要做的就是铲除异己。

晋文公也不例外。

"舅舅,派人干掉那个小王八蛋。"晋文公的第一道君令发出,他要杀了晋怀公,报仇只是一个方面,更重要的是铲除这个潜在的威胁。

"主公,你说晚了。"狐偃说。

"难道,他逃到了海外?"晋文公有些恼火。

"你说晚了,是因为我早已经做了。来人,人头拿上来。"狐偃笑了,他很得意,因为这件事情他早就安排了人。

晋怀公的人头被提了上来。

"喂狗。"晋文公下令。现在,他要考虑下一个问题了。

吕省和郤芮应该怎样处理？

按照他们过去的罪行，砍十次不算多，但是已经答应了他们维持原有待遇，说好了不秋后算账，那么杀他们就是不讲信用了。

"我们要讲信用，要称霸，诚信是根本。"狐偃说。

其实，放过他们对于晋文公来说并不是一件很难受的事情，他可以接受。但是，他担心他们不会放过自己。怎么办？晋文公很困惑，连狐偃也很困惑。

"我担心他们谋反。"晋文公说。

"我担心他们不谋反，因为他们一天不谋反，我们就要担心一天。"狐偃说。

"如果他们派人谋害我呢？譬如勃鞮。"说到勃鞮，晋文公打个寒战，他是真怕这个死太监，不知道此人现在在哪里躲着呢，若是他来刺杀自己，那真是麻烦。现在不比从前，不能拍屁股跑国外，只能在这里等他。狐偃瞪瞪眼，也没有了主张。

在外面流浪的时候想回来，回来之后才发现这日子更提心吊胆。

领导不好当啊，最高领导就更难当了。

第七十七章　污点证人

越是担心的事情,就越是要发生。

这一天,门卫来报,说是有人求见。

"什么人?"晋文公问。

"勃鞮。"门卫报告,晋文公一听,第一反应是赶紧跑,第二反应是现在不能跑。

"不、不见。"晋文公还是紧张,说话有些结巴。他想了想,让人带了一段话给勃鞮,"当初骊姬让你杀我,给你两天时间,你一天就到了;后来到了北翟,惠公给你三天时间去杀我,你一天半就到了。虽然有君命,你也没理由这么恨我吧?当年割了我的衣袂,那件衣服我现在还保存着呢。你快走吧,趁我还不想杀你。"

按理说,你从前追杀过人家,如今人家发达了,放过了你,你就赶紧逃命吧。可是,勃鞮不肯走。

"看门的,你给我传话。"勃鞮又让看门的把话给传回来了。为什么看门的肯帮他传,因为看门的认识他,知道他是天下第一高手,得罪不起。那么,传的什么话?"我以为你已经懂得了怎样当最高领导人呢,看来我是瞎了眼,用不了多久,你又该流浪了。我当初卖命追杀你,是因为我对国君忠诚啊,这么一大忠臣,你竟然要赶我走。你当最高领导的,不该胸怀宽阔吗?管仲当年不也差点杀了齐桓公,人家桓公说什么了吗?你真是小气鬼,喝凉水。告诉你,你要是不见我,你会后悔的。"

勃鞮的话,强硬、有道理,而且话中带话。

"请进来。"晋文公就是这样的人,聪明,果断。

勃鞮进来了,看见晋文公,深深鞠一躬。

"勃鞮，你找我干什么？"晋文公问。

"干什么？告密。"

告密者勃鞮

晋文公为了吕省和郤芮的事情而痛苦，殊不知吕省和郤芮也正为了晋文公和狐偃而痛苦。

对于这老哥俩来说，他们没有理由不为自己的命运担忧。跟晋文公，毫无疑问他们结下了太多的梁子。即便晋文公发了誓放过他们，可是这年头，发誓还不如放个屁印象深刻。现在大权在人家手里，什么时候不高兴了，赏一包耗子药就够自己全家吃了。

逃避现实，不是办法。

"郤哥，还记得里克和丕郑的命运吗？"老哥俩聚在一起，商量对策，吕省问郤芮。

"怎么不记得？那还是我一手操办的呢。我想起庆郑来了，我们的命运会不会跟他们一样？"郤芮反问，忧心忡忡。

"那么，我们可以把未来的希望寄托在重耳的宽宏大量或者暴毙身亡上吗？"

"兄弟，想想吧，当年主公杀人，基本都是咱们哥俩的主意。就算重耳放过咱们，狐偃这老狐狸恐怕也不会善罢甘休的。"

"那怎么办？等死？"

"等死不是我们的风格。"

老哥俩商量来商量去，只有一个办法：先下手为强。

其实，现在晋国的形势就像当初晋惠公刚回来时的形势，所不同的是，晋文公太仁慈而狐偃太注重信用，他们下不了手去杀吕省和郤芮。

你们不杀他们，他们就杀你们，这就是规律。

所以，晋惠公虽然坏，但不能全怪他。

吕省和郤芮决定把勃鞮找来，在他们看来，勃鞮也是晋文公的仇人，他一定也有同样的忧虑和想法。

"勃大侠，重耳回来，我们都没好日子过，我们决定杀了他，请你来一起想办法。"明人不说暗话，找来勃鞮，吕省直接就把意思说了。

"太好了，我正想杀了他呢。可是，他身边有许多高手啊，怎么才能杀得了他？"果然，一拍即合，勃鞮的想法与吕省和郤芮一样。

三个人开始头脑风暴，最后是郤芮想出了办法："这样，咱们找个没有月

282

亮的晚上,一把火烧了重耳的房子,他一定出来救火,那时候勃大侠趁乱杀了他,怎么样?"

"好主意。"大家都说好,自然是个好主意。

商量妥当,勃鞮告辞出来。勃鞮很高兴,真的高兴,原本都已经准备潜逃到国外,现在不用了,因为自己有立功的机会了。

前文说过,发财的捷径有两条:出卖国家,或者出卖朋友。

当然,勃鞮可以说是弃暗投明。

可是,即便是弃暗投明,也是出卖朋友。

平叛

得到了勃鞮的告密,晋文公不禁倒吸一口凉气。

"勃大侠,谢谢啊。刚才是我不好,不该鼠肚鸡肠。这样,你先退下,不要惊动他们,我找人来商量对策。"晋文公表达了谢意,打发走了勃鞮,这才令人立即请狐偃来。

狐偃来到,晋文公把勃鞮来告密的事情说了一遍。

"舅舅,好悬啊,幸亏有人告密。"晋文公说完,还有些心有余悸。

"这是好事,这样的事越早来越好,再加上勃鞮弃暗投明,咱们可以一劳永逸,彻底解决问题了。"狐偃听了,不仅不吃惊,反而有些高兴。

"那怎么办? 找个借口把吕省和郤芮招来,就地处决如何?"晋文公问。

"不好,咱们在外流落二十年,如今刚刚回来,很多人对我们充满怀疑。如果召他们来杀了,简单是简单,但是我们没有证据,倒成了滥杀无辜,徒然制造恐慌,而我们今后在历史上也就跟惠公的名声没什么两样了。"狐偃反对,而且很有道理。

"那怎么办?"

"我有办法。"

"什么办法?"

"先把栾枝和先轸叫来,你看我怎么布置任务。"

狐偃总是有办法的,而且总是最稳妥的办法。

二月的最后一天晚上,月黑风高。

·吕省和郤芮各自率领家兵,带上勃鞮,偷偷地来到了晋文公宫外,堆柴的堆柴,泼油的泼油,点火的点火,直接烧房。

很快,火势四起,人哭鬼叫,晋文公宫里的男男女女都跑了出来。有救

火的,有逃命的。

吕省和郤芮躲在暗处观瞧,要看晋文公出来没有。看了半天,没看见晋文公,两人急了,干脆不等了,直接带着人就冲了进去,来到晋文公的卧室,发现里面空空荡荡,晋文公跑了。

老哥俩急忙出来,原本还要再找,这时候,栾枝、先轸、魏犨等人已经率领人马来到,一边救火,一边包围现场。

"有人纵火,兄弟们保护现场,天亮时清查。"先轸下令。这时有人报告:"报告,恰才有人看见吕省和郤芮在这里,八成是他们干的。"

"先救火,然后再去搜捕他们。"先轸又下令。

吕省和郤芮远远听见,只能自叹倒霉,晋文公没看见,反而自己被发现了。老哥俩商量,等到天明逃跑就来不及了,怎么办? 现在就跑吧。于是,两人率领家兵,带着勃鞮,连夜开了城门,向西逃去。

二月底啊,又是没有月亮的晚上,饥寒交迫,靠着火把逃命。逃到第二天中午,一行人到了黄河边上,按照两人的打算,索性就去秦国政治避难算了。

可是,过河需要船啊,哪里有船? 正在着急,河对岸有大船撑过来。船靠岸,上面下来几个人,为首的大家认识。谁? 公孙枝。

"哎,两位大夫,这是准备到哪里去?"公孙枝也看见了吕省和郤芮,打个招呼。

"公孙大夫,实不相瞒,昨晚都城大火,估计晋侯十有八九遇难了。我们怕今后受狐偃这帮人的政治迫害,想去秦国政治避难呢。"吕省和郤芮急忙说。

春秋这点好,即便从前有过节,只要你来政治避难,通常都会接纳。

"那好,那上船吧,恰好我家主公就在对面不远处的王城,我带你们去。"公孙枝招呼大家上船。大家一看,真是来得早不如来得巧。

大家过了河,走了一程,来到了王城。公孙枝直接带着吕省、郤芮和勃鞮去见秦穆公。

吕省和郤芮见了秦穆公,还没来得及说话,秦穆公一拍桌子,轻轻说道:"拿下。"

得,自己送上门了。

"这、这,为什么?"老哥俩还问呢。

"为什么,看看这是谁?"秦穆公反问。晋文公走进来了。

不用再说了,吕省和郤芮知道这一回是栽了,明显是进了人家的圈套了。郤芮认了,不说话了。吕省猛然看见勃鞮没有被抓,心说要死一块死,不能便宜这小子,于是大喊:"勃鞮也是同谋,为什么不抓他?"

晋文公笑了,他对勃鞮说:"勃大侠,你告诉他们。"

"吕大夫,污点证人知道不? 我就是污点证人啊,哈哈哈哈。"勃鞮大笑起来,吕省这么聪明的人,竟然被自己给耍了,能不高兴吗?

"原来,原来你是卧底?"吕省这时候才明白为什么行动失败了,原来是被出卖了。

"卧底? 早就不叫卧底了,现在叫污点证人。"勃鞮很得意,还讨好地看了晋文公一眼。

晋文公也坐好了,现在开始审判吕省和郤芮。

基本上,有污点证人在,辩解这个环节就省略了,直接认罪宣判。

吕省和郤芮共犯有如下罪行:颠覆政府,分裂祖国,谋害最高领导人,纵火,破坏国家财产。其中任何一条,都够上死刑。

"我宣布,处死罪犯吕省和郤芮,拖出去砍了。"晋文公这次没客气,名正言顺杀人的时候,他不会犹豫。

刀斧手上来就要拖人,吕省唉声叹气,认了。可是,郤芮急了。

"主公,看在当年我给你通风报信的分上,放过我吧。"郤芮大声哀求。

"通风报信?"晋文公一愣。

"当初惠公派勃鞮去北翟杀你,就是我派人给主公通风报信的啊。"郤芮这个时候什么也不顾了,把这个秘密说了出来。

"什么?"三个人同时脱口而出。从北翟逃走之后,狐偃和晋文公才知道狐突根本没有派人给他们通风报信,到现在还猜不到谁是这个好心人,没想到是老郤。

吕省愣了一愣,然后破口大骂:"郤芮,你这个两面三刀的家伙,吃里爬外的叛徒,要不是你当年放走了他,咱们怎么会有这一天? 啊呸。"一口浓痰吐在郤芮的脸上。

勃鞮嘿嘿一笑,摸着脑袋问郤芮:"哎,当初就是你派我去杀主公啊,然后你又给他送信? 嘿嘿,奇了怪了。"

晋文公倒有些犹豫了,他这人是有恩必报的人,不管怎样,人家都算救过自己,还杀他吗?

正在犹豫,狐偃进来了。其实,狐偃一直躲在旁边听呢,看见晋文公犹豫,知道他动了善念,这才赶紧出来。

"主公,犹豫什么? 这样的人,该杀两遍。首先,吃着惠公的饭,帮惠公的敌人,奸佞之人,该杀;其次,别以为他是救你,他是救自己而已,他怕惠公杀他,留着你算是个顾忌。这样的人,你不杀他,他必杀你。"狐偃一通分析,晋文公直点头,郤芮也无话可说。

"推出去。"晋文公下令。

就这样,吕省和郤芮一起被杀。

按后世的规矩,如此大的罪行,一定是灭九族的。可是,春秋时期不是

这样，吕省和郤芮被杀，采邑没收，但是，老婆孩子不受牵连，依然享受士的待遇。虽说由富人变成了穷人，但是全家平安，性命无忧。为什么这里要加这一段，因为后面还要提到郤芮的儿子。

大赦

一切都在狐偃的掌握之中。

在得知吕省和郤芮的计划之后，狐偃和晋文公悄悄跑到了秦国，找到了秦穆公，之后，秦穆公亲自领军进驻王城，等待吕省和郤芮来投。

在绛，栾枝和先轸统领军队，吕省和郤芮放火的晚上，两人领军来到，但是并不捉拿吕省和郤芮，而是故意放出风声，把他们赶出绛。之所以如此，是因为吕省和郤芮党徒众多，一旦在绛开战，势必伤及无辜，后患无穷。

现在，晋文公名正言顺除掉了最大的威胁，同时，还可以名正言顺重修宫室。说实话，晋文公住在惠公父子住过的地方，早就觉得不舒服了。

杀了吕省和郤芮，晋文公就地迎娶怀嬴，算是实践了当初的诺言。怀嬴，现在改名辰嬴。

就这样，晋文公提着两颗人头，抱着一个老婆，还带着秦穆公借给他的三千军马，回到了绛。

晋文公这次回来，底气足了，气色好了，他立即召集卿大夫们开会。

"东风吹，战鼓擂，现在他妈的谁怕谁？各位爱卿，吕省和郤芮已经伏法了，但是，他们的残余势力还很大。我准备来一次全城大搜杀，将他们的余孽一网打尽。"晋文公的意思，就是搞一次严打，或者肃反之类的活动，杀一批人，一劳永逸。

话音刚落，赵衰就站出来了："主公不可。想当年惠公怀公就是因为滥杀无辜，才导致政府公信力丧失，国家衰弱。如今人心等待安抚，社会需要和谐，怎么反而采取政府恐怖行动呢？"

赵衰的话得到了在场所有人的支持，晋文公一看，既然老师这么说，而且大家都支持老师，那就听老师的吧。

"那好，我宣布，晋国大赦。"从善如流，什么叫从善如流？

任何一个新政权，都面临一个同样的问题：是消灭潜在的敌人，还是转化潜在的敌人。高明的做法当然是后者，但是这需要智慧，政治智慧。

我们来看看春秋的智慧。

大赦令让晋国当时的形势缓解了一些，但是，吕省和郤芮毕竟执掌晋国朝政多年,他们的朋党不可谓不多,面对几乎是外来势力的晋文公,他们依然感到不安全。于是,危机还在酝酿之中,并且随时可能爆发。

晋文公可以清晰地感受到这一点,他知道自己的团队长期流亡国外,在晋国的根基并不牢固。这个时候,如何打消吕、郤余党的顾虑,大家同心同德建设和谐晋国,是一个迫切需要解决的问题。

怎么办?

御前会议召开了几次,效果平平,就是狐偃和赵衰也没有太好的办法。

就在大家苦寻对策的时候,一个小人物的出现帮助晋文公解决了问题。

很多时候,大问题就是靠小人物来解决的。

作秀

这天,晋文公正在洗头——中式还是泰式?中式就是坐着,泰式呢就是躺着。

都不是,春秋式。什么是春秋式洗头?就是站着,弯腰低头,洗头妹从上面往下一边浇水一边洗。基本上,春秋时期的国君也就这个待遇。

正洗着头呢,门卫来报:"报主公,外面有人求见。"

"什么人?"

"头须。"

"头须?"晋文公一听,差点跳起来,想了想,忍住了,继续洗头。

头须是谁?就是当初晋文公从北翟逃走的时候,卷款潜逃的那个竖头须。就是这个竖头须,害得大家一路上吃糠咽菜,受尽煎熬。要不是此前已经大赦了,晋文公杀他的心都有。就这么个人,还敢来找自己,难道还想讨退休金?

"不见。"晋文公答复。

门卫出去回复,没多久又回来了。

"主公,头须不肯走,还说主公一定在洗头。"门卫说。

"他怎么知道?"晋文公有点吃惊,头须什么时候学算卦了?

"他说洗头的时候心是向下的,想法就跟平时不一样。说他虽然当初没跟主公去齐国,但是在家里也没闲着,相信主公不会跟他一个普通人计较这些。"

晋文公擦干了头,站直了身子。

"嗯,有道理,请他进来。"不知道是头须的理论真的正确还是晋文公冷静下来了,总之,晋文公肯见竖头须了。

不多时,竖头须走了进来。看上去,跟从前没有太大变化,就是老了一点。

"你找我干什么?"晋文公问。看见竖头须,他还是有些恼火。

"主公,我来帮您。"

"帮我?帮我理财?"晋文公反问,语带讽刺。

"不是。我知道现在人心不稳,特别是吕省和郤芮的残余都很担心自己的处境,我有办法消除大家的疑虑。"

"什么办法?"晋文公问。现在他的语气不再像刚才那样带着轻视了。

"现在地球人都知道我当年携款潜逃,您最恨的人就是我。如果您能让我给您驾车在城里走一走,大家的疑虑一定就会打消了。"竖头须这是什么办法?作秀啊。

晋文公一听,好主意啊,忍不住对竖头须另眼相看了两眼。

当下晋文公毫不迟疑,立即准备车马,让竖头须当司机,让勃鞮当戎右,就这么出去了。满城逛一趟,嘘寒问暖,体察民情。

城里人一看,哇噻,这不是晋侯最恨的两个人吗?他们怎么给晋侯当司机当保镖了?晋侯连他们都这么信任了,何况别人呢?

连着三天,晋文公作了三天秀。这下,地球人都知道了。

所有人都放心了,晋国的紧张气氛大大缓解。

没有霸主的器量,怎么能当霸主?

有人说,晋文公不过是运气好碰上了勃鞮和竖头须。其实不然,如果不是对晋文公的度量有信心,他们会去自投罗网?

第七十八章　清明节的来历

晋国终于安定下来,现在,晋文公需要处理两件当务之急。

第一件,论功行赏。

第二件,改革开放。

论功行赏

大会,论功行赏大会,类似年终总结大会。

"各位爱卿,各位兄弟,各位朋友,在过去的一段日子里……"晋文公讲了一通开场白,无非是告诉大家可以准备好领奖了。

大家都很高兴,有吃的有喝的,人人都有奖,当然高兴。

晋文公把奖赏分为三类,下面看看。

第一类:从亡者。这一类是功劳最大的,什么是从亡? 就是跟随文公流亡海外的。这一类又分了档次,第一档,出谋划策、指引方向,狐偃和赵衰两人;第二档,出头露面、具体操办,先轸、胥臣、狐射姑、狐毛等人;第三档,出人出力、抵御盗匪,魏犨、颠颉等人。三档之后,过后再说。其中,狐毛本来应该勉强列入第三档,考虑到辈分高岁数大,提一档到第二档。

第二类:送款者。送款什么意思? 不是押运款项,而是暗中勾结,也就是卧底。这一类中,栾枝为首,还有郤溱、士会、舟之侨等人。

第三类:迎降者。迎降,就是晋文公来了,到城外欢迎文公就位的。这一类中,有韩简、郤步扬、梁由靡、郤乞等人。

按功劳大小,该封地的封地,该升官的升官,该发奖金的发奖金,即便是

这三样都不沾的,也就是吕省、郤芮的人马,也都有纪念品发放。

宣布完了获奖名单,晋文公从座位下面取出五双白璧,亲自拿到狐偃面前,递给他,笑道:"舅舅,当初在黄河扔了你的一对璧,连本带利还给你。"

狐偃连忙起身,接了过来,一边致谢,心里一边说:"小兔崽子,醒目,会作秀。"

晋文公三十六岁了,就算是兔崽子,也该是老兔崽子了,可是狐偃就喜欢叫他小兔崽子。

论功行赏大会开得圆满热烈,绝大多数人都很满意。

当晚,全体大醉。

第二天,晋文公起床,洗漱完毕,还没吃饭,门卫来报:"主公,有人求见。"

"谁啊?这么早。"晋文公有些不想见的意思。

"壶叔。"

"快请。"晋文公没办法了,老部下来了,不想见也要见。

不多久,壶叔进来,看见晋文公,还没说话,眼泪先下来了。晋文公一看,老头子比我舅舅岁数还大呢,哭什么?

"壶叔,哭什么?有什么事情说啊,现在是咱们的天下了,还有什么做不到的?"晋文公问。对于这帮跟他流亡的老部下,他是心存感激的。

"主、主公,我知道我壶叔没什么本事,也就是管管吃喝拉撒什么的,功劳没他们大,可是,没有功劳我有苦劳啊,没有苦劳我还有疲劳呢?怎么听说他们都论功行赏了,我什么都没有,主公,我、我想不通。"壶叔原来是来讨功来了,昨晚的庆功大会,他因为级别不够而没有获邀参加。

晋文公笑了,他请壶叔坐下,耐心讲解了论功行赏的政策,最后说:"您看,他们赏完了,这就该您了。说起功劳,您不大,说起苦劳,没人比您大。这样,您就留在这里跟我共进早餐,还有一些跟您一样第二批奖赏的,下午一块进行了,您看怎样?"

壶叔笑了,原来主公还没忘了自己。

下午,晋文公进行了第二批的庆功大会。壶叔、头须、勃鞮等人都属于这一批,按照功劳大小、效力时间长短,分得大小不同的庄园和数量不等的奖金,壶叔名列第一,成了一个大地主。头须虽然曾经卷款潜逃,但是后来功劳也不小,被任命为大内财务总监。勃鞮身为天下第一高手,被任命为大内安全总监。

每个人都很感动,壶叔感慨干革命跟对了人,从前不过是一个小吏,老婆孩子靠着他那点微薄的薪水活命,如今成了大地主,再养十个老婆也能养活了，只可惜岁数大了。

勃鞮感慨自己及时转向，干革命没有一根筋，否则，现在还不知道在哪里亡命天涯呢。

竖头须热泪盈眶，颤颤巍巍端着酒就来敬晋文公了。

"主公啊，有一件事我始终没有告诉主公，也不知道该不该告诉主公，不过现在我觉得还是应该告诉主公。"竖头须说。晋文公听着，觉得他喝醉了。

"说吧。"晋文公说。

"主公从蒲逃走，两个月后逼姞夫人生了一对双胞胎，一儿一女。夫人难产死了，两个孩子保了下来，亏得他们姥姥收养。我从北翟离开之后回到了蒲，找到了他们，这些年来收养在我那里，已经十九岁了。如今主公有了这么多新夫人，又有了别的公子，不知道主公还想不想要这一对儿女啊？"竖头须说。原来，逼姞竟然生了一对龙凤胎，这倒是晋文公没有想到的。重耳和夷吾兄弟两个双双生下龙凤胎，堪称一奇。

竖头须为什么一开始不敢说呢？因为那时候母以子贵，子以母贵，这一对儿女连老娘都没有了，晋文公万一不愿意认他们呢？那不是倒害了他们？

"怎么不早说？别喝了，现在派你去把他们接过来。"晋文公听说，悲喜交加。悲的是两个孩子受了这么多年的罪，喜的是他们还活着。

竖头须大喜过望，急忙出宫，带人前往蒲去接晋文公的两个孩子。男孩子就是公子欢，女孩子就是伯姬。

做个厚道人有的时候是有好报的，就像晋文公，如果他不能宽恕竖头须，自己的一双儿女也就永远不能再见了。

合家团圆

公子欢和伯姬被接到了绛，父子相见，少不得喜极而泣。晋文公一看公子欢，长相像他妈，个性像自己，两个字：喜欢。

于是，晋文公宣布立公子欢为太子。女儿伯姬已经到了嫁人的年纪，晋文公想想老师赵衰现在一个人过日子，索性把伯姬嫁给了赵衰。

得，老师成了女婿，要放现在，要很炒一阵子呢。就这样，把十九岁的伯姬嫁给了快五十岁的赵衰，后来还生了好几个孩子。

听说重耳成了晋侯，北翟国主主动把季隗给送过来了。晋文公看见季隗，还开玩笑呢："说了等我二十五年，这才八年，你赚了十七年啊。"

那么两个儿子伯倏和叔刘呢？北翟国主善解人意，要求把他们留在北翟。基于自己亲历的兄弟相争，晋文公知道把他们留在北翟或许是最好的

选择。于是，兄弟两个就留在了北翟。

齐孝公也派人把姜氏给送来了，姜氏一看见晋文公，打老远就开始念诗了："无田甫田，维莠骄骄……"文化人就是不一样，见面就上诗。

这首诗名叫《甫田》，见于《诗经·齐风》，描写一个女子思念远方的亲人。

晋文公哈哈大笑，一把把老婆抱在怀里："老婆，多亏了你的诗啊，否则在秦国就出丑了。来来来，今晚上我做东，把我灌醉了再把我拉回齐国去吧，哈哈哈哈。"

晋文公就这样，爱开玩笑，跟谁都开。

现在，算是一家大团圆了，来算算晋文公的家庭状况。

老婆七个，分别是季隗、姜氏、辰嬴和另外四个秦国老婆。

老婆多了，地位就需要确定。

大概是晋文公的随和谦虚感动了老婆们，更有可能是老婆们本身都深明大义。总之，老婆们一点也不争风吃醋。原先的夫人是辰嬴，毕竟靠着人家秦国的力量复国的。可是辰嬴在听晋文公讲述了季隗和姜氏的先进事迹之后，深受感动。

"不行，我不当夫人了，我让贤。"辰嬴非要让贤。

于是，座次重新排定，老大姜氏，老二季隗，老三辰嬴，其余四个不变。

"多好的老婆们啊。"晋文公经常这样感慨。每个成功的男人背后都有一个女人，晋文公的背后有这样的三个女人，想不成功，行吗？

基本上，晋文公的家庭问题就这样圆满解决了。有了一个和谐的家庭，为晋文公此后专心致志管理国家打下了坚实的基础。

所以，老婆不在多少，在和谐。

榜样的力量是无穷的。

晋文公的老婆们不仅感动了晋文公，也感动了晋文公的女儿伯姬。

"后妈们能做到的，为什么我做不到？"伯姬自问。于是她找到老公赵衰，坚决要求把大姐兼大姨妈叔隗接来。

"那不行，她来了，谁当老大啊？"赵衰反对。伯姬怎么说也是国君的女儿，难道当老二？

"她是大姐，我当老二。"深明大义啊，伯姬绝对是深明大义。

"那怎么行？"赵衰不同意。

结果，伯姬亲自去找父亲反映情况。晋文公一听，我这女儿真好啊，既然这样，听她的。于是，晋文公亲自派人去北翟把叔隗接了回来。

就这样，赵衰家里也重新排定座次，叔隗为老大，伯姬为老二。叔隗早年为赵衰生了一个儿子，名叫赵盾，精明能干，成为家里的嫡长子。

建议如今包二奶包三奶的经常讲一讲辰嬴和伯姬的故事。

老婆孩子说完了,各位请注意,现在要介绍一个重要的节日的来源。什么节日?清明节。

作为中国人而不知道清明节的来历,那是一种耻辱。

介子推和清明节

两轮论功行赏之后,晋文公还是担心会不会漏了什么人,于是贴出告示,希望有功劳的人自己来陈述,以便做到有功必赏。

真的漏了什么人吗?还真的漏了。

介子推,又名介之推。还记得晋文公过五鹿的那一段吗?对了,介子推就是忍痛割肉的那一位。不是股市里割肉,是割自己的肉。

在晋文公的兄弟们当中,介子推初始地位大致在魏犨之下,排名十位上下。但是他没有明显的特长,因此在流亡过程中始终没有表现机会。而他的性格又比较孤傲,不爱说话,自尊心强,不合群。

回到晋国之后,别的人都紧跟晋文公,竭力表现自己。可是,介子推回到家中,陪伴七十多岁的老娘。

两次庆功宴,晋文公都把介子推给漏了,大概是很长时间不见的缘故。按理说,介子推应该在第一次庆功宴上排名在从亡类的第三档。第一次庆功会,大家以为晋文公把介子推放在了第二次,因此没人提起。第二次庆功会,都是不起眼的人物,一来他们以为介子推排在了前三档,二来也没什么资格替介子推说话。

一来二去,就把个介子推给漏了。而一块从亡的兄弟们中,介子推又没有特要好的朋友,因此也没有人帮他去提醒晋文公。

介子推一直在等,可是左等没消息,右等没消息,他是个自尊心超强的人,又不肯像壶叔一样自己去找。

介子推的邻居解张看到了告示,他替介子推不平,因此他去找晋文公了。

"哎呀妈呀,我说怎么总觉得漏了人,原来漏了子推啊,真不该啊。"晋文公当时就拍自己脑袋,这年头,能把自己肉割来给你吃的有几个?

当时晋文公就派人去请介子推,要单独颁奖。因为是漏了,晋文公感到惭愧,所以准备提一级,按照胥臣先轸们的档次进行封赏。

"想起来了?回去告诉主公,介子推能活着回来就谢天谢地了,对封赏没兴趣。"介子推原本就觉得委屈,如今晋文公派人来了,更加觉得没劲,似

乎自己的功劳是讨来的。

来使请不动介子推,只得回去了。回去一报告,晋文公知道介子推有意见了。

"算了,明天我亲自去吧。"晋文公决定亲自去,当面道歉。

可是,晋文公第二天去的时候,介子推已经离家出走了。不仅自己走了,连老娘都带走了。走之前留言,说是永远离开,找个干净地方,自食其力。

晋文公急了,心说我是错了,可是你也不能不给我改正错误的机会啊。怎么办? 晋文公就这么个人,觉得对不起你,就一定要报答你。

于是,晋文公亲自带领人马去追介子推,抓也要抓回来领赏。一直追到绵上的绵山,听人说介子推带着老娘上山了。晋文公亲自在山下喊话,请介子推下山。可是,介子推说什么也不肯。

怎么办? 这时候有人出了个主意,说是咱们烧山吧,咱们一烧,他们就得出来。这么馊的主意是谁出的? 不知道,总之不会是狐偃。

晋文公没办法了,甭管什么主意,试试吧。一把火下去就把山给烧了,足足烧了三天三夜,也不知道是介子推打死不肯下来,还是大火太大想下来也下不来,总之,介子推就是没下来。

山烧完了,晋文公上山去看,结果看见介子推母子二人抱着大树被烧死了。晋文公当时就落泪了,后悔不该听这个馊主意。

人死不能复活,晋文公把介子推母子葬在绵山之下,改绵山为介山。之后,每年的这个时候到此祭祀介子推。而这一天,正好是清明的前一天。

而绵山一带后来设县,就命名为介休,就是介子推丧生的地方。如今,这个地方就是山西省介休县。

清明本是二十四节气中的一个,清明一到,气温升高,正是春耕春种的大好时节,故有"清明前后,种瓜种豆"的说法。

晋文公为了怀念介子推,命令每年火烧绵山的三天全国禁火,这样,这几天就只能吃凉食了,后来就成了"寒食节",由于晋文化属于强势文化,"寒食节"很快成为全中国的一个节日。

清明原本是节气,寒食才是节日,但是由于寒食节紧接着就是清明,因此到后来两者一块过。扫墓原本也是寒食节的内容,后来二节合一,清明节就成了专门扫墓祭祖的节日了。

古时清明节与七月十五中元节及十月十五下元节合称三冥节,都与祭祀鬼神有关。

而清明节之所以要踏青以及进行各种户外活动,是因为在家里也不能做饭,索性出门游玩野餐。

寒食节从春秋开始，到了唐玄宗时，下诏定寒食扫墓为当时"五礼"之一，因此每逢清明来到，扫墓成为社会重要风俗。

晋文公命令把介子推母子抱着的那棵树砍下来，制成一双木屐，每当他穿着这双鞋，就会想起那段患难与共的往事，不由得慨叹："足下，悲乎。"

"足下"后来成为古人相互尊敬的称呼，据说就是来源于此。

介子推，忠心耿耿的性格人士，性格构成了悲剧，但是令人尊重缅怀。晋文公，知错能改而且坚决去改的君主，充满了人性和义气，这样的人，怎么会没有那么多英雄追随他呢？怎么能不称霸呢？

每当清明，也许我们应该认真缅怀祖先们的悲壮故事吧。

可是，现在还有几个人知道清明节的来历呢？还有谁会在清明寒食吃凉食呢？

全盘齐化

改革开放的春风吹到了黄河北岸。

"舅舅，老师，国家要强大，人民要富裕，不改革是不行的。你们看，咱们怎么样改？"晋文公把狐偃和赵衰请来，要进行改革。

"这事情我们已经商量好了，这不，老赵已经把改革开放的一揽子方案拟好了。"狐偃率先说话了，然后看看赵衰。

"老师，那您说说。"晋文公挺高兴，原来大家想到一块了。

赵衰搬上一大摞竹简来，这就是他的改革方案。

"我们已经商量好了，改革开放的指导思想就是四个字：全盘齐化。在齐国那段日子还真没有白过，我把齐国的典章制度全部搜集到了，参考管子的治国思想，依照晋国的国情略作修改就行了。"赵衰在齐国的工作做得扎实，如今都用上了。

"好。"

晋文公元年，晋国在晋文公的英明领导下，在以狐偃、赵衰为核心的领导团队的大力推动下，进行了声势浩大的改革开放，管子思想在晋国发扬光大。

为什么晋国可以比较容易地实现"全盘齐化"？因为晋国当初的立国思想就是参照齐国的。

关于赵衰的改革方案，已经无史可查。不过，《国语》中有如下记载，我们可以从中发现晋国改革的全盘齐化特征。

《国语·晋语四》："公属百官，赋职任功，弃责薄敛，施舍分寡。救乏振

滞,匡困资无。轻关易道,通商宽农。懋穑劝分,省用足财,利器明德,以厚民性。举善援能,官方定物,正名育类。昭旧族,爱亲戚,明贤良,尊贵宠,赏功劳,事耆老,礼宾旅,友故旧。胥、籍、狐、箕、栾、郤、柏、先、羊舌、董、韩,实掌近官。诸姬之良,掌其中官。异姓之能,掌其远官。公食贡。大夫食邑,士食田,庶人食力,工商食官,皂隶食职,官宰食加。政平民阜,财用不匮。"

　　参照齐国的盐铁专卖,晋国照方抓药。晋国的铁矿不要说了,晋国地处内陆,怎么会有盐?原来,在晋国的解池(今山西运城盐湖)有盐湖,从夏朝开始就已经晒盐,是世界上最早开发的盐矿。所以,晋国有盐,不过不是海盐。

第七十九章　晋国争霸第一步

　　由于具备良好的社会基础,并且拥有大量的"海龟",晋国改革开放当年就取得了显著的成效,社会稳定,农业丰收,商业繁荣。广大人民群众高兴地说:国君的改革开放政策就是好。

　　秋收结束之后,全国上下一片繁荣景象。晋文公高兴,于是举行国宴,招待辛苦一年的卿大夫们,庆祝改革开放成功。

丰收了,请客了

　　"经始灵台,经之营之……"晋文公的开场白是姜夫人替他起草的,上来就是一篇《诗经·大雅·灵台》,具体翻译免了,大概相当于如今的"改革开放春风吹,神州处处尽芬菲"之类。

　　晋文公讲话结束,国宴开始,无非就是些山珍海味,天上飞的地上跑的水里游的,大家放开了裤腰带狂吃狂喝,胥臣带头讲段子,讲得大家哈哈大笑。

　　正在高兴,突然有人来报。

　　"主公,周王特使简师父到。"来人通报,简师父,名字听起来好像是周王的姓简的司机,其实不然,此人是周王大夫,名字就叫简师父。

　　"快请。"晋文公高兴啊,国宴的日子,中央最高领导的特使来到,这一定是好事啊,这说明中央最高领导人都对晋国的改革开放表示赞赏啊。

　　简师父进来,寒暄一遍,在晋文公对面坐下。按照规矩,中央来的特派员,与地方最高领导属于同样级别,因此晋文公特地为简师父安排了一张与自己平起平坐的桌子。

"特使远来,一路辛苦,来,我先敬三杯,给特使暖暖身子。"晋文公举杯,大夫们也都举杯。

简师父把酒杯举了起来,看看众人,原本应当说几句代表周王慰劳大家之类的话,可是,简师父动了动嘴唇,没有说话,却把酒杯放了下来。就在大家都觉得莫名其妙的时候,简师父带着哭腔说话了:"晋侯,我、我喝不下去啊。"

晋文公一愣,难道周王鞠躬尽瘁了?不像啊,简师父也没有穿丧服啊。

"周王发生了什么事?"晋文公问。

"周王被人赶走了,如今流落在外,特派我来请晋侯出兵护驾啊。"简师父几乎是哭着说,原来是周王下课了。

晋文公一时没有说话,他心中大是失望,原以为是好消息,谁知道是个坏消息。

可是,这真的是个坏消息吗?

狐偃笑了。

在说狐偃为什么笑之前,先简要说说周王是怎么下课的。

周王的绿帽子

有一个小国叫滑(在今河南省偃师县),姬姓国家,长期依附郑国。突然有一天不知道什么原因,投靠卫国了。郑文公不高兴了,于是兴师伐滑。

春秋那年头,端的是大鱼吃小鱼,小鱼吃虾米。大国手下有中国,中国手下有小国。大国之间其实很少正面冲突,一般都是拿对方的中等国家出气,弄得中等国家里外不是人;中等国家之间也很少打仗,拿对方的小国出气。

滑就是这么个小国,夹在别的国家当中受夹板气,谁不高兴都来打你。按理说,郑国要是有骨气的话,就该直接找卫国算账。可是一来卫国不好欺负,二来卫国有齐国撑腰,郑国不敢惹。所以,郑国就专找滑国出气。

郑国大军一到,滑国立即投降,宣誓成为郑国的保护国。郑一撤军,卫国特使又来了,三言两语连威胁带吓唬,滑又赶紧宣布接受卫国的保护。

郑文公很生气,说你这不是要我们吗?你们还有没有一点信誉啊?其实,郑国这么多年来,在齐国和楚国之间也是这么混的,跟滑国没什么本质区别。

郑文公仗着楚国撑腰,再次出兵讨伐滑国。

那时候卫国和周王室关系好,恳请王室出面,劝郑国撤军。于是,周襄王派特使游丝伯去郑国做和事佬,谁知道郑文公一向对王室不满,不仅不退兵,反而把游丝伯给扣留了。

"我靠!"周襄王火大了,本来你郑国投靠楚国就很过分了,如今还这样无礼,自绝于中央,是可忍孰不可忍?

怎么办?周襄王掰指头算了一下,自己的军队肯定不行,打不过郑国;齐国呢,正处于衰退期,指望不上;晋国呢,内乱刚结束,也指望不上;秦国呢,平时没什么往来,也指望不上。

亲戚朋友靠不上,那就靠邻居吧。

周襄王决定,请狄出兵讨伐郑国。这个狄自然不是北翟,也不知道是哪一块的狄,总之是狄。狄国很高兴啊,这下又有得赚了。

于是,狄国出兵,成功偷袭了郑国的栎,郑国被迫从滑撤军。

周襄王一看,狄还挺好使,正好大老婆死了,干脆从狄娶了个老婆回来,跟赵衰的老婆叫同一个名字:叔隗。

叔隗长得如花似玉,又年轻,周襄王把她立为王后。大臣们纷纷反对,可是没用。

第一部中说到周襄王的弟弟王子带因为勾结北狄攻打襄王,被襄王赶到了齐国。后来襄王出于人道主义,又让他回来了,而且不计前嫌,封为甘公,平时还常常一块吃喝。

甘公原本是个泡妞的高手,再加上在齐国国家大妓院泡了这些年,泡妞的本领已经炉火纯青,三下两下,把叔隗给泡了。

周襄王知道弟弟给自己戴了绿帽,一怒之下废了叔隗的王后,甘公听到风声,逃去了狄,然后从狄借兵攻打周襄王。

周襄王的队伍实在没用,谁来欺负都行。没办法,周襄王仓皇出逃,一直逃到了郑国边境。这一次,郑文公的表现不错,主动派人给周襄王盖房子,送吃送喝送美女,血浓于水在这个时候体现出来了。

那一边,甘公自立为周王,但是不肯住在洛邑,带着叔隗去旁边的温城度蜜月了。

周襄王这个恼火,国家被抢了,老婆也被抢了,越想越觉得自己窝囊。于是,派简师父去晋国请兵,派左鄢父去秦国请兵,一定要抢回国家,抢回老婆。

就这样,简师父来了。

晋文公第一功

国宴次日,晋文公召集内阁会议,讨论出兵事宜。

"各位,第一个问题,该不该出兵。"晋文公上来就问。因为事情大家都

知道,不用重复。

别人还没有说话,狐偃开口了。这不是他的风格,他的风格是最后说话,可是这一次,他第一个说话了。

"这个问题过去了,直接说第二个问题吧。"狐偃说道。他的话让大家都吃惊,这么大的事情,不讨论就决定了?

"舅舅,为什么?"晋文公问。对他来说,改革开放不到一年,应该稳定压倒一切,外面的事情能不管就不管。

"因为这样的事可遇不可求,老天给我们这样的机会,就是要让我们称霸了。想想看,当年齐桓公靠什么称霸?尊王室以令诸侯啊。还有比这更好的机会吗?这是打着灯笼也找不到的好事,决不能错过。"别看狐偃老头记性不太好了,但是头脑还是那么敏锐清醒。

实际上,第一个问题的答案已经有了。

第二个问题,何时出兵?

按惯例,秋冬不出兵,开春之后出兵。

冬天到了,春天还会远吗?

很快,冬天过去,春天来了。

二月,晋国军队开始调动,预备三月出征。可是,这时出现了新情况。

黄河对岸,秦国军队正在集结。秦国人要干什么?

一打听,晋文公知道了秦国军队集结的目的:勤王。什么是勤王?就是帮助周襄王复位。说来说去,跟晋国一个目标。

"胥臣,你去秦国,阻止他们;狐射姑,你向东走一趟,向沿途国家借路;栾枝,你来督促加快晋军集结。"狐偃给大家分配了工作,应对这一变化。

胥臣渡过黄河,来到了秦国。秦军大营就扎在河边,秦穆公亲自督阵,可见秦国也是非常重视这次行动。

胥臣见过了秦穆公,首先代表晋文公问候了秦穆公及其夫人,然后回顾了秦晋两国之间业已存在的裙带关系,之后介绍了晋国改革开放以来取得的划时代成就,最后,胥臣表示:"周王蒙尘,我们都有义务为周王出头。如今,晋国军队已经整装待发,而且安排了卧底,可以说是胜券在握。出发之前听说秦国大军也到了河边,我家主公派我前来表达敬意,同时派我告诉您,这样的小事我们来办就行了,杀鸡焉用牛刀,就不劳烦您了。到时候见了周王,我们一定代为转达您的美意。"

秦穆公一听,当时就明白了,这是晋国人怕秦国抢了他们的风头,特地来阻止自己。

"几位,你们怎么看?"秦穆公问百里奚等人。

"既然来了,干脆两国合军吧。"百里奚说。他也知道,这样的事情是个机会,不愿意让给晋国人独享。

基本上,从公子絷到公孙枝,没人愿意回去。

胥臣一看,估计这一趟是白跑了,谁也不是傻傻鸟。

"好吧,我们撤。"出乎所有人的意料,秦穆公要撤。

"为什么?"百里奚问。

"晋侯回国也就一年,给他个机会树立威望吧。"秦穆公说。一来秦穆公是个实在人,二来他感觉秦国的国力仍然不足以雄霸天下,这个风头不出也罢。

于是,秦国撤军。

三月十九日,晋国军队正式出发。上下两军改称左右两军,左军晋文公亲自率领,右军狐偃领军。左军直接到周郑边境迎接周襄王,右军进攻温,捉拿甘公和叔隗。

晋国大军一路畅行无阻,右军包围温的当天,城中百姓起义,城门大开,晋军大将魏犨杀进城去,将甘公和叔隗活捉。

现在有个问题:怎样处置这两个人?

魏犨没主意,于是前去请示狐偃。

"主帅,捉住了甘公和叔隗,怎么处置?"魏犨问。

狐偃没说话,好像没听见。

"主帅,捉住了甘公和叔隗,怎么处置?"魏犨又问,心说老头子这耳朵看来不太好使了。

"啊,今天天气不错。"狐偃自言自语。

"老年痴呆?"魏犨差点没说出来,难道狐老头突然老年痴呆了?

魏犨还要问,旁边先轸早已经看出门道来了。

"老魏,别问了。"先轸一边小声说,一边就把魏犨给拉出去了。

魏犨云里雾里,弄不明白,看先轸的样子,他猜到这又是狐老头搞什么玄虚了。

"什么也别问,直接去。"先轸做了一个砍头的动作。

"为什么? 没有命令,我怎么敢杀?"

"你不杀,谁杀? 给周王去杀?"

"哦。"魏犨恍然大悟,他虽然是个粗人,但绝不傻。

甘公和叔隗虽然该死,但是一个是周王弟弟,一个是前任王后,周王亲自动手很不合适。所以,最好的办法就是不要交给周王,而是"死于乱军"。

"奶奶的狐老头,装聋作哑都是学问啊。"魏犨感慨,同时也佩服先轸的机敏。

骗了一块地

　　周襄王在晋军护卫下回到伟大首都,之后狐偃来报,说是甘公和叔隗死于乱军之中。周襄王假惺惺感慨几句,说些兄弟手足情、一日夫妻百日恩之类的套话,下令将两人就地葬在温。

　　按惯例,晋文公这么大功劳,一定要有赏赐。可是,周襄王有些为难,因为当初借狄兵打郑国的时候,就从国库里取了大量金银财宝酬谢。后来甘公借兵打周襄王,基本上就把国库给搬光了。如今要赏赐晋文公了,发现国库里没什么像样的东西,紧急去搜罗了一些,也是有量无质,拿不出手。

　　可是,拿不出手也只能拿了,周襄王让人把那一堆赏赐品搬出来的时候,连自己都觉得不好意思。

　　晋文公看见那一堆赏赐品,几乎笑出来。

　　"大王,你看,伟大首都被狄人这么一折腾,国库都空了,这些金银财宝,大王自己留着用吧。我知道大王也不容易,如果需要的话,晋国愿意提供援助。"晋文公不仅不要,反而要援助王室。

　　周襄王一听,感动得要哭。按理说,王室跟晋国都是武王后裔,比跟绝大多数国家的关系都要近。可是这么多年了,王室对晋国就没有过任何帮助和关怀。如今人家晋国如此无私地帮助王室,比雷锋还要雷锋啊。

　　惭愧,周襄王感到无比的惭愧。

　　"不,金银财宝你可以不要,但是,你可以提别的要求,只要能做到的,我一定做。"周襄王无比真诚地说,他真的被感动了。

　　晋文公想了想,然后说:"那,那我也不要什么实物了,我请求隧葬,希望大王批准。"

　　什么是隧葬?周朝,王驾崩之后,下葬时棺木先经过隧道,而诸侯下葬,棺材直接落下去。也就是说,王的墓多一个隧道。晋文公申请隧葬,意思就是要求获得王的下葬标准。

　　"不行,那不等于有了两个王吗?这我不能答应。"周襄王拒绝了。

　　晋文公会不高兴吗?他心里很高兴。

　　其实,晋文公很担心周襄王会答应他。隧葬这东西,无非就是把坑挖长一点而已,周王批不批准自己都能干,没什么实际意义。如果周襄王批准了,自己的名声反而不好了。

　　周襄王断然拒绝了晋文公之后,觉得很不好意思,一方面,自己的赏赐拿不出手,另一方面,人家的请求被断然拒绝。怎么办呢?还有什么可以给的呢?

"这样,我把南阳的阳樊、原、温、攒茅等八个地方给你,你看怎么样?"周襄王想来想去,好像只有土地能够拿得出手。

"这,这不太好吧?"晋文公在心里哈哈大笑,表面上还要假装为难。

"有什么不好?都是自家人。好了,就这么定了。"晋文公越是谦让,周襄王就越是觉得不好意思,觉得要不把这几块地送出去,自己都不好意思继续当这个王。

冲动,周襄王太冲动。

王室的地盘本来就不大了,如今更小了。

晋文公从周襄王那里出来,狐偃已经在那里等着。

"怎样?"狐偃轻声问。

"舅舅,你真行。"晋文公笑着说。

一切,都是狐偃的阴谋诡计。

巧计收城

收地,晋文公决定在第一时间收地,以防周襄王反悔。

几块地盘中,原最大,并且,原已经封给了原伯贯。其余几块地盘,从理论上说是没有封出去的,因此都是大夫在管理。从道理上说,原是不应该给晋国的。但是周襄王对原伯贯在抵抗狄人的战斗中的表现很不满意,这才把他的地盘送给了晋国。

由于有了这样的历史原因,原伯贯拒绝把自己的地盘让出去,组织军队守城。

以晋国的军队,攻占原不在话下。不过,晋文公不希望以这样的方式获得周王赠给的地盘。怎么办?赵衰的主意:先把容易的拿下来,最后解决原。

问题就这样解决。

晋文公派出的收地代表团分别前往八大处,结果除了阳樊和原之外,其余六处顺利交接。

本着先易后难的原则,晋国军队包围了阳樊,并且拉开架势,准备攻城。

阳樊大夫仓葛原来还准备抵挡一下,现在晋军真的到了,仓葛立马就知道这是鸡蛋和石头的较量,没得玩。

趁着晋军还没有攻城,仓葛在城头上喊起来了:"晋军听着,我们阳樊人都是夏商周的贵族后裔,每个人跟周王都是亲戚老表。如今你们帮助周王安定王室,却要屠杀周王的亲戚,你们忍心吗?啊?周王的亲戚难道不是你们的亲戚吗?啊?"

晋文公本来就是摆摆架势,没打算真的进攻,听仓葛这么一说,还真有点感动。于是,晋文公下令,围城军队让路,阳樊人愿意留下就留下,不愿意留下,可以自由离开。

大部分阳樊人选择了离开,他们去了王室的地盘轵村,继续做周王的臣民。

现在,只剩下原了。

晋文公决定给原人半年的时间来考虑,晋军回国,秋收之后再来收地。

冬天,晋文公如期率领军队前来收地了。

那么,这半年时间晋国就真的在等待?当然不是。

改革开放的春风吹到了南阳大地,晋国的种种利民政策,让归顺的七个地方的百姓实实在在尝到了甜头,大家都说"当晋国人就是好"。原的百姓们看在眼里,对晋国的抵触心理一点一点弱化了,并且他们自己心里也明白,晋国并不是对他们没办法,而是手下留情。

根据在原的卧底的第一手情报,原的老百姓其实很愿意投降,只要给他们台阶,他们就能高高兴兴做晋国人。

针对这一情报,狐偃设计了和平解决问题的方案。

晋文公率领晋国大军抵达原城,然后告诉城里人:"我们围城三天,如果你们还不投降,我们就撤军。"

城里人不相信,心说你就吹吧,大老远来一趟,三天就走,骗谁啊?

三天时间,晋军也不攻城,就在城外进行军事演习。三天一到,城里还没有投降,晋文公下令:撤。

有人劝晋文公:根据卧底的情报,城里人再过一两天就投降了,再等等吧。

"诚信啊,如果得到了原却失去了诚信,今后谁还相信我们的话?不能失信于民,撤。"晋文公很坚决,于是,晋国大军收拾收拾,撤军了。

城里的百姓们看了三天军事演习,看得很明白,这样的军队要打原,那真是吃顿饭的工夫就能拿下。如今人家不打我们,而且还这么守信用,这样的国君哪里去找?这样的国家哪里去找?我们不能给脸不要脸啊。不行,我们要投降。

就这样,城里百姓追出来了,浩浩荡荡,一边追一边喊:"我们要投降,我们要投降。"

一直追出去三十里,这才追上晋军。

"信用的力量啊。"晋文公感慨。

后来,晋文公把原伯贯送到了冀,做了一个大地主。而任命赵衰为原大夫,狐毛的儿子狐溱为温大夫。

从那以后,晋国的地盘直达南阳,并且陆续兼并了南阳和原先晋国之间的一些戎狄小国。

第八十章　南征,目标又是楚国

历史有的时候很无聊,因为历史常常因为很无聊的事情而改变。

晋国在成功为王室拨乱反正之后,一跃而成为诸侯中最具霸相的国家。于是,晋国一方面深化改革开放,一方面积极扩军,将两军的规模扩大为三军。

让晋国去整军备战,发愤图强。我们来看几个无聊国家在做什么无聊的事情,再看看这些无聊的事情是怎样影响历史的。

齐国要打鲁国

鲁国跟吕国之间发生了一点小龃龉,事情小到史书都没有记载。这个时候的鲁国已经很弱了,没办法,别人都在改革开放,鲁国还在因循守旧。

尽管很弱,鲁国还是觉得要教训吕国一下,于是出兵讨伐吕国。谁知道鲁国的实力连吕国也拿不下来,丢人哪。

北边的卫国主动前来调解,于是双方借坡下驴,化干戈为玉帛了。三国首脑举行了一个隆重的聚会,并且一本正经地签署了一个联盟备忘录。

按理说,三个弱国签署个备忘录之类,本身就是无聊当中找点乐子,人模狗样地把自己当个国家。除了他们自己,别人也就当不知道了。

可是这一次不一样,有个人不高兴了。谁?齐孝公。

齐孝公这个人虽说没什么能耐,但是很想继承齐桓公的遗志。国家稍微安定一点了,就想重新称霸。只可惜齐国的实力已经不行,没人尿他这壶,他很恼火。

几年前,齐孝公召集盟会,结果没几个国家捧场,宋国的宋襄公因为被

305

楚国人伤了屁股,也没参加他的会议。齐孝公很没面子,为了这,还出兵讨伐宋国,全然不记得自己当初是怎么当上这个齐孝公的。

更没面子的是,讨伐宋国没有占到一点便宜。虽然没有占到便宜,但是把宋襄公给气得吐血,再加上屁股上的旧伤,没几天竟然呜呼哀哉了。

几年过去,齐孝公总寻思着要找个什么国家来修理修理,出出气,也让天下知道齐国依然很强大。

"奶奶的,三个屁大的国家开小会,竟然不通知我们,这不是藐视我们吗?打!"齐孝公决定出兵打鲁国。

多么无聊,在一个很无聊的借口之下,要做一件很无聊的事情。

晋文公三年的夏天,齐孝公点了人马,浩浩荡荡南下,要教训鲁国。

这时的鲁国早已经没有了当年对抗齐国的勇气和资本了,国家连年旱灾,这已经第三个年头了,属于三年自然灾害时期。听说齐国来犯,根本就不敢想派兵迎战。

鲁僖公紧急召见公子遂和臧文仲两人,商量对策。

"齐国人打来了,投降还是讲和?"鲁僖公问。其实是废话,因为投降与讲和没区别。总之,绝对不敢打。

"主公,打是打不过的。不如这样,一边派展喜去劝说齐国人撤军,另一边,赶快去楚国求救。"臧文仲就这个主意,也是不敢打。

"展喜?他那嘴皮子行吗?"鲁僖公有点不放心。

"让他先跟他家老爷子请教啊,他家老爷子准有办法。"臧文仲说。展喜的爹名叫展禽,又叫展获,八十七岁高龄了。

说到展禽,请姓展和姓柳的读者起立,展禽是你们的祖先。

鲁僖公一听,好像这样还有点门。

于是,派展喜北上劝说齐国撤军。臧文仲乘坐鲁国最新款的车火速前往楚国,请求援助。

鲁国忽悠齐国

展喜领到了命令,回家去跟老爷子一汇报,老爷子果然有办法,点拨了几句,展喜信心百倍北上了。

展喜赶到边境的时候,齐国的军队还没到呢,展喜索性就直接进到齐国了。

齐孝公大军来到齐鲁边境,正赶上鲁国展喜来了。两国交兵,对于来使还是不能拒绝的。所以,齐孝公召见展喜。展喜首先进献礼物。什么礼物?

膏沐。膏沐是什么东西？洗澡用的东西,类似沐浴露这类消耗品,属于很不值钱的东西。

齐孝公一看,很得意,心说看看你们鲁国,穷得一屁潦倒了,送礼只能送这么个东西,还不够丢人的。

"你看,我们国君一向做得不好,没有侍奉好您的边防军,害得您亲自出来讨伐我们。我们知罪了,所以送点沐浴露给您表达歉意。"展喜送上沐浴露,说话很谦卑。

"嘿嘿,现在你们知道怕了?早干什么去了?我问你,鲁国是不是很害怕?"孝公觉得很有面子,好像已经打了胜仗的样子。

"一般群众就很害怕,不过卿大夫们都不怕。"

"为什么?你看你们穷得只剩下裤头了,你们那地里连草都长不出来,凭什么不害怕?"齐孝公蔑视了展喜一眼,认为他在吹牛。

"我告诉你凭什么。当年我们祖上周公和您的祖上姜太公那是同事关系,当时当着成王的面签了世世代代友好的盟誓,那盟誓我们现在还保存着呢。如今您亲自来讨伐我们,那是关怀我们啊,我们认错了改正了,您当然会原谅我们啊。您会吞并我们吗? 不会的,那肯定不会,我们那两亩三分地草都不长,您哪里忍心呢?您是要当霸主的啊,大人大量啊。"展喜是什么好听说什么,出门的时候老爷子告诉他,齐孝公来打鲁国,无非想找回点霸主的感觉,你就捧他,给他那种感觉。

齐孝公听了,咧开嘴笑了。

"哈哈哈哈,你说得对,我们是应该世世代代友好下去,啊,其实,齐国和鲁国世为婚姻啊,谁跟谁不是亲戚啊? 好了,和平万岁。"齐孝公就那么点虚荣心,被展喜一通忽悠,决定收兵了。不仅决定收兵,还特地款待展喜,还问:"兄弟,你家老爷子还好吧? 替我问候他老人家啊。"

鲁国忽悠楚国

这一边,展喜把齐国给忽悠回去了。

那一边,臧文仲把楚国给忽悠来了。

两边忽悠,原本是忽悠成一边就万事大吉,两边都忽悠成了,反而有些尴尬。可是没办法,鲁国人的忽悠能力太强。

臧文仲到了楚国,并没有直接去找楚成王,他先找了成得臣,为什么这样?

从对外政策来看,楚国大夫分为两派——鹰派和鸽派。鸽派以子文为首,主张对外和战结合,有打有拉。鹰派以成得臣为代表,主张看谁不顺眼

就打谁。

所以,臧文仲先找成得臣,成得臣一定全力支持出兵援助鲁国。然后两人一起去说动楚成王,基本上就十拿九稳了。

一个国家,如果实力不行,就一定要能忽悠。如果实力不行,忽悠也不行,那早就不存在了。

臧文仲的策略非常成功,成得臣一听要打齐国,恨不能立马就出发。为了说动楚成王,成得臣给臧文仲出了个主意。什么主意?把宋国也扯进来。因为楚成王最恨宋国,单说打齐国,楚成王不一定感兴趣,可是如果说出兵打宋国和齐国,基本上就没什么问题了。

果然,楚成王一听,说是鲁国受到齐国欺负,想要跟楚国一块收拾不服楚国的宋国和齐国,楚成王当即就拍板了:"好,干!"

就这样,楚国人来了。

夏天,齐孝公被忽悠回去了。

冬天,鲁国人打过来了。齐国军队抵挡不住,大家很纳闷,怎么鲁国军队突然这么生猛起来了?一打听,妈呀,原来不是鲁国军队,是打着鲁国旗号的楚国军队。用现在话说,那就是楚国人民志愿军来了。

原来,秋收一过,令尹成得臣(子玉)和司马斗宜申(子西)就迫不及待领军出征了。大军先到宋国,包围了宋国的缗。之后,分兵一半,派申叔时带领,作为志愿军进入鲁国,听从鲁僖公的指挥,进攻齐国。

齐国军队打鲁国有心得,可是真的见到狠的,那也是抬屁股就跑。

三下五除二,楚军就把谷城拿下。齐军龟缩防守,不敢反扑。于是,楚国人把当年逃到楚国的齐桓公的儿子公子雍给弄来,算是把谷给了他,再找来易牙辅佐他,另外派申叔时率领楚军帮助公子雍防守。这样,楚国在齐国弄了一块飞地。

齐孝公恨得牙痒痒,在家里破口大骂鲁国不是个东西,展喜是个流氓,鲁僖公是个流氓,鲁国全国都是流氓。

"奶奶的!还跟我说什么世代友好,友好个头,你们竟然找楚国人来打我们,真不要脸。"齐孝公真的很恼火,被忽悠了不说,如今挨了打还要忍着。

楚国攻打宋国

宋国的防守还是很有心得的,而楚军分兵之后,感到有些力不从心。

快到过年的时候,成得臣宣布撤军。

"宋国佬，不要高兴太早，明年咱们再见。"临走，成得臣用鞭子指着缗城发誓。

成得臣是这样一个人，不达目的决不罢休。

第二年，也就是晋文公四年。

冬天，楚成王亲自领军，率领楚国、郑国、蔡国、许国和陈国军队，进犯宋国，包围了首都睢阳。日夜攻打，发誓要拿下。

宋国军民很害怕，从前跟中原国家打仗不用这么害怕，就算被攻占了，也不会怎么样，占领军决不会乱杀乱抢。可是如今攻城的是楚国，野蛮人啊，一旦被他们攻进来，说不定就跟当年卫国一个命运了。

正因为害怕，宋国军民保家卫国的决心就更大，战斗力骤然提高十倍以上，竟然坚守城池，让五国联军束手无策。

可是，总这么守下去也不是个办法，因为总有守不住的时候。这个时候，必须求援了。

"各位，国家危在旦夕，怎么办？"宋襄公死后，他的儿子宋成公继位。继位才四年，遇上这种倒霉事，真不知道找谁去讲理。

"主公，如今天下，能够抗衡楚国的只有晋国了。所幸的是，当初晋侯到宋国的时候，先主公热情接待，还送了二十辆车八十匹马，也算是结交了这个朋友。如今，也只能去求晋国出兵相救了。"大司马公孙固建议，他跟狐偃等人的私交也很不错。

就这样，公孙固前往晋国求救。

那么，公孙固怎样从包围圈里出去的呢？

春秋时期，所谓的围城，绝不是后来的把整座城池围得水泄不通。那时的围城也很人道，基本上，只要不是军队出来，老百姓出城，一般就睁只眼闭只眼了。所以，公孙固很顺利地从包围圈中出来，北上晋国了。

到现在，由三个无聊国家的无聊盟会引发的后果正在变得越来越严重。

晋国要救宋国

晋文公登基四年，晋国人以超乎人们想象的速度在发展。根据不掺水分的统计数据，GDP已经翻了一番。

晋国人对于称霸的目标展开了有步骤的行动，一切都是那么条理分明。

那么，晋国人是怎么做的？我们引用一段《左传》来简要说明这个过程。

《左传·僖公二十七年》，原文："晋侯始入而教其民，二年，欲用之。子

犯曰：'民未知义，未安其居。'于是乎出定襄王，入务利民，民怀生矣，将用之。子犯曰：'民未知信，未宣其用。'于是乎伐原以示之信。民易资者不求丰焉，明征其辞。公曰：'可矣乎？'子犯曰：'民未知礼，未生其共。'于是乎大蒐以示之礼，作执秩以正其官，民听不惑而后用之。"

这段话啥意思？晋文公一回国，就教化百姓，过了两年，就想对外用兵。狐偃说："百姓还不知道道义，还没有安居乐业。"晋文公去帮助周襄王复位，回国后致力于便利百姓，百姓就安居乐业了。又打算对外用兵，狐偃说："百姓还不知道信用，还不能十分明白信用的作用。"晋文公攻打原来让百姓看到信用，百姓做买卖不求暴利，明码实价，杜绝假冒伪劣以及山寨产品。晋文公说："行了吗？"狐偃说："百姓还不知道秩序，没有产生他们的恭敬。"由此举行盛大阅兵来让百姓看到礼仪，任命执秩的官职来制定法规。等到百姓知法守法之后，然后才使用他们。

总结一下，三个步骤：富民——诚信——法治。

回想管子治理齐国的原则：仓廪实而知礼节。

所以我们说，晋国的道路就是齐国的道路。晋国的发展强大就是管子思想的延伸发展。

富民——诚信——法治，我们不妨来看看当今的社会，我们走到了或者应该走到哪个阶段了。

公孙固来到了晋国，他没有去找晋文公，而是去找先轸，再拉着先轸去找狐偃。为什么这样？一来，先轸和狐偃都是公孙固的好朋友。二来，公孙固知道，狐偃是晋国的头号谋臣，他的话在晋文公那里有分量。而先轸是个战略战术家，他最清楚怎样对付楚国人。

先轸听了公孙固的来意，二话没说，带着公孙固去见狐偃。狐偃看见公孙固，没等公孙固说话，直接拉着他去找晋文公。

狐偃为什么连问都不问？因为公孙固不来他还想着要出兵呢，如今看见公孙固，他很高兴，他知道出师有名了。

晋文公听说公孙固来了，急忙亲自出迎。晋文公这人就是这样，滴水之恩，涌泉相报。看见公孙固，想起在宋国的那段日子来了。

寒暄叙礼那一套固定程序之后，公孙固说明来意："楚国大军包围我国，睢阳危在旦夕，恳求贵国出兵解救。"

"你们怎么看？"晋文公问狐偃和先轸。

"我看这是个机会，一来报答当初宋襄公的恩情，二来解救宋国，在诸侯中树立威望，成就霸业。"先轸率先发言。

"宋国对我们有恩，不救宋国说不过去；可是，楚国对我们也有恩，对抗楚国,似乎也不太好。舅舅,你有什么好办法?"晋文公心里想救宋国,但是有些顾虑。

狐偃没有说话,他好像没听见。

"嗯,老年痴呆?"晋文公有点吃惊,舅舅难道老年痴呆了?没享几年福就老年痴呆了,太不幸了。

"舅舅,你怎么看?"晋文公再问。

"我在想。"狐偃说话了。

"想什么?"

"报恩固然应该,报仇好像更要紧。"

公孙固一听,急了,这边火上墙了,你还想着去找别人报仇,你老狐不够意思啊。

"舅舅,报仇的事情放一放,先救命吧。"公孙固一急,也叫舅舅了。

"哈哈,不耽误啊。轸,你跟他们说说,咱们怎么报仇。"狐偃让先轸说,因为从先轸的表情里,他知道先轸已经明白了自己的计策。

先轸也不客气,如此这般说了一遍,晋文公大声叫好,公孙固脸色轻松下来。

狐偃有什么计策?

晋军出征

晋国大起三军,不是海陆空,而是上中下。

四年扩军,晋国从两军扩充到了三军。

大军出征,首先要确定领军人物。

最高领导层机密会议。

会议主持:晋文公。与会人员:狐偃,赵衰。

会议主题:确定三军主帅人选。

"老师,你担任中军主帅,怎样?"晋文公把中军主帅的位置留给了老师,为什么不给狐偃?太老了,老胳膊老腿,动心眼还可以,上战场打仗不能担当重任了。

"不可,我不适合。郤縠是最合适的人选。他这个人,人品正,学识广,不贪功,他最合适。"赵衰谦让。为什么说这是谦让?因为按照晋国最新的法律,担任三军主帅和帅佐的六个人就是今后晋国的六卿。让出中军主帅,就等于让出了卿的位置。有意思的是,这个法律就是赵衰和狐偃一起制定的。别人制定法律都是有利于自己,赵衰却没有这么做。

其实，赵衰还有一层意思没有说出来，那就是"海龟"太强势，把这个位置留给"土鳖"，有利于和谐。晋文公知道老师这个人从来不会假谦虚，他这样说一定有道理。所以，晋文公按照老师的提议，决定任命郤縠为中军帅，郤溱为中军佐。

"舅舅，上军帅您就屈就吧？"第一个位置给了老师，第二个位置怎么说也该给舅舅了。

"不行，你大舅在，我怎么能在他前面？"狐偃不干，因为哥哥狐毛还没分配呢。

"那好，大舅舅为上军帅，舅舅您为上军佐。"晋文公这样分配，好像有点照顾亲戚的意思。不过狐偃都让了，别人应该也没话可说。

"那老师，下军帅你凑合下吧？"晋文公心说怎么也要给老师弄个卿啊。

"不好，栾枝比我慎重，先轸比我有谋略，胥臣比我见识广，在他们后面，我大概能排在第四位。"赵衰依然不接受，谦让吗？也说不上，因为赵衰的话都是实话，这三个人确实比他适合。

那么，怎样评价赵衰最合适呢？无私。

我们说，如果在诚实、谦虚和无私这三项品德中挑一个最难做到的，那就是无私了。

赵衰，一个无私的人，还有比这更高的评价吗？没有，绝对没有。说到赵衰的无私，很容易令人想起鲍叔牙。

于是，晋文公按照老师的建议，任命栾枝为下军帅，先轸为下军佐。

三军指挥官确定，晋军准备开打。

打谁？

（第二部完）